大数据环境下的信息管理方法技术与服务创新丛书

湖北省学术著作出版专项资金资助项目

教育部人文社会科学重点研究基地重大项目“中外数字出版法律制度研究”成果，项目批准号：11JJD820005

中外数字出版法律制度研究

Research on Legal System of Digital Publishing at Home and Abroad

黄先蓉　编著

WUHAN UNIVERSITY PRESS
武汉大学出版社

图书在版编目(CIP)数据

中外数字出版法律制度研究/黄先蓉编著. —武汉：武汉大学出版社,2017.8

大数据环境下的信息管理方法技术与服务创新丛书

ISBN 978-7-307-19308-6

Ⅰ.中… Ⅱ.黄… Ⅲ.电子出版物—出版法—对比研究—中国、国外 Ⅳ.D912.804

中国版本图书馆 CIP 数据核字(2017)第 103854 号

责任编辑:陈 豪　　责任校对:李孟潇　　版式设计:马 佳

出版发行：**武汉大学出版社**　（430072 武昌 珞珈山）

（电子邮件：cbs22@ whu. edu. cn 网址：www. wdp. com. cn）

印刷：武汉中远印务有限公司

开本：720×1000 1/16　印张:20.75　字数:298 千字　插页:2

版次：2017 年 8 月第 1 版　2017 年 8 月第 1 次印刷

ISBN 978-7-307-19308-6　定价:62.00 元

CONTENTS 目 录

导　论

一、研究背景

中国社会科学院发布的“2008 年文化蓝皮书”指出，我国数字出版潜在市场巨大，将有超过 30%的手机用户通过手机阅读电子书和数字报，由图书馆等机构用户采购的电子书、数字报纸的销售规模将达到 10 亿元，由网民和手机用户带动的电子书、数字报纸内容销售及广告收入将达到 50 亿元。更有预测数据显示：2020 年我国数字出版的销售额将占到出版产业的 50%；2030 年，90%的图书都将出版数字版本。

进入 21 世纪后，数字技术的迅速发展和在消费者中的大规模普及，给中国经济的发展带来了巨大的影响；同样，数字技术对于我国出版产业发展的意义重大。根据中国出版科学研究所①历年发布的《中国出版业发展报告》，2006 年我国的数字出版产业总产值为 213 亿元，到 2009 年年底，该数值达到 799.4 亿元，首次超过传统出版的生产总值，截至 2015 年，我国数字出版全年收入规模达到 4 403.85 亿元，数字出版已经成为我国出版产业乃至文化产业的重要经济增长点，具体如表 1 所示。

① 2010 年 11 月更名为“中国新闻出版研究院”。

表 1 **2009—2015 年我国数字出版产业产值一览表①** （单位:亿元）

项目 \ 年份	2009	2010	2011	2012	2013	2014	2015
总产值	799.4	1 051.79	1 377.88	1 935.49	2 540.35	3 387.7	4 403.85
数字期刊	6	7.49	9.34	10.83	12.15	14.3	15.85
电子书	14(包括电子图书和电子阅读器)	24.8(包括电子图书和电子阅读器)	16.5(包括电子图书和电子阅读器)	31(包括电子图书和电子阅读器)	38(含网络原创出版物)	45(含网络原创出版物)	49(含网络原创出版物)
数字报纸	3.1（网络版）	6（网络版）	12（不含手机报）	15.9（不含手机报）	11.6（不含手机报）	10.5（不含手机报）	9.6（不含手机报）
博客	—	10	24	40	15	33.2	11.8
在线音乐	—	2.8	3.8	18.2	43.6	52.4	55
网络动漫	—	6	3.5	10.36	22	38	44.2
手机出版	314	349.8	367.34	486.5	579.6	784.9	1 055.9
网络游戏	256.2	323.7	428.5	569.6	718.4	869.4	888.8
互联网广告	206.1	321.2	512.9	753.1	1 100	1 540	2 093.7

数字出版作为近几年异军突起、发展迅速的新兴产业，它是新技术、新消费需要和蕴涵可兑现商业机会的新产品、新服务等诸因素综合作用的结果。由于没有成型的游戏规则或者规模经济

① 数据来源于历年中国数字出版产业年度报告。

作为威慑①，作为新兴产业的数字出版产业面临的问题频仍，因此针对数字出版产业这种由新技术而产生的新的产业形态，积极地制定相关法律法规、调整相关产业政策来适应新技术带来的新问题已经成为必须。

事实上，不只在中国，世界上其他国家都在寻求制度的创新以保证产业的发展。我国要想在数字出版领域位于世界的前列，必须进行制度的创新。本课题立足于我国现阶段有关数字出版政策、法规以及标准，在进行充分文献、数据调研的基础上，通过搜集美国、英国、德国、法国、日本、韩国等发达国家有关数字出版法律和标准方面的资料，与我国进行较为系统的对比研究，分析制约我国数字出版产业发展的因素，探讨构建数字出版法律制度体系的必要性和可行性，为构建和健全我国数字出版法律制度提供有价值的参考意见和立法建议。

二、研究意义

数字出版在世界范围内表现出了强劲的发展势头和巨大的产业潜力，这已是不可否认的事实。从国际范围来看，包括爱思唯尔、斯普林格等在内的众多从事专业出版的跨国集团基本完成了数字化转型，在数字化领域所取得的收益，已经成为其整体收益的重要组成部分。从国内来看，出版产业与数字技术、信息网络技术加速融合，云出版、社交化传播、大数据分析与挖掘等成为出版业高度关注和积极实践的热词，出版业拓展了前所未有的发展空间。一般而言，法律环境对于一个行业的健康、稳定和可持续发展起到了规范和保障的重要作用。对中外数字出版法律制度的研究，在我国数字出版法律制度的构建、数字出版产业的发展、文化安全的维护等方面具有深远的理论和现实意义。

（一）有利于完善我国的数字出版法律制度

我国目前已经形成包括宪法、法律、行政法规、行政规章、地

① 徐丽芳，刘锦宏，丛挺．数字出版概论［M］．北京：电子工业出版社，2014.

方性法规规章和其他规范性文件、国际条约及协定、法律解释等在内的数字出版法律体系基本框架，但还没有一部专门的出版法，更没有配套的专门用于调整数字出版活动的法规；在已有法规中，缺乏适应现时及将来发展需要的数字出版准入许可制度、数字出版物权利管理信息、集体管理等问题的有关规定，成为法律体系中的巨大缺憾。研究中外数字出版法律制度，能够有针对性地考察国外主要发达国家在数字出版法律制度方面所取得的成功经验，结合我国当前数字出版发展现状，对完善我国数字出版产业的政策体系、法律制度以及相关标准的制定具有十分重要的作用。

（二）有利于促进数字出版产业健康发展

数字出版作为出版业的一种新业态，它的主要特征为内容生产数字化、管理过程数字化、产品形态数字化和传播渠道数字化。目前数字出版的产品形态主要包括电子图书、数字报纸、数字期刊、网络原创文学、网络教育出版物、数据库出版物、手机出版物等。随着数字出版规模的迅速扩大，形态逐渐完备，产品日益丰富，技术不断创新以及出版主体的多元化，出版活动中产生了新的经济关系和社会关系，需要制定数字出版法律法规来对其进行调整和规范。由于数字出版产业链条上的参与主体众多，导致利益分配的博弈非常激烈，无论是传统出版单位，还是数字技术商、网络运营商或平台运营商等，都试图在未来的产业链利益分配中分得较大的份额，各自为政的做法导致生产无序和资源浪费，也使当前数字出版的竞争环境相当混乱。这种情况下，亟须制定相关数字出版法律法规对各参与主体的行为进行规制，以保障数字出版良好的市场秩序，促进数字出版产业健康有序地发展。

（三）有利于维护国家文化安全

文化是民族的灵魂和血脉，是一个国家综合国力的重要标志之一，当前文化领域已经成为国际政治斗争和意识形态较量的主战场。数字出版代表的是一种全新的文化方式和消费趋势，数字文化内容是全球性的跨国传播，数字化的信息和知识传播方式一方面有利于促进不同民族间思想文化和价值观念的交流与融合，让现实的文化知识需求得到满足，让古老的文化、民族精神得以弘扬，有助于缩小乃至消除因为地域差异带来的人们彼此之间的隔阂与差距；另一方面由于数字技术、网络化先进的传播手段和强大的传播能力，民族文化也将面临更多外来文化的冲击。由于数字出版是以先进的技术手段为依托，因而传播技术、信息技术等新技术的发展以及普及程度的不均衡必然导致数字出版资源的分布不均。发达国家利用其经济实力和技术优势，通过数字媒体在全球范围内传播他们的价值观念，进行文化和经济渗透，使广大发展中国家在包括数字出版在内的文化传播领域常常处于下风，尽管有后发优势，但先天不足带来的影响仍旧置这些国家于十分不利的境地。就我国而言，数字出版事关我国文化安全，甚至政治稳定与社会安定，因此，在研究中外数字出版法律制度，完善我国数字出版法律制度，制定和完善相关政策、法规、标准时，要牢牢树立大局观，时刻把国家利益放在首位，充分考虑对文化安全的影响，同时将数字出版法律制度的构建纳入文化安全保障体系中，建立和完善文化安全保障体系，以形成长效的文化安全保护机制。

三、研究思路

本课题主要沿着“理论→实证→对策”的路径开展研究。首先通过查阅国内外相关研究文献，了解和分析国内外与本课题相关的已有研究成果，结合公共分析政策理论、版权保护理论、制度变迁理论等为后续研究提供思路和参考。其次，对国内和国外主要发达国家的数字出版法律制度进行分析，并选取典型案例进行个案研究，在此基础上进行中外数字出版法律制度的比较研究。最后，基于上述理论与实证研究，提出完善我国数字出版法律制度的建议和对策。具体的研究逻辑主线如图 1 所示。

四、研究方法

本书将运用文献研究法、比较分析法、定量和定性研究法、案例分析法等，对上述提出的各项研究内容进行研究和论述。

（一）文献研究法

通过文献收集掌握学术界最新的研究动态，使之成为研究的基

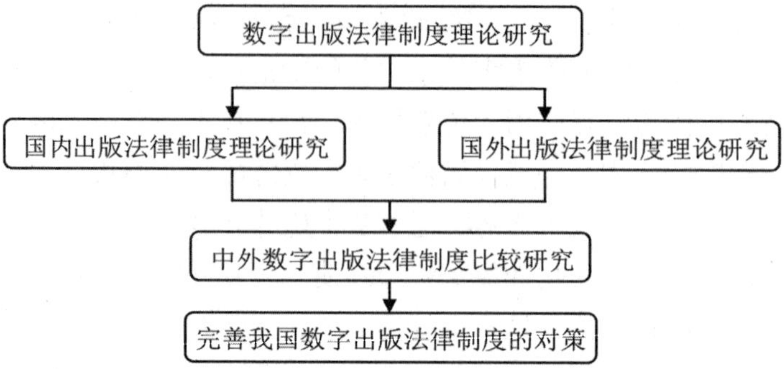

图 1　研究逻辑主线图

础，进而谋求在理论上的创新。主要通过以下渠道和途径收集相关文献资料：国内外电子期刊数据库（如 CNKI、万方、Springer Link Online Journal 等）、国内外政府网站（中国新闻出版广电总局、美国教育和文化事务局、英国文化部等）、相关的专业会议学术论文等。

（二）比较研究法

该方法的运用主要用于借鉴国外主要发达国家在数字出版法律制度方面的经验。书中主要介绍了美国、英国、德国、法国、日本、韩国等主要发达国家在数字出版法律制度方面取得的经验，并选取英国和日本与我国在数字出版法律规定和管理方面做比较，以吸收其立法和管理的经验，获得对我国数字出版法律制度建设的启示。

（三）定量和定性研究法

定量和定性研究始终贯穿本课题研究的始终。定量的方法能够用数量说明事物的变化过程，定性的方法则能够说明事物的本质。本书将定量研究和定性研究结合起来，在获取我国数字出版产业发展有关数据的基础上，对数字出版产业的发展状况进行定性分析，从而对我国数字出版相关法律制度的实施效果进行评价。

（四）案例分析法

本书的研究选取“百度文库案”“SOPA 法案”“Newzbin 和海

盗湾在线版权侵权案”等作为研究个案，了解数字出版产业发展过程中面临的版权困境及解决方法，在分析的基础上提出完善数字出版法律制度的相关建议。

第一章　数字出版法律制度研究范畴及理论基础

在对数字出版法律制度研究之前，有必要对数字出版及其相关概念进行阐释，才能在后面的研究中明确数字出版法律制度涵盖的范围和内容。同时要科学、系统、深刻地理解数字出版法律制度，必须以严谨的理论体系为基础，才能进行细致的研究。

第一节　数字出版法律制度研究范畴

作为一个新兴产业，数字出版产业在近几年有了较为迅速的发展。数字出版的出现，最早可追溯到 1951 年美国麻省理工学院的菲利普·R. 贝格莱（Philip R. Bagley）对利用计算机检索代码做文摘进行的可行性研究①。有关数字出版法律的出现则更晚。相对我国而言，以美国为代表的西方发达国家，在制定有关数字出版的法律方面起步较早，例如，美国以其发达的出版产业和领先世界的数字技术为基础，率先迈出了数字出版立法的步伐。我国在 2001 年对《著作权法》的第一次修订中新增了“信息网络传播权”的有关内容，进而揭开了制定有关数字出版法律法规的序幕。

本书所研究的数字出版法律制度，是指以数字出版为规制对象的一系列法律法规、政策、标准的总和。有关数字出版法律法规、

① 谢新洲．数字出版技术［M］．北京：北京大学出版社，2002.

政策、标准相关概念、特征及它们之间的关系等研究在第二章有详细论述，本节主要对数字出版这一基本概念做简单阐释。

数字出版作为新生事物，其概念和范畴在业界和学界都未能形成统一的认识。但是随着数字出版产业的发展，其本质属性和发展特征日渐清晰，因此对其概念的准确表达也成为亟须解决的问题。另外，对于网络游戏、互联网广告是否应划归数字出版也存在较大争议。

一、数字出版的概念

1951 年美国麻省理工学院的 P. R. Bagley 对利用计算机检索代码做文摘进行可行性研究，导致“电子出版物雏形”的诞生，随后则产生了电子文献的商业化经营——如 1959 年美国匹兹堡大学卫生法律中心建立的全文法律信息检索系统和 1961 年美国化学文摘服务社用计算机编制的《化学题录》等，这是数字出版或者说是数字出版物可追溯的最早发展阶段。国内类似的出版物是 1991 年武汉大学信息管理学院与武汉大学出版社合作出版的《国共两党关系通史》——被认为是我国第一部正式发行的电子出版物①。如今网络文学、网络游戏、博客等新型网络出版物以及各种手持阅读终端设备呈井喷式发展，数字出版已经经历了跨越式的发展。数字出版作为正在快速发展的新生事物，其概念界定还未得到广泛的认同。随着数字出版产业的发展，其本质属性和发展特征必将越来越清晰，因而对其概念的准确表达也成为亟须解决的问题。

（一）众说数字出版

数字出版涉及出版行业生产力和社会关系的巨大变革和全面调整，表现为一种新的出版业态的快速成长过程，已不仅仅是单一媒体的概念。由于数字出版还处于初创和发展期，理论和实践都在探索中，目前还没有对其形成认同广泛的精确定义，权威工具书如《中国大百科全书》《辞海》等也还没来得及编写相关条目，新闻

① 陈光祚．电子出版物的特征与范围［J］．图书馆工作与研究，1995（3）：14.

出版界、信息产业界及政府部门、立法机构则分别从不同角度作出定义，以致出现对数字出版概念界定多元化的现象。

1. 数字出版等同于电子出版

国外对数字出版的理解接受度最高的用词是“电子出版”(electronic publishing)，《大英百科全书》界定电子出版是“计算机网络或磁盘上的出版，指以计算机可读的形式生产文献，并通过计算机网络或者其他载体如 CD-ROM 等发行”。① 微软的电子百科全书《因卡塔》认为“电子出版是出版以计算机网络来分销的信息或者以计算机来使用的信息”，这里虽然采用了电子出版的说法，但更像是对网络出版的定义。日本电子出版协会（JEPA）将电子出版的定义表述为“将文字信息、图像信息等数字化，设计、建立能够随机读取的数据库，通过编辑软件对创作的作品进行编辑，并通过电子媒体进行出版的行为”②，这一定义侧重对电子出版过程的描述。

国内最早进行数字出版研究的是北京大学谢新洲教授，他认为，所谓数字出版是指在整个出版过程中，从编辑、制作到发行，所有信息以统一的二进制代码的数字化形式存储于光、磁等介质中，信息的处理与传递，必须借助计算机或类似设备来进行的一种出版形式。③武汉大学信息管理学院的徐丽芳教授也持这种看法。④周荣庭在《网络出版》一书中也认可了这一观点，并认为“数字出版就是对数字内容的创建、管理和传送的过程”。⑤

中国新闻出版研究院张立教授强调数字出版是“用数字化技术从事的出版活动”，认为从广义上说，只要是用二进制这种技术

---

① 参见 Britannica CD2000 (Deluxe Edition) 之“electronic publishing”词条。

② 刘桂珍．日本电子出版研究的现状与特色［J］．出版发行研究，2004（10）：77-79.

③ 谢新洲．数字出版技术［M］．北京：北京大学出版社，2002.

④ 徐丽芳．数字出版：概念与形态［J］．出版发行研究，2005（7）：8.

⑤ 周荣庭．网络出版［M］．北京：科学技术出版社，2004.

手段对出版的任何环节进行的操作都是数字出版的一部分。它包括原创作品的数字化、编辑加工的数字化、印刷复制的数字化、发行销售的数字化和阅读消费的数字化。①

麦克卢汉有一句著名的论断——“媒介即讯息”，强调载体、介质对信息传播的重要性，数字出版也是如此，其发展进步与技术革新紧密相连，载体、介质的数字化是数字出版不可分割的一部分，体现了数字出版的实质。

2. 数字出版等同于网络出版

陈昕教授在2007年对数字出版的定义偏向网络出版的概念，他提出，数字出版是以数字化为支撑、以计算机网络为载体的，一种全新的文化生产与传播方式，是计算机和网络技术发展到一定阶段出现的产物。它具有记录、储存、呈现、检索、传播、交易数据的特点；具有在网络上运营，实现即时互动、在线搜索等功能；具有创造、合作和分享等特性；能够满足大规模定制这一个性化服务的需要。

时任中国出版科学研究所党委书记的余敏在首届中国数字出版博览会第一次新闻发布会上指出，“数字出版是指以互联网为流通渠道、以数字内容为流通介质、以网上支付为主要交易手段的出版和发行方式。其中由著作权人、数字出版商、技术提供商、网络传播者及读者构成了数字出版产业链的主体”②。却咏梅在《数字出版：路在何方》一文中也持类似观点③。

3. 数字出版是出版流程再造

这种定义从出版过程的角度出发，强调媒介的整合，内容和流程的数字化。如中国出版科学研究所在《2005—2006中国数字出版产业年度报告》中将数字出版定位为出版活动，而非出版介质，提出：数字出版就是用数字化（二进制）的技术手段从事的出版

---

① 张立．数字出版相关概念的比较分析［J］．中国出版，2006（12）：14-15.

② 余敏．共建中国数字出版平台——首届数字出版博览会新闻发布会上的讲话［J］．传媒，2005（5）：27.

③ 却咏梅．数字出版：路在何方？［N］．中国教育报，2005-05-16：18.

活动。这种观点强调不论终端阅读介质是什么，只要记录在介质上的内容是数字化的，并且记录方式是数字化的，这种出版活动就是数字出版。《2007—2008 中国数字出版产业年度报告》进一步阐释了数字出版概念，并划定了数字出版的边界，"它包括传统出版业数字化的全部过程和结果，同时也包括新兴的数字媒体"，并指出传统出版业的数字化和新兴的数字媒体产业已开始出现相互渗透、相互整合的趋势。新闻出版总署《关于加快我国数字出版产业发展的若干意见》（新出政发〔2010〕7 号）指出："数字出版是指利用数字技术进行内容编辑加工，并通过网络传播数字内容产品的一种新型出版方式。其主要特征为内容生产数字化、管理过程数字化、产品形态数字化和传播渠道网络化。"

张立提出数字出版实际上是出版业的流程再造，是一种全面解决方案。"当出版单位采用了以数字内容为核心的管理系统以后，传统的编、印、发环节将被改变"，"出版单位在实行内容管理以后，业务流程从单一介质的线性流程向跨媒体的辐射状流程过渡"①。中国出版集团公司总裁聂震宁进一步阐释说，"数字出版的生产流程包括内容源——内容创建——内容管理——内容发布——应用集成（技术服务、系统集成商）——多种运营接入（电信"网络服务"）——用户"。完整的数字出版产业链应该包括创作数字化、编辑数字化、出版数字化、发行数字化、标识数字化、管理数字化。②

（二）数字出版、电子出版、网络出版的辨析

数字出版、电子出版、网络出版是三个常被混用的术语，源于它们的内涵和外延最为接近。但三者之间还是有区别的。

1. 数字出版与电子出版

如前所述，国外更多使用"电子出版"一词而不是"数字出

① 张立．数字内容管理与出版流程再造［J］．出版参考，2007（2 月下旬）：28.

② 聂震宁．数字出版：距离成熟还有长路要走［J］．出版科学，2009（1）：7.

版”来指称这种新兴的出版形式，如《大英百科全书》和日本电子出版协会（JEPA），且“电子出版”这一概念已经得到了学者们的广泛认同。而根据我国原新闻出版总署对“电子出版物”的定义（指以数字代码方式将图文声像等信息编辑加工后存储在磁、光、电介质上，通过计算机或者具有类似功能的设备读取使用，用以表达思想、普及知识和积累文化，并可复制发行的大众传播媒体）可知，这一概念与“数字出版”的定义不论是内涵还是外延都极为相似，甚至我们可以认为数字出版是电子出版的一种延伸发展，这两者基本可以通用。

2. 数字出版与网络出版

我国2002年颁布的《互联网出版暂行规定》提出，网络出版是指“互联网信息服务提供者将自己创作或他人创作的作品经过选择和编辑加工，登载在互联网上或者通过互联网发送到用户端，供公众浏览、阅读、使用或者下载的在线传播行为”。由此可知，网络出版强调互联网这一出版媒介，离开了网络就无从谈起，网络出版产品是以数字化形式在线传播的虚拟信息，超越了“实物出版”的概念，在这一点上明显区别于电子出版。网络出版的定义在网络文学发展的初始发展阶段（即2000年左右）被采用得较多，而现在这一概念鲜少提及，人们更多地使用“数字出版”来囊括。

（三）数字出版概念的界定

生物学常使用“种”“属别”对一个新生物种进行界定，科学界也借用了这种“中心词”和“限定词”的方式对概念进行定义①。由此，数字出版也可分解为“数字”和“出版”。

1. 数字出版以“数字化”为本质特征

作为有别于传统出版的新兴出版形式，数字出版的本质即“数字化”，强调在整个出版过程中，从编辑、制作到发行，所有信息都以统一的二进制代码的数字化形式存储于光、磁等介质中，信息的处理与传递必须借助于计算机或类似设备进行。数字内容、

① 任殿顺．还原真实的数字出版产业［J］．中国传媒科技，2013（3）：58.

数字化流程构成了数字出版的核心。

当然，数字出版不仅仅是对传统出版的含义作了“数字”的修饰界定，数字出版包括原创作品、编辑加工、印刷复制、发行销售和阅读消费的数字化，涉及出版的所有环节。从广义上来说，只要使用二进制技术手段对出版的任一环节进行操作都属于数字出版的范畴。

2. 数字出版以“出版”为根本属性

数字出版虽说是一种新的出版形态，但归根结底落脚点仍是“出版”，其出版属性不可偏废。按照《世界版权公约》（1971年巴黎文本）第六条，“出版”指对某一作品以一定的形式进行复制，并在公众中发行，以供阅览或观赏。我国见诸法律法规的“出版”概念也是指“作品的复制、发行”。简言之，出版就是合法地向公众提供复制品的行为。其要点一是作品，二是可复制，三是向公众发行。

3. 厘清数字出版的概念

目前我国对“数字出版”概念的界定还没有一个统一的科学的规范，多元化的理解在一定程度上造成了数字出版立法、执法、司法的不便，从而限制了数字出版产业的健康发展。

对“数字出版”概念界定最大的问题是统计口径的不科学，造成数字出版产业数据虚假繁荣的现象。综上所述，我们认为数字出版是指在整个出版过程中，从编辑、制作到发行，所有信息都以统一的二进制代码的数字化形式存储于光、磁等介质中，信息的处理与传递，必须借助于计算机或类似设备来进行的一种出版形式。

二、数字出版的特征①

与传统出版相比，数字出版以出色的快速查询、海量的存储、低廉的成本、方便的编辑、环保的流程以及个性、互动的灵活特性

① 该节内容部分来自作者论文，具体参见：黄先蓉，赵礼寿．数字技术环境下出版产业发展战略研究——基于“钻石模型”的应用［J］．河南大学学报（社会科学版），2011（11）：152-156.

赢得越来越多人的青睐。司占军、顾翀①在其主编的《数字出版》一书中指出数字出版的主要特点包括：数字出版丰富了出版的内容与形式；数字出版可以对信息进行检索、关联、重组和挖掘；数字出版打破了按介质形态对出版行业划分的定势。我们根据迈克尔·波特的"钻石模型"理论②，从生产要素、市场对于产业的需求、相关和支持性产业、产业中企业的因素四个方面，对传统出版和数字出版进行比较，从而概括出数字出版的特征。

（一）生产要素分析

"钻石模型"理论将产业中的生产要素进行了细分，有人力资源、天然资源、知识资源和资本资源几大类，依据这个分类，对目前传统出版与数字出版对这几类资源的依赖程度进行评估，得到表1-1。对比而言，数字出版对生产要素的要求偏向人力资源、知识资源、资本资源和基础设施，对天然资源要求较低，表现为较高层次的生产要素取向。

表 1-1　**传统出版与数字出版对资源依赖程度**

类型	人力资源	天然资源	知识资源	资本资源	基础设施
传统出版	中	高	中	中	中
数字出版	高	低	高	高	高

具体而言，人力资源方面，数字出版不仅要求从业者掌握专业技能，还对其提出了计算机、网络甚至电子商务等方面的能力要求；天然资源方面，传统出版对其的依赖程度远远高于数字出版，如传统出版对纸张、油墨的需求；知识资源则主要存在于科研机构中，数字出版相对传统出版而言对知识的依赖性更高，要求的知识

① 司占军，顾翀. 数字出版［M］. 北京：中国轻工业出版社，2013：1-3.

② 1990 年迈克尔·波特出版了《国家竞争优势》一书，书中通过对 10 个重要贸易国家的上百种产业的历史研究，提出了一套解释一个国家产业或企业获得竞争优势的完整的发展战略理论，即"钻石模型"理论。

更加专业和广泛，对产、学、研一体化也提出了更高的要求；资本资源方面，因为数字出版具有投入大、风险高、流转快等特点，对资本获取的额度、渠道都有更高的要求；基础设施方面，数字出版对计算机的普及和互联网的建设依赖性更强。另外，根据生产要素在产业发展中的重要性，可以进一步把生产要素分为初级生产要素和高级生产要素。对于传统出版而言，初级生产要素的使用更多，比如对纸张、普通劳动力的使用；而数字出版对高级生产要素则使用得更多，比如网络通信基础设施、受过高等教育的人才和广泛而普遍的科研机构等。

（二）市场需求条件分析

根据“钻石理论”模型，可以从需求市场的性质和需求市场的大小与成长速度两个方面对传统出版与数字出版进行分析比较，进而得出数字出版的特征。

从需求市场的性质方面看，数字出版需求市场呈现年轻化、增长态势好的情况。我国 18~70 周岁国民数字化阅读方式的接触率从 2008 年的 24.5%到 2012 年的 40.3%，四年间共增长了 15.8%，上升迅速。同时，数字出版媒体的接触时长也呈增长态势，“近四年来，我国 18~70 周岁国民人均每天上网时长总体呈上升趋势；人均每天手机阅读的接触时长呈连续增长走势”①。值得注意的是，2011 年我国成年人数字化阅读方式接触者中 85.3%是 18~40 周岁人群，2012 年 93.7%是 18~49 周岁人群②，说明年轻人是数字化阅读方式接触者的主力军。传统出版产业的读者需求也在缓慢增长，但有逐渐趋于饱和的趋势，其预期需求也不是很高。

从需求市场的大小与成长速度来看，数字出版市场规模日益扩大，涨势迅猛。2011 年国内数字出版产业整体收入规模为1 377.88 亿元，比 2010 年整体收入增长了 31%；2012 年国内数字出版产业

---

① 卢宏．近五次我国全国国民阅读调查综述［J］．图书情报知识，2014（1）：73.

② 卢宏．近五次我国全国国民阅读调查综述［J］．图书情报知识，2014（1）：76.

整体收入规模为 1 935.49 亿元，比 2011 年整体收入增长了 40.47%；2013 年国内数字出版产业整体收入规模为 2 540.35 亿元，比 2012 年增长了 31.25%；2014 年国内数字出版产业整体收入规模为 3 387.7 亿元，比 2013 年增长了 33.36%；2015 年国内数字出版产业整体收入规模为 4 403.85 亿元，比 2014 年增长了 29.99%。虽然这个数据中包含了网络游戏等尚待商榷的项目，但总体上还是反映出数字出版市场的快速增长趋势。数字出版产业产值屡创新高，使得传统出版集团（社）纷纷涉足数字出版并取得一定成果。传统出版方面，从国家新闻出版广电总局发布的全国新闻出版业基本情况，可以了解图书生产和销售方面的具体数据，如表 1-2 所示。

表 1-2　　**近五年来图书生产和销售方面数据统计**①

年度	图书品种数（种）		总印数（亿册）	总印张（亿印张）	定价总金额（亿元）	销售总册数（亿册）	销售总额（亿元）
	总品种	新版品种					
2011	369 523	207 506	77.05	634.51	1 063.06	58.25	558.81
2012	414 005	241 986	79.25	666.99	1 183.37	61.55	617.13
2013	444 427	255 981	83.10	712.58	1 289.28	63.47	659.15
2014	448 431	255 890	81.85	704.25	1 363.47	63.93	684.48
2015	475 768	260 426	86.62	743.19	1 476.09	63.71	714.46

从表 1-2 所列数据可以看出，在图书生产方面，2012 年与 2011 年相比，图书品种增长 12.04%，其中新版图书增长 16.62%，总印数增长 2.85%，总印张增长 5.12%，定价总金额增长 11.32%；2013 年与 2012 年相比图书品种增长 7.35%，其中新版图书增长 5.78%，总印数增长 4.87%，总印张增长 6.83%，定价总金额增长 8.95%；2014 年与 2013 年相比图书品种增长 0.9%，虽然新版图书下降 0.04%，总印数下降 1.51%，总印张下降 1.17%，但定价总金额增长 5.75%；2015 年与 2014 年相比图书品种增长

① 数据来源于国家新闻出版广电总局统计公报。

6.1%，其中新版图书增长 1.77%，总印数增长 5.84%，总印张增长 5.53%，定价总金额增长 8.26%。在图书销售方面，2012 年比 2011 年销售数量增长 5.67%，销售金额增长 10.43%；2013 年比 2012 年销售数量增长 3.12%，销售金额增长 6.8%；2014 年比 2013 年销售数量增长 0.72%，销售金额增长 3.84%；2015 年相较于 2014 年虽销售数量下降 0.3%，但销售金额增长 4.38%。由此可见，与数字出版相比，传统出版的增长较为缓慢，市场潜力也相对较低。

（三）相关和支持性产业分析

一个国家的产业发展要取得成功，相关产业和支持的产业是必不可少的因素。如意大利的制鞋业享誉全球，与其相关的皮革处理、制鞋机器、鞋类零件和设计服务等这些产业在世界范围内也都具有很强的竞争力。

对于出版产业而言，传统出版产业和数字出版产业在相关产业和支持性产业方面有很多重合之处，主要涉及与内容相关的文化创意产业。文化创意产业目前在我国发展迅速，但是由于体制方面的原因，文化创意产业在我国起步较晚，基础相对比较薄弱。传统出版和数字出版这两个产业的相关与支持性产业的差异之处在于，传统出版的产业链多与“夕阳产业”相联系，比如造纸业；数字出版行业多与“朝阳产业”联系在一起，比如电子商务市场。艾瑞统计数据显示，2010 年中国电子商务市场整体交易规模达到 4.8 万亿元，同比增长 33.5%，2013 年中国电子商务市场交易规模为 100 720.4亿元，同比增长 22.6%，预计 2017 年交易规模达到 20 万亿元，复合增长率 21.0%。①

（四）企业内部因素分析

产业发展中的第四个关键要素就是企业，包括企业的战略、企业的结构和产业内企业的竞争情况三个部分。国家的环境会对企业的战略、自身的结构和企业间的竞争产生重大的影响。2010 年，我国的国内生产总值（GDP）为397 983亿元，超过日本，正式成

① 数据来源于艾瑞网《2014 年中国电子商务行业年度监测报告》。

为世界第二大经济体；2015 年我国 GDP 达到676 708亿元，已是日本的两倍。但我国经济发展的质量还不高，经济发展方式还比较粗放，经济结构不平衡，单位 GDP 所消耗的能源、水和资源还比较高，人均 GDP 较低。

在“十一五”时期，我国政府加大了出版产业制度改革的力度。中央外宣办 2011 年 2 月 28 日举行的新闻发布会介绍，我国在“十一五”时期，全国经营性图书、音像电子出版社，除少数拟保留公益性的出版单位和军队系统的出版单位外，均已基本完成了转企改制。其中在中央各部门各单位 148 家应转制出版社中，除 1 家停办退出外，有 137 家出版社全面完成了转企改制，其余 10 家出版社也都进入扫尾工作，共计核销事业编制 1. 8 万多名，1 251家非时政类报刊出版单位转制和注册为企业法人，10 万多家国有印刷复制单位、3 000多家国有新华书店转制为企业。改制后的出版单位已由先前的“事业单位，企业管理”彻底转变为按照现代企业管理模式来经营管理的企业。

从市场结构来看，国有资本依然是出版产业的主导力量，这在出版环节表现得尤为明显。产业中的垄断现象比较多，但都不是市场因素造成的，而是由行政力量作用的结果，其主要表现为我国的出版集团基本上都是以行政区域划分组建的。尽管如此，我国出版产业也基本上走上了集团化、企业化发展道路，而数字出版正是在这样的环境中发展起来的，除了集团化的传统出版企业外，还有一些新兴的数字出版企业也为产业发展注入了新的活力，使得其市场化程度较高，也加剧了企业间的市场竞争。

综上所述，数字出版来源于传统出版，但它又是与数字技术紧密结合的、区别于传统出版、具有其独特属性的新型出版形式。从生产要素来看，数字出版要求层次较高，如对知识资源、人力资源、资本资源和基础设施的需求均高于传统出版；从需求市场来看，数字出版市场呈年轻化态势，且增长迅速；从相关产业来看，传统出版更多地与造纸、印刷这类夕阳产业相联系，而数字出版的相关产业和支持性产业在发展前景上更有创造力，如电子商务产业；从产业内企业情况来看，数字出版企业间竞争更激烈，市场化程度更高，表现出更强的市场活力。由此可见，数字出版可能是传统出版未来的发展潮流，是出版业未来的升级趋势。

三、数字出版产品形态

数字出版产品的形态多种多样，按照不同的分类标准，数字出版产品的形态可划入不同的类型。中国新闻出版研究院发布的《中国数字出版产业年度报告》中把数字出版分为互联网期刊、电子书、数字报纸、博客、在线音乐、网络动漫、手机出版、网络游戏和互联网广告 9 类，囊括了我国目前数字出版的所有产品形态。当然这是众多划分标准中的一种。但数字出版尚在发展阶段，对其能演进到什么程度还未为可知，因此我们在这里不打算作严格意义上的科学划分，而根据现实生活中较为普遍认同的数字出版产品形态做简要的介绍。

（一）电子书（e-Book）

电子书是以数字化形式将图书内容存储于硬盘、光盘、软盘、网络、闪存（Flash Memory）及其他计算机存储介质上的出版物。电子书常见的存储格式有 htn、chm、pdf、exe 等。中国的电子书市场是依靠图书馆等机构用户起步的，2009 年电子书读者总数首次过亿。据中国新闻出版研究院历年发布的中国数字出版产业年度报告①，2009 年电子书收入规模达 14 亿元，2010 年达 24.8 亿元，增长 77.14%；2011 年为 16.5 亿元，减少 33.46%；2012 年超过 30 亿元，达 31 亿元，增长 87.88%；2013 年达 38 亿元，增长 22.58%；2014 年突破 40 亿元大关，达 45 亿元，增长 18.42%；2015 年达 49 亿元，增长 8.89%，如图 1-1 所示。

（二）数字期刊

广义地讲，数字期刊可以定义为通过互联网传播、发行的杂志、快报、通信、电子论坛等。目前国际上大多数主要的学术期刊出版商和学术机构通过数据库方式提供全文数字化期刊的集成服

① 数据来源于中国新闻出版研究院历年发布的《中国数字出版产业年度报告》。

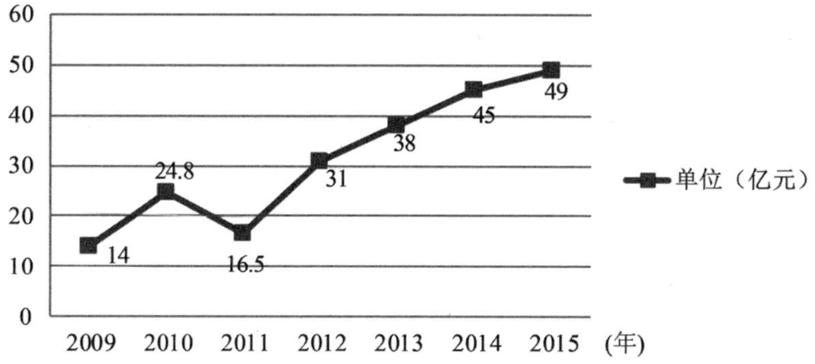

图 1-1 2009—2015 年电子书收入规模变化图

务，国内自 20 世纪 90 年代以来也出现了若干大型网络期刊数据库，如中国期刊网、龙源期刊网、中文科技期刊数据库等。有的期刊还单独建立了自己的网站方便读者检索和阅读，如《青年文摘》《中国国家地理》等。数据显示①，2009 年，我国数字期刊收入为 6 亿元，2010 年为 7.49 亿元，增长 24.83%；2011 年为 9.34 亿元，增长 24.70%；2012 年首次超过 10 亿元，达 10.83 亿元，增长 15.95%；2013 年达 12.15 亿元，增长 12.19%；2014 年达 14.3 亿元，增长 17.69%；2015 年达 15.85 亿元，增长 10.84%，如图 1-2 所示。

（三）数字报纸

所谓数字报纸，是指报纸的新闻稿件和图片资料以数字化形式存储并提供读者使用。最早的数字报纸出现在 1977 年，当时加拿大《多伦多环球邮报》（*The Globe and Mail*）首次提供了报纸文本的自由检索。近年来我国数字报业发展迅速，基本上所有的报纸都实现了数字化，为读者提供电子版阅读，此外有些报纸还建立了自己的门户网站，以便及时更新信息。数据显示②，2009 年，我国数

① 数据来源于中国新闻出版研究院历年发布的《中国数字出版产业年度报告》。

② 数据来源于中国新闻出版研究院历年发布的《中国数字出版产业年度报告》。

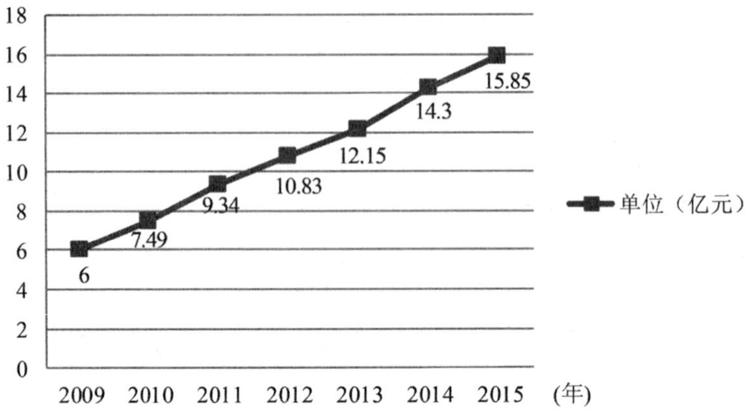

图 1-2 2009—2015 年数字期刊收入规模变化图

字报纸的收入规模为 3.1 亿元，2010 年、2011 年连续两年实现几乎 100%增长，分别达 6 亿元和 12 亿元；2012 年为 15.9 亿元，增长 32.5%；但从 2013 年开始，数字报纸的销售收入略有下降，2013 为 11.6 亿元，减少 27.04%；2014 年为 10.5 亿元，减少 9.48%；2015 年为 9.6 亿元，减少 8.57%，如图 1-3 所示。

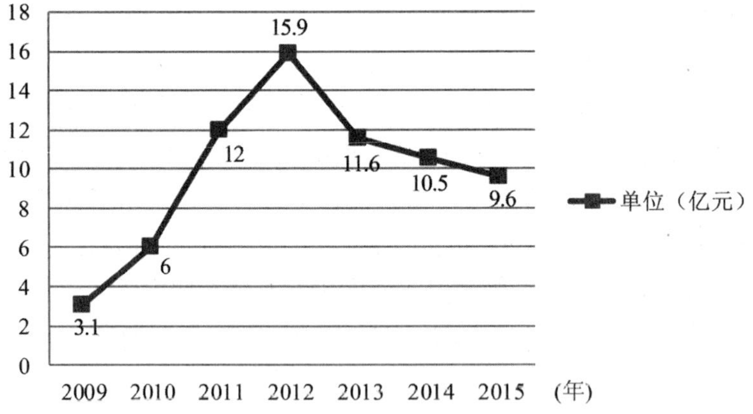

图 1-3 2009—2015 年数字报纸收入规模变化图

(四) 手机出版

随着经济、技术的发展，3G 和 4G 手机用户的数量增长迅速，手机以其屏幕大、存储空间大、运行速度快、网络支持度高等特点，成为重要的数字出版终端设备。手机出版，包括手机图书、手机报纸、手机期刊、手机音乐、手机游戏等成为规模庞大的数字出版产品形态，各类手机出版类 APP 如雨后春笋般涌现。手机媒体不仅融合了报纸、杂志、电视、网络等媒体的内容和形式，同时也融合了大众传播、单向双向传播等方式，形成多元化的传播网络，能够充分满足用户对信息及时性、碎片化和便携性的要求。① 正因如此，自 2009 年有数据统计以来，手机出版在我国数字出版产业总体收入规模中的比例都高于 20%，其中 2009 年所占比例超过 40%——2009 年手机出版收入规模为 314 亿元，占当年数字出版产业总体收入的 40.28%；2010 年为 349.8 亿元，增长 11.40%，占总体收入的 33.26%；2011 年为 367.34 亿元，增长 5.01%，占总体收入的 26.66%；2012 年为 486.5 亿元，增长 32.43%，占总体收入的 25.13%；2013 年为 579.6 亿元，增长 19.14%，占总体收入的 22.82%；2014 年为 784.9 亿元，增长 35.42%，占总体收入的 23.17%；2015 年为1 055.9亿元，增长 34.53%，占总体收入的 23.98%②，如图 1-4 所示。

数字出版其他形态的出版物如电子游戏、博客出版、在线音乐、数据库出版等都是数字出版的重要形态，由于本研究着重于数字出版法律制度，故不在此赘述。毋庸置疑的是，随着数字出版技术的进一步发展，上述数字出版产品形态必然会经历新的发展——或淘汰抑或重生——而新的产品形态也会不断涌现。

① 匡文波．手机出版：21 世纪出版业的新机遇［J］．陕西师范大学学报（哲学社会科学版），2005（1）.

② 数据来源于中国新闻出版研究院历年发布的《中国数字出版产业年度报告》。

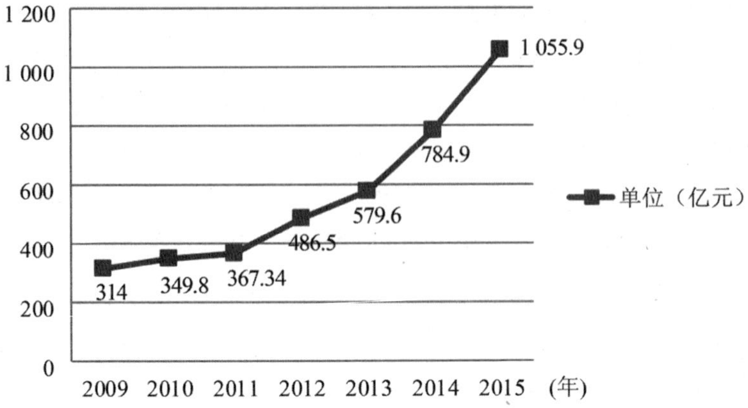

图 1-4　2009—2015 年手机出版收入规模变化图

第二节　数字出版法律制度研究现状

在数字出版取得丰硕成果的同时，我国数字出版在法律法规建设、政策制定实施、行业标准采用等方面仍存在一定的问题，同时，我国在数字出版领域并没有专门的立法，极大地制约了数字出版产业的发展。完善数字出版相关法律法规、政策，建立有效的数字出版法律制度成为当务之急。国内外的业界、学界在数字出版管理、政策、法律法规、标准以及版权法律制度等方面进行了各自不同但卓有成效的研究，这些研究成果一方面为我们提供了基本的研究资料和经验上的借鉴，另一方面在其研究中所出现的问题也为我们继续研究指明了方向。

一、数字出版管理研究现状

数字出版管理研究作为数字出版研究的重要组成部分，能为数字出版产业健康有序的发展提供良好的环境，受到国内外学者的关注与重视。

（一）国内数字出版管理研究

从管理主体角度出发，可将现有数字出版管理方面的研究分为宏观层面和微观层面。宏观层面即以国家政府机关或行业组织为管理主体，将数字出版企业作为被管理的对象；微观层面即将数字出版企业作为管理主体的一部分，是出版系统个体自身内部的管理，即对企业组织结构和生产流程等进行监管。下面将从宏观和微观两个方面对数字出版管理的研究成果进行分析。

1. 宏观层面

从管理手段的角度来看，政府或行业组织主要是运用行政手段、法律手段、经济手段和行业监管对数字出版产业进行管理。我国出版业宏观管理体系存在着对行政管理手段过分倚重、法律体系不够完善、经济调控水平不高、行业协会对政府过于依赖等主要问题①。在数字出版产业，这些问题依然存在，相关研究也主要集中在这四个方面。

第一，行政手段。行政管理是产业发展最为直接的管理手段，在我国出版管理中举足轻重，涉及国家新闻出版广电总局、文化部、工业和信息化部等多个部门，同时，还涉及数字出版质量监督、违法查处、版权保护等职能。这种体制难免导致多头管理，降低了政府对数字出版业的规制效率。而且，由于数字出版的复杂性和多样性，按媒介形态划分监管主体和监管对象，在实际操作中将越来越难以把握②。现阶段，我国数字出版产业中存在出版内容低俗、文化价值不高、技术标准不统一、版权保护以及产业链等方面的问题，要解决这一系列的问题，需要政府干预，对数字出版产业进行必要的监管和扶持③。但叶黎沼④认为我国政府对数字出版的管理行政干涉过重，应进一步深化管理体制改革，逐步“弱化管

① 班子嫣．我国出版业宏观管理体系研究［D］．北京：北京印刷学院，2009：3.

② 何格夫．当前制约我国数字出版发展的六个因素［J］．编辑之友，2008（2）：30.

③ 夏萍．我国数字出版产业的问题及政府监管研究［D］．武汉：湖北大学，2013：1.

④ 叶黎沼．我国数字出版管理问题及对策研究［D］．上海：上海交通大学，2009：5.

制，强化引导”①。具体而言，政府管理部门应该通过市场化运作并充分调动各种社会化力量，实现激励性管制手段的创新②，并尝试打破我国因行政分割带来的地域保护主义，实现数字出版整体化拓展③。

第二，法律手段。目前，在数字版权方面，还没有一部专门的法律。我国数字出版现有法规、政策的不足之处在于：产业政策政出多门，数字出版标准滞后且缺乏统一性，相关版权法规有待完善，产业促进与规制政策、法规失调，产业结构与布局有待政策调整④。王宇红⑤等认为现行立法对数字出版产业版权保护的可操作性不强，存在诸多不足，并指出仅靠一些相关的法律条文中的规定，难以适应数字化发展环境下版权保护的需要，修改相应法规、提升规范的效力位阶已迫在眉睫。同时，法律上的空白和模糊地带，也为执法带来一定的困难⑥。但也有学者认为，对数字版权的保护应是有限的，尽管对版权人的保护可以最大限度地激发版权人的创作激情，但不能挤压公众利益的空间⑦。

第三，经济手段。我国目前主要通过政府对重点项目资助和税收优惠来扶持产业发展，引导产业结构升级转型。例如，设立数字出版专项资金，为入驻数字出版基地的数字出版企业提供资金、土

---

① 赵鹏．数字出版管理完善对策探析［J］．戏剧之家，2014（16）：288.

② 魏彬．我国数字出版产业政府管制探析［J］．出版科学，2010（1）：49.

③ 段诗韵．美英德数字出版产业的政策机制及其借鉴意义［D］．长沙：中南大学，2013：35.

④ 周艳敏．我国数字出版产业政策法规回顾与展望［J］．中国出版，2013（21）：45.

⑤ 王宇红，刘盼盼，倪玉莎．我国数字出版产业版权保护体系的构建与完善［J］．科技管理研究，2012（8）：185.

⑥ 向长艳．数字出版版权保护面临的法律问题［J］．中国出版，2011（8）：77.

⑦ 包韫慧．数字版权博弈与产业发展［J］．北京印刷学院学报，2011（2）：16.

地、房租、税收等各种优惠政策等。但直接的项目资助方式难以形成长效机制，且容易滋生腐败。因此，在市场经济体制下，对出版行业的财政扶持，要以市场竞争为主体，通过税收优惠政策来进行引导①。

总体而言，现阶段出台的扶持政策大多是短期的，没有形成体系。杨爱华、李治堂②建议扶持政策要分阶段、分层次来引导出版业的发展，更加体系化。此外，借鉴国外发达国家，特别是英、美、日、韩等国的经济扶持手段，我国可以利用税收杠杆扶持并引导新兴产业的迅速发展。因此，我国有必要制定有利于数字出版产业发展的税收政策和投融资政策，多方吸纳资金，对产业增值税、研究开发费用、税收优惠、拓宽投融资渠道作出具体的额度规定③。

第四，行业监管。出版行业协会作为行业单位与政府之间的中介组织，对出版文化和出版经济的发展发挥了重要作用。我国出版行业各协会近年来都有不同程度的发展，但从总体上看，尚处于起步阶段，所发挥的作用与发达国家相比还有一定差距。国外行业协会是适应出版企业发展的需要，采用一种比较完善的类似于企业的管理体制，独立于政府，能够保证较高的管理效率。而我国的行业协会多受制于政府，其自身的管理也存在较大问题，如协会行政化现象、法律地位不明确、缺乏约束机制、自身建设薄弱等④。随着我国经济体制和政治体制改革的推进，出版行政部门将会逐步把一些职能“让渡”给出版行业协会⑤，以完善出版行业协会的建设，

---

① 白荣洲．我国出版业的财政扶持政策研究［J］．中国报业，2013（10）：125.

② 杨爱华，李治堂．我国政府对出版业扶持政策研究［J］．现代商贸工业，2015（5）：31.

③ 周艳敏．国外数字出版产业政策比较研究［J］．出版发行研究，2014（11）：91.

④ 金娜．出版行业协会特点分析及我国发展对策［J］．信息科技，2007（19）：46.

⑤ 范军．略论发挥出版行业协会的自律作用［J］．大学出版，2008（1）：23.

加强出版行业协会的自律，实现行业组织的制度化、规范化，建立科学合理的多层次、多形式的行业体系①。

2. 微观层面

数字出版企业内部的管理是企业自我管理和自我约束的重要组成部分，有利于增强企业的竞争力。内容资源是数字出版持续发展的重要基础，数字内容管理是数字环境下新的要求。但是数字出版内容管理存在的问题严重阻碍了产业的发展，这些问题包括观念落后、创新动力不足，管理投入不足、成效不佳，标准规范不一、开发利用无序，版权获取困难、版权侵权严重，内容流失分散、信息孤岛林立等。针对这一现状，数字出版企业应该创新管理机制，实现规范化管理和内容资源的差异化管理②；建立管理平台，实现知识共享；构建数字出版行业联盟③；创新数字内容运营模式，深化内容服务④。

数字内容的管理还体现在构建数字内容管理平台方面，数字出版平台是数字出版跨媒体融合的典型体现，数字出版平台主要包括云出版平台、专业化数字信息服务与生产平台、专业化的数字出版平台和工具等⑤。总体而言，我国数字出版云平台建设呈现快速发展的态势，凭借“云出版”平台，数字出版将走出资源分散、系统重复、标准不一的困境，在云出版平台上实现深度发展与高度集成的转型。对数字出版产业链中的平台运营商而言，云出版为其带来了安全方便、费用低廉的计算、存储模式，使其平台运营业务更

---

① 郑辉．国外行业协会运作概览与启示［J］．上海人大月刊，2012（10）：53.

② 李倩．数字出版产业的内容差异与分类管理［J］．编辑之友，2013（4）：68-71.

③ 刘灿姣，董光磊．出版企业数字内容管理问题与对策［J］．出版发行研究，2010（7）：56.

④ 董光磊．出版企业数字内容管理研究［D］．湘潭：湘潭大学，2009：28.

⑤ 秦宗财．2015 年我国数字出版研究综述［J］．现代出版，2016（3）：19-23.

具产业竞争力①，集数字化采编、出版、展示交流于一身的集群化平台建设模式是专业化数字出版平台发展的趋势②。但云出版平台建设面临诸如数字内容加工标准格式不统一、资源存储不集中、版权保护机制不健全③等问题，同时，在实际运营中还存在内容监管难度大、统一的行业标准缺失、用户付费意愿低④等问题，还需政府、出版者、作者、读者的多方参与，共同应对。

数字出版流程管理方面，多种介质形式的出版产品的共存，导致生产方式和传播方式的转换，必须实现从单一的内容生产管理向资源服务的转型⑤。近来，许多出版企业开始使用 ERP（Enterprise Resource Planning）的核心思想，使用“流程再造”来协调企业资源工作，进行企业资源重构的研究。在流程化管理过程中，还需结合市场需求和企业经济效益进行考量。

在数字出版转型战略下，员工素质是企业战略能否实现的决定性因素之一。数字出版企业多将技术方面的问题外包给第三方技术公司进行开发，无法掌握核心技术，阻碍了其自身发展。因此，数字出版企业应做好包括提高编辑人员素质和建设人才队伍在内的人才储备工作。就编辑人员素质而言，曹书云⑥认为，数字出版企业中，编辑应具有过硬的编辑功底、数字化创新思维能力、综合运用出版资源的能力、新媒体运用能力、市场营销能力。同时，随着数字出版的发展，编辑职能也发生了改变——从单一的图书策划和文

① 徐雅金．“云出版”平台与数字出版产业链的构建［J］．传播与版权，2015（12）：50-51.

② 秦宗财．2015 年我国数字出版研究综述［J］．现代出版，2016（3）：19-23.

③ 王异，周二翠，马英，等．基于云服务的动态数字出版研究［J］．科技与出版，2015（10）：66-69.

④ 宋亮亮．数字阅读背景下云出版平台问题分析［J］．戏剧之家，2015（12）：258.

⑤ 秦艳华．数字时代出版流程管理创新的思考［J］．出版发行研究，2012（5）：61.

⑥ 曹书云．论数字时代编辑素养提升策略［J］．中国报业，2016（1）：55-56.

字加工转变为数字产品项目的策划者、内容把关人和知识消费的引导者、内容资源的拆分者和整合者、售后服务者和立体营销推广者①。此外，数字出版的转型中，应该改变以会计准则为基础、财务指标为核心的利润导向的绩效管理制度，这种制度既不能很好地体现非财务指标和无形资产对企业的贡献，也无法评价企业数字出版方面的发展潜力。因此应建构数字出版转型战略主导的绩效管理系统，该系统能够体现转型的战略性，还能够体现出员工素质的导向性，强调员工能力、潜力识别及发展培训②。

（二）国外数字出版管理研究

在国外，数字内容产业（Digital Content Industry）的使用频率要高于数字出版产业。由于发达国家市场经济及体制发展完善，因此更强调通过市场的力量调节数字出版产业的发展，发挥市场主体的作用，政府对数字出版管理的功能有限。由于国外法律体系较完善，政府对数字出版的管理主要体现在产业政策和行业监管方面。

1. 宏观层面

从宏观方面来讲，国外政府在数字出版管理中更多地体现了其扶持和推动的职能，政府的产业政策对数字出版产业的发展有一定的积极意义。日本 2010 年制定的《完善开放型数字出版环境》为数字出版产品交易构建了良好的市场交易环境，且日本重视完善法制、制定标准和人才培养等，这对数字出版发展有重要意义。韩国政府对其颇具国际竞争力的网络游戏产业，施以直接投资和风投支持的扶持方式③。国外对数字出版产业的扶持政策值得我国学习和借鉴。

此外，发达国家还特别重视发挥行业协会的监管职能。在行业

---

① 黄晓燕．数字出版时代编辑职能探析［J］．出版科学，2015（1）：27-28.

② 王勇安．论数字出版转型战略下出版企业绩效管理系统的建构［J］．出版发行研究，2012（1）：27.

③ Korea Times. Government to Invest W21 Billion in Digital Contents Industry［EB/OL］.［2013-07-06］. http：//eng. edaily. co. kr/PRESS/View. asp?m=4&seq=3112&page=1.

自治管理方面，日本成立了数字内容产业协会，从 2000 年开始连续十年发布日本数字内容产业白皮书，组织行业人才培训、推动国际交流等。德国和日本的行业协会网络体系比较健全，组织化程度也高，美国出版行业协会最初为民间组织，相对松散。

2. 微观层面

21 世纪，西方国家学者的研究方向主要是数字出版的技术性、标准化、数字出版盈利性及出版产业人才培养模式等，尤其对数字出版产业的版权保护问题，做了相对比较完善的研究。与我国不同的是，其关于数字版权保护的研究多是以数字出版者为主体，即数字出版企业对内容进行管理时，更加关注数字版权保护技术。

Digital Rights Management for Content Distribution 评述了 DRM 的现状，关注 DRM 发展过程中的安全技术、潜在的法律含义和主要障碍，使我们对基于法律和技术之上的内容管理有更好的理解①。《数字出版管理系统结构研究》（*A Research on Architecture of Digital Publishing Management System*）从数字版权保护的重要性和现有保护技术出发，阐明构建数字出版管理系统的必要性，并指出其缺陷②。也有研究指出，考虑到现有技术和版权保护的特性，DRM 并不能有效地打击盗版③。同时，随着版权保护技术的发展，有学者开始关注版权过度保护技术措施存在着超越版权、侵犯人权和损害创作三大危害，我国在《著作权法》第三次修改中应当对技术措施进行合理规制，从保护使用者利益的角度增加对信息网络传播

① Liu Q., Safavi-Naini R., Sheppard N. P. . Digital Rights Management for Content Distribution [C]//Proceedings of the Australasian information security workshop conference on ACSW frontiers 2003-Volume 21. Australian Computer Society, Inc. , 2003: 49-58.

② Tian Y., Chen J. . A Research on Architecture of Digital Publishing Management System [J]. Computer and Information Science, 2010, 3 (3): 66.

③ Haber S., Horne B., Pato J., et al. If Piracy is the Problem, is DRM the Answer? [M] //Digital Rights Management. Springer Berlin Heidelberg, 2003: 224-233.

权的个人使用限制，并允许使用者基于个人使用目的规避技术措施①。

二、数字出版政策法规研究现状

科学合理的数字出版政策法规，能够为我国数字出版产业的发展创造良好的环境。相关学者从宏观产业政策、数字出版法律法规、经济政策、技术政策等方面进行了研究。

（一）国内数字出版政策法规研究

国内关于数字出版政策宏观方面的研究相对较少，主要研究多集中于讨论数字出版政策的某一方面，如宏观产业政策、数字出版法律法规、经济政策、技术政策和人才培养政策等。

1. 宏观产业政策

随着数字出版的发展，我国政府也以前所未有的政策力度来支持数字出版产业的发展②。数字出版产业政策对数字出版产业的发展起着重要的推动作用。黄先蓉等人③从产业结构政策、产业组织政策、产业技术政策以及产业布局政策四个方面详细阐述了出版产业政策在数字技术环境下的调整方向，以引导出版产业更好地适应数字技术环境所带来的变革。陈文倩④对我国的数字出版产业政策进行概述，并对我国数字出版产业政策的实践与内容体系进行分析，建议我国数字出版产业转变政府职能和管理理念，提高政策前瞻性，提高政策制定的科学性和政策执行的有效性，优化数字出版政策，健全数字出版产业政策内容体系。经过近 10 年的探索，我国数字出版产业政策围绕数字出版产业发展政策、数字出版产业结

---

① 郑重．版权保护技术措施的危害及其规制［J］．知识产权，2014（11）：9-17.

② 刘大年．新中国出版产业政策演变的逻辑特点［J］．现代出版，2015（2）：20.

③ 黄先蓉，赵礼寿，刘玲武．数字技术环境下出版产业政策调整——基于 2000—2010 年数字出版的政策分析［J］．编辑之友，2011（7）：15-18.

④ 陈文倩．我国数字出版产业政策研究［D］．武汉：武汉理工大学，2013：56-57.

构政策和数字出版产业组织政策三大门类，构建了包括数字出版技术政策、数字出版布局政策、数字出版投融资政策、数字出版人才政策、数字出版税收政策、数字出版财政政策、数字出版中小企业政策、数字出版主导产业选择政策、数字出版扶持政策、数字出版战略性产业政策、数字出版反垄断和反不正当竞争政策以及数字出版公共规制政策 12 个小类的政策体系，我国的数字出版产业政策体系基本形成，对产业发展起到良好的促进作用①。除此之外，也有学者注意到我国数字出版产业政策往往着眼于宏观，而关注产业链接的指导性政策较少。对此，谭冰②认为应该从宏观与微观两个角度制定产业政策，特别是微观政策要涉及整个数字出版产业的各个细节。此外，邓大松、欧阳志荣③以江西省为例指出出版数字化转型过程要提高政策的可操作性，加强政策的综合管理，调整产业结构布局等。

2. 数字出版法律法规

随着数字出版的深入发展，亟须相关法律法规来保障和约束我国数字出版产业的发展。对此，有关学者对数字出版法律法规也进行了研究。目前，我国已经形成了以《著作权法》为主、以《信息网络传播权保护条例》等若干行政法规、司法解释为补充的数字版权保护体系，为数字出版产业的有序发展提供了坚实有力的法律保障④。尽管如此，数字版权保护的发展仍跟不上数字出版发展步伐的问题也不能忽视。谢国敏⑤指出，目前我国尚未出台专门针对数字出版的法律和行政法规，《著作权法》也未对数字出版行为

① 吴江文．我国数字出版产业政策内涵与体系［J］．科技与出版，2016（9）：32-36.

② 谭冰．数字出版，政策源动力——我国数字出版产业相关政策分析［J］．出版广角，2014（1）：55.

③ 邓大松，欧阳志荣．刍议出版数字化转型中的制度创新［J］．出版发行研究，2014（10）：18.

④ 周艳敏．我国数字出版产业政策法规回顾与展望［J］．中国出版，2013（11）：44.

⑤ 谢国敏．我国数字出版法律问题研究［D］．北京：中国政法大学，2012：30.

进行规制，实践中需要借助《出版管理条例》《互联网出版管理暂行规定》等出版领域基础性的法律法规对数字出版行为予以规制。马晓静①指出尽快推动政府制定基于数字出版的专门的知识产权保护政策，为数字出版营造健康和谐的发展大环境，是数字出版产业持续发展的大前提。宫丽颖等②通过系统分析我国中央政府数字出版产业的相关财税政策，指出中央政府主要通过专项资金、金融支持、对外文化贸易支持等财政政策和企业所得税优惠政策、流转税优惠政策等税收政策为我国数字出版的发展提供重要支撑，并建议在今后财税政策制定中应体现出公平性、适度性和科学性。不断完善我国的数字出版法律制度，是完善国家文化法律制度的重要方面，也是保障数字出版产业健康发展的必然选择。

3. 经济政策

国家重视通过各项经济政策为我国数字出版产业的发展提供一个良好的经济环境。学者通过对我国关于数字出版经济政策的研究，为经济政策的进一步完善提供了建议。肖洋③认为我国数字出版产业政策导向多以重点产业的扶持和资金税收的优惠为主，对产业结构的调整给予了方向上的指导，但就目前形势来看，政府政策导向的重点应该不仅是为具体产业发展提供资金和其他方面的扶持，更重要的是维护市场的公平竞争。杨京钟④指出电子书和数字化出版作为新闻出版业兴起的具有技术型特征的新型出版物，至今没有相关的税收优惠政策给予支持，并提出应专门增加对电子书购买、出版、销售的税收优惠政策，如通过降低电子书的增值税税率和扩大税收优惠范围两方面来完善新兴业态的税收优惠内容。黄先

---

① 马晓静．我国数字出版版权问题探析［J］．中国出版，2014（8）：21-23.

② 宫丽颖，祁迪．我国中央政府数字出版财税政策探究［J］．中央财经大学学报，2015（S1）：56-60.

③ 肖洋．我国数字出版产业发展战略研究［D］．南京：南京大学，2013：80.

④ 杨京钟．税收视阈下的新闻出版产业机理研究［J］．出版发行研究，2012（8）：5.

蓉等人①从国家税收政策入手，指出我国的税收优惠政策在一定程度上还是缺乏长远性和战略规划，建议在以后制定政策时，保证税收优惠政策的系统与规范。张立伟②等提出各级政府可以考虑建立相关的激励投融资制度，吸引各类资金科学有序地投向数字出版产业发展领域。其他学者如吴赟③对我国数字出版经济的特质进行了研究。

4. 技术政策

数字出版产业是基于新技术而产生的新的产业形态，积极调整相关政策适应新技术带来的新问题，制定相关政策保障新技术的应用已成为必需。相关研究普遍认为国家应制定技术政策来鼓励技术创新。匡导球④回顾了 20 世纪中国出版技术的变迁，并结合目前数字化的趋势指出技术创新能否成功，不仅取决于自身的技术，还取决于制度的保障作用。他认为应该优化出版技术创新的科学环境，优化出版技术创新的政策环境，优化出版技术创新的扩散激励机制，以及优化出版技术人才队伍。夏萍⑤对我国数字出版产业的问题及政府监管进行了探析，建议通过开设技术开发基金和建立统一的产业技术规范及标准来鼓励技术创新推动产业发展。刘菡等⑥对改革开放以来我国出版产业技术政策进行了梳理，认为出台各项政策来鼓励数字技术在行业内的应用是 2003 年至今阶段我国出版产业政策的主要价值取向，并指出在此阶段的出版技术政策主要体

---

① 黄先蓉，赵礼寿，刘玲武．数字技术环境下出版产业政策调整——基于 2000—2010 年数字出版的政策分析［J］．编辑之友，2011（7）：15-18.

② 张立伟，衣保中．促进我国数字出版产业技术创新的对策研究［J］．求是学刊，2015（1）：78.

③ 吴赟．数字出版的经济特质及对出版业的启示［J］．现代出版，2013（7）.

④ 匡导球．二十世纪中国出版技术变迁研究［D］．南京：南京农业大学，2009：216-237.

⑤ 夏萍．我国数字出版产业的问题及政府监管研究［D］．武汉：湖北大学，2013：38-39.

⑥ 刘菡，赵礼寿．刍议改革开放以来我国出版产业技术政策［J］．科技与出版，2016（2）：117-121.

现在两个层面，即在宏观层面国家颁布的各项出版产业政策中有关新技术的规划与支持和在微观层面对出版产业标准化体系的构建。

5. 人才培养政策

技术创新的发展离不开创新人才，而创新人才的培养得靠教育。从整个产业看，目前数字出版需要的是既懂得传统出版又了解数字出版技术、互联网运营和电子商务的复合型人才①。沈群②在分析了我国数字出版的形势、发展走势的基础上，指出数字出版业的创新力亟须加强，而创新力的提高与教育有重要关系，最后落脚点仍在人才的培养上。可见在当前环境下，制定人才培养政策刻不容缓。逄薇③认为政府教育主管部门对出版专业人才培养的重视不足是数字出版专业人才培养模式存在问题的原因之一，期望教育主管部门给予出版学在学位授予和人才培养方面应有的地位，促进出版学科的良性发展。

6. 其他政策

国家鼓励建立具有中国特色的国家数字出版基地，截至“十二五”末，我国建立了横亘中、东、西部的 14 个国家级数字出版基地。由于国家级数字出版基地在我国数字出版产业的发展中起着重要作用，国内对于国家数字出版基地相关政策的研究较多。由于国家没有对各个基地的定位进行具体的政策引导，导致多数国家数字出版基地选择网络游戏出版、手机出版作为基地发展的重点，定位重复，不利于其形成自身独特的优势。此外，在建立我国的国家数字出版基地的政策方面，大部分基地集中在东中部地区，西部地区建设基地较少，导致数字出版产业布局不尽合理④。针对基地布

① 冯晗．中国数字出版产业发展模式研究［D］．北京：北京邮电大学，2010：24-25.

② 沈群．我国数字出版：形势、发展走势及建议［J］．编辑之友，2012（4）：82.

③ 逄薇．“互联网+”时代高校数字出版人才培养研究［J］．出版参考，2016（6）：13-15.

④ 陆奕彤，杨海平．我国数字出版基地发展研究［J］．科技与出版，2013（10）：7.

局不平衡且扶持政策规划体系滞后的问题，王炎龙①建议政府对基地数字出版产业的发展方向、发展内容和发展规模做出科学合理的整体规划，引导企业遵循市场规律，前瞻性地适应市场。

（二）国外数字出版政策法规研究

在主要发达国家，出版属于“内容产业”“创意产业”或者“版权产业”。美、英、法、德、日、韩等国十分重视发展本国数字出版。国外代表性的著作有 Adam Johns 的 *Government Policy and the Performance of Content Industries in East Asia*②、O'Regan 等的 *From Multimedia to Digital Content and Applications：Remaking Policy for the Digital Content Industries*③，分别对日韩和澳大利亚的数字出版政策进行了研究。

国内关于发达国家数字出版政策的研究主要集中于中外研究的对比，通过总结国外的数字出版政策优点，为我国数字出版政策的制定提供建议。周艳敏④指出这些国家通过适时修订版权制度、强化互联网的监管、制定产业促进政策法律和税收立法来完善数字出版产业政策法规体系。在数字技术环境下，这些国家紧跟时代步伐，不断完善版权法，为数字出版的健康发展提供安全保障，并利用税收优惠政策和资金补助引导数字出版产业投资。刘大年⑤指出西方各国纷纷出台相关政策为数字出版产业发展保驾护航，如频繁修改著作权法，制定数字出版行业标准，改革政府机构，促进不同媒介产业间的融合等，体现了产业优先发展的政策考虑。韩国和日

---

① 王炎龙，黎娟．我国数字出版基地建设的困局及发展路径［J］．出版科学，2013（2）：2.

② Johns Adam. Government Policy and the Performance of Content Industries in East Asia［EB/OL］．［2010-06-10］．http：//ssrn. com/abstract=2015993.

③ O' Regan，Tom Ryan，Mark David. From Multimedia to Digital Content and Applications：Remaking Policy for the Digital Content Industries［J］．Media International Australia Incorporating Culture & Policy，August（112）：28-49.

④ 周艳敏．国外数字出版产业政策比较研究［J］．出版发行研究，2014（11）：90-91.

⑤ 刘大年．当代西方出版产业政策：变迁与趋势［J］．现代出版，2015（4）：11.

本通过建立健全数字出版产业法律法规体系，设立专门的数字出版管理部门以及建立完备的数字出版专业人才培养模式，构建高效的数字出版产品流通管理体系，营造公正的数字出版产品交易环境，制定规范的数字出版技术标准以及打造灵活的运营模式等扶持政策，来推动日本和韩国数字出版的发展①。美、英、德重视顶层制度的战略理念引导，构建了完善的法律法规制度和健全的信息安全网络，重视对版权的保护②。发达国家的出版政策主要由政府和出版商协会共同制定，所制定的政策针对性强，能较好地适应行业发展的需要。

三、数字出版标准研究现状

近年来，我国为了推动数字出版产业的发展，陆续开展了与其相匹配的数字出版标准建设工作。随着多项出版物应用标准的接连出台，以及包括出版物格式标准、出版物内容检测标准等在内的制定工作的展开，我国数字出版标准基本形成一个较为完整的体系。

（一）电子书标准

电子书标准是以获得最佳的秩序为目的，针对电子书的创作、加工、生产、分发、流通、销售、管理和使用等工作，以及电子书产品和电子书市场领域，规定共同的和重复使用的规则、导则③。电子书标准制定涉及多个部门、行业，主要由工业和信息化部与新闻出版总署共同牵头负责。陶玉霞④认为在标准制定之初，就应该本着标准先行、预见性体系评定和合格评定原则。

目前，在"电子书标准工作组"的领导下，我国电子书标准

① 崔景华，李浩研．韩日数字出版产业发展现状及扶持政策［J］．出版发行研究，2012（10）：89-90.

② 段诗韵．美英德数字出版产业的政策机制及其借鉴意义［D］．长沙：中南大学，2013：32-33.

③ 施勇勤，须海茵．EPUB3 电子书格式标准的启示［J］．出版发行研究，2012（3）：49.

④ 陶玉霞．数字出版标准建设发展研究［J］．中小企业管理与科技，2015（5）：142.

构建基本形成一个较为完整的体系，但从其产生过程来看，从标准制定到具体落实，仍有很长一段路。

1. 电子书标准的制定

电子书标准的制定既横跨多个行业领域，又涉及产业链上各个环节，这不但需要信息技术领域与新闻出版领域各部门相互合作，也要求包括内容出版商、终端商等在内的企业单位参与其中。

从参与制定标准的主体来看，当前的发展模式是以终端生产商为主导，其他主体的利益受到遏制①，与国外相比，国内缺少类似"开放电子书论坛"的企业联盟组织，标准的参与主体仍主要是技术厂商②，并且，我国标准制定以信息技术领域推动为主，出版领域的标准意识不强，其参与度也相对较低③；从标准制定的内容来看，现行标准的内容过于陈旧，推荐性标准强制性低④，核心统一标准的缺失和单一标准的空白⑤直接阻碍了电子书产业的发展；从标准制定的层次来看，国家标准、行业标准滞后，企业标准缺乏协调⑥，同时，包括电子书在内数字出版标准普遍存在"两多两少"的现象，即企业标准居多，行业标准与国家标准偏少，国际标准居多，中文标准偏少⑦。

2. 电子书标准的实施

重制定更要重实施，忽视实施效果的标准也就成为一纸空文。

---

① 王芳．电子书标准化建设的目的、现状与对策探讨［J］．情报科学，2011（6）：954.

② 郑滢瑜，丛挺，缪婕．电子书格式标准研究［J］．出版科学，2010（4）：92.

③ 张书卿．出版业应如何面对纷纷扰扰的电子书格式之争？［J］．出版发行研究，2010（8）：49.

④ 刘颖丽．电子书标准为什么实施难？［N］．中国图书商报，2012-03-09.

⑤ 黄玉寅．浅析我国数字出版标准化现状与出路［J］．中国出版，2014（4）：27.

⑥ 黄先蓉，郝婷．我国数字出版标准制定应注意的问题［J］．编辑之友，2013（1）：74.

⑦ 黄玉寅．浅析我国数字出版标准化现状与出路［J］．中国出版，2014（4）：27.

无论是政府、行业组织，还是企业单位，都应在电子书标准体系的构建中发挥自己应有的作用。就我国电子书标准实施的情况来看，并不乐观，其问题主要集中在政府组织管理不力、缺乏有效的监督管理机制和事后评价，各行业、部门之间缺乏协调沟通，出版企业单位标准意识淡薄，标准的市场性、有效性较差等。

针对以上问题，从挺①等人提出，要加强数字出版各管理部门的沟通，采取“政府牵头、组织引导、企业参与”的推进模式；华夏指出，可以通过实行实施标准后评价管理，标准执行的监督、考核，以及建立标准体系的动态维护机制来推动标准的应用②；刘颖丽认为，既要完善标准化运行机制，探索研究有利于标准实施的方法和手段，还要在加大标准化工作的宣传力度的基础上，提高实施标准主体的标准意识③；此外，施勇勤等通过考察美国书业研究会，提出我国标准制定可以借鉴美国成功经验，充分发挥行业协会机构在标准研制和推广中的积极作用④。

3. 电子书格式亟待统一

技术标准作为电子书标准体系中的重要部分，主要包括格式、标识、原数据等，其中关于格式标准问题是近年来学界研究的热点。目前国内外市场上现存的电子书格式有50余种，从总体上看仍处于纷繁复杂的状态，严重的资源重复开发使电子书产业陷入“瓶颈”。尽快统一电子书格式标准成为解决当前电子书产业困境的良药。基于这一点，马海群等人提出了基于接口的解决方案，用UOML标准统一电子书格式⑤；张书卿则认为，可以基于XML技

---

① 郑滢瑜，从挺，缪婕．电子书格式标准研究［J］．出版科学，2010（4）：92.

② 华夏．数字出版标准建设发展研究［D］．北京：北京印刷学院，2014：59-61.

③ 刘颖丽．简谈我国新闻出版业的标准化建设［J］．出版发行研究，2010（12）：37-38.

④ 施勇勤，王飞扬．美国书业研究会对我国数字出版标准化工作的启示［J］．科技与出版，2015（2）：34.

⑤ 马海群，孙凡，路云强．实现电子书统一标准的全新思路——基于接口的解决方案［J］．出版发行研究，2008（11）：64.

术来建立我国电子书格式的基础构架①；李云则从产业链角度提出，统一电子书格式标准要注重协调各方面的利益关系②。

纵观国内外市场，电子书格式标准一直处在开放格式和封闭格式的博弈之中。早些年间，奥地利咨询顾问 Rudiger Wischenbart 曾在其发布的《电子书市场发展趋势》报告中，将 EPUB 电子书格式、Kindle 电子书格式 Mobi 和 Adobe 的 PDF 格式一起列为电子书三大主流格式。其中，开放格式标准的形成是市场竞争的结果，也是国际电子书格式标准发展的趋势③。高超在总结归纳了 EPUB3.0 的特点及最新应用进展的基础上，认为 EPUB3.0 作为移动阅读时代开放格式电子书标准，在流程和质量控制等方面还需要改进④。施勇勤通过分析 EPUB3.0 电子书格式的国际化趋势，认为我国电子书格式标准的制定应合理吸收和借鉴国际电子书标准的先进理念，既要与国际电子书标准接轨，又要强调自主知识产权⑤。这也是学界目前关于电子书标准制定所达成的共识。

（二）手机标准

手机标准体系大致上可分为手机出版的内容标准和手机出版的技术标准。其中，格式标准作为技术标准的重要组成部分，直接影响到手机出版物的分类和目标市场的大小。

1. 手机出版的内容标准

手机出版的内容标准包括内容质量、出版质量以及编辑标准。

从内容质量来看，无论在传统出版时代还是在数字出版时代，内容的好坏都是衡量一个出版物的核心标准。不管是什么类型的手

---

① 张书卿．出版业应如何面对纷纷扰扰的电子书格式之争？［J］．出版发行研究，2010（8）：50.

② 李云．电子书格式标准化问题刍议［J］．河南图书馆学刊，2011（12）：9.

③ 施勇勤．EPUB3 格式对我国电子书标准制定的启示［J］．标准科学，2012（2）：79.

④ 高超．EPUB3.0 数字出版富媒体资源制作技术标准应用的研究［J］．科技资讯，2015（29）：244.

⑤ 施勇勤．EPUB3 格式对我国电子书标准制定的启示［J］．标准科学，2012（2）：79.

机出版物内容，都必须做到观点新颖、语言规范，以健康的描述阐述深刻的道理，达到启示读者的目的。从出版质量来看，可以从内容编排和版式设计两个方面来确定质量衡量标准；对于一些专业能力需求较强的内容、格式数据，应该由专业人员进行把关控制；从编辑标准来看，应该建立脱胎于传统编辑标准但又具有手机出版时代特点的新的统一标准。要严格按照国际上已有的统一标准或者国家、行业标准来执行，在具体的编排设计上灵活运用。

2. 手机出版的格式标准

产业链上各方利益分配不均，是造成行业内手机出版格式恶性竞争的重要原因。完善产业链条，建立一个合理的利益分享机制是学界普遍认可的解决措施。陈丹①指出，扬长避短、合纵连横的竞合关系应该是未来数字出版产业发展的理想模式。但是市场秩序的混乱也需要法律来规制，黄先蓉等人②从标准与出版法规协调角度出发，认为可以通过建立新闻出版标准与出版法规协调发展体系，来保障标准的落实。此外，何先刚③等人根据手机出版的特点对未来手机格式标准作出了预测，认为鉴于 PDF 格式的成熟性以及 JAVA 格式强大的交互性，JAVA 和 PDF 相结合将是未来手机出版格式的主流。

（三）MPR 出版物标准

根据 2012 年开始实施的《MRP 出版物》系列行业标准中的定义，MPR（Multimedia Print Reader）出版物是指以 MPR 码将音（视）频等数字媒体文件与印刷图文关联，满足读者听读需求的一种新型出版物，由 MPR 书报刊等印刷品和音（视）频等的数字媒

---

① 陈丹．数字出版产业创新模式分析与展望［J］．中国出版，2011（7）：50.

② 黄先蓉，李晶晶．我国新闻出版标准和新闻出版法规协调发展的对策［J］．出版发行研究，2012（12）：70.

③ 何先刚，郭毅．3G 时代手机出版质量控制标准的研究［J］．中国出版，2010（5）：40-41.

体文件组成①。简而言之，就是纸质图书的可视化、有声化。

1. MPR 技术在教育领域的应用

2011 年 9 月，ISDL（ISLI）国际标准和 MPR 产业推广专项协调会把教育出版行业定为 MPR 技术应用和推广的排头兵，重点以教材、教辅和对外汉语等为布局领域。

包文怡②通过分析北京语言大学出版社 MPR 应用推广工作，指出出版单位应在结合国家政策支持和自身优势的基础上，通过建立 MPR 产品线、完善 MPR 出版流程，为 MPR 技术国际化、汉语和中华文化以及新闻出版业“走出去”做贡献。陆丹③通过研究 MPR 技术在少儿图书领域应用中存在的问题，认为在实践中要充分利用 MPR 全媒体优势，注重培养适用于新技术的创新型人才。

2. 国际标准文档关联编码（ISDL）

我国提出的以 MPR 标准为基础的“国际标准文档关联编码”（ISDL）国际标准已经获得国际标准化组织（ISO）的正式立项。

以关联为核心的 MPR 技术具有以下两个特点：一是将现有的纸质出版物通过关联标识符赋予数字化功能，形成包含纸质出版在内的复合数字出版体系，这也是现阶段 MPR 的主要出版物形态。二是以关联为核心，构建数字复合出版体系，形成了从目前出版业态到全数字形式的未来出版业态的顺畅衔接和平稳过渡，并以标识符为核心构建 MPR 数字复合体系，建立完善的版权保护机制④。

鉴于此，孙寿山⑤认为，利用关联标识符建立的复合数字出版

① 刘玉柱．《MPR 出版物》系列标准颁布［J］．出版发行研究，2009（6）：71.

② 包文怡．发挥独家优势推动 MPR 走向世界——北京语言大学出版社 MPR 国家标准应用侧记［J］．出版参考，2014（12）：22-23.

③ 陆丹．从 MPR 技术的应用看少儿数字图书出版的现状与发展策略［J］．出版发行研究，2011（7）：48-49.

④ 蔡逊．ISDL 国际标准与 MPR 复合数字出版．中国数字出版信息网［EB/OL］．［2014-12-05］．http://www.cdpi.cn/2012zhongguo_shenchou_wenhuabolanhui/szcbgdlt/1700.html.

⑤ 孙寿山．以标准推动出版产业的科技创新与数字化转型［J］．传媒，2012（3）：11.

应用体系，为解决目前业界普遍担忧的版权问题提供了新的路径。孙寿山从产业创新角度指出，标准在推动产业转型升级，带动新形态文化产品的生产，以及推动中国出版业实现“走出去”方面有着巨大的作用。

3. 国际标准关联标识符（ISLI）

ISLI 标准作为一种高位阶标准，是基于我国 MPR 出版技术，起源于用来标识纸质印刷出版物与数字媒体文件关联关系的 MPR 编码。2015 年 5 月 15 日，ISO 正式发布 ISLI 国际标准，2016 年 8 月 29 日，国家标准委正式发布 ISLI 国家标准。

通过 ISLI 理念所构建的实现方式，为出版产业提供了一条简洁而有效的产业应用途径，使产业转型升级变得十分清晰具体①。国家新闻出版广电总局数字出版司司长张毅君②指出，不同于传统标识符标准标识的仅是某一种类的单一实体，ISLI 标准通过对实体之间关联关系的标识实现跨种类的资源管理。ISLI 标准应用范围广泛，尤其对我国复合数字出版产业转型升级起着重要作用，能够为传统出版提供一种识别关联的通用方法和完整的解析服务③。

目前，ISLI 在推广的过程中也遇到了一些障碍，很多出版单位对于 ISLI 的应用情况还处于观望状态，原因在于，一是对 ISLI 的价值认识不足；二是它的技术还有待于完善，虽然底层技术成熟，但是多方的采纳应用仍是一个激活升级的过程④。

四、数字版权法律制度研究现状

从世界范围来看，目前数字版权侵权问题已成为一个国际性难题。版权保护问题是数字出版产业发展进程中的一块短板，也是数

① 蔡逊．关联——ISLI 国际标准的理念与价值［J］．出版发行研究，2015（7）：40.

② 王坤宁，李婧璇．以先进标准引领转型升级与融合发展［N］．中国新闻出版广电报，2016-09-12：001.

③ 左美丽．ISLI 在出版领域的应用综述［J］．出版参考，2016（8）：9.

④ 王坤宁，张君成．解密 ISLI：“中国造”的国际标准怎么用［N］．中国新闻出版广电报，2016-09-22：005.

字出版法律制度中的重要内容，只有解决了这个问题，数字出版产业才能获得长足发展。同时，版权保护问题更像是一道制约数字出版产业发展的坎，迈过去则前途一片光明，迈不过去则前功尽弃。因而世界各国都在思考传统的版权保护模式应该如何应对数字技术快速发展带来的冲击，同时也在积极探寻行之有效的立法解决途径。在实践中有关数字产品版权纠纷案件的与日俱增，使得原有的出版法律制度面临前所未有的挑战，因而重新研究有关的版权法律制度势在必行。

（一）国内相关研究

经过充分的文献调研，笔者发现国内对于数字环境下版权法律的研究总体呈上升趋势，以 2002 年和 2006 年为界限，可以划分为三个明显的阶段。2002 年以前的研究成果屈指可数，研究未成规模；2002 年到 2006 年之间的研究成果较之前突增，这与我国在修订的《著作权法》中新增了“信息网络传播权”有关；2007 年之后我国对此方面的研究总体上呈现井喷式增长，研究成果显著增多。

1. 2002 年之前的研究

受经济发展状况影响，西方发达国家因其有着发达的市场经济环境，数字出版产业几乎同其他产业的发展一样，主要依赖市场调节进行相关资源的配置，与此相配套的相关法律制度也较为完善。如美国凭借传统出版产业和数字技术的发展优势，率先开始了数字时代的版权立法，因而以 1998 年《千禧年数字版权法》为代表的一系列立法成果成为各国探讨和效仿的对象。我国也出现了以此为研究对象的学术成果。比如，刘华[①]系统介绍了美国《千禧年数字版权法》关于版权保护的新规定，从受保护的版权人范围、对 WTO 成员国以及 WCT、WPPT 成员国内尚未超过版权保护期的作品的保护、防止破坏技术保护措施的一般和例外规定、对版权管理

① 刘华．美国《1998 数字千年版权法》有关版权保护的新规定［J］．中国图书馆学报，2001（2）：73-75.

信息的释义及保护范围等八个方面做了详细介绍。陈清文[①]秉持启示我国数字环境下版权立法的目的对《千禧年数字版权法》进行了评议，认为该法加大了对图书馆、公益机构和教育机构的保护力度，有利于数字图书馆的发展，同时技术保护措施和版权管理信息的规定有利于版权人更有效地保护自己的权益。通过这些研究，拓展了我国数字环境下版权立法的国际视野，为我国相关立法树立了学习的榜样。

这个时期由于网络技术的迅猛发展，一方面使得信息传播更加便捷，另一方面也导致网络侵权频发，版权制度受到巨大冲击，出现诸如管辖权、电子证据的法律效力等问题，也引发对版权集体管理在网络时代的应用、网络服务提供商在网络时代的法律地位的思考[②]。

2. 2002 年至 2006 年的研究

我国《著作权法》于 2001 年的第一次修订中增加了“信息网络传播权”的有关内容，被视为揭开了针对数字环境下版权产业面临种种新问题的立法回应的序幕。自此直至 2006 年《信息网络传播权保护条例》的出台，我国有关数字环境下版权法律的研究开创了新的局面。在这个阶段，我国的相关研究成果主要包括以下几个方面。

第一，有关网络版权立法的研究成果。比如，肖爱华[③]将版权作品分为两种情形，一是直接在互联网上创作的版权作品，二是传统版权作品经过数字化处理上传到互联网的表现形式，这两种版权作品都应受到法律的保护。刘淼[④]就网络作品保护所涉及的几个主

---

① 陈清文 . 美国《1998 数字千年版权法》对我国数字版权立法的启示［J］. 中华医学图书情报杂志，2003，12（3）：9-10.

② 刘兴章 . 国际互联网版权的法律保护比较研究［D］. 大连：大连海事大学，2000：123.

③ 肖爱华 . 版权作品网络传播的版权保护问题［J］. 文教资料，2005（20）：181-183.

④ 刘淼 . 网络作品的版权与保护［J］. 黑龙江省政法干部管理学院学报，2002（11）：4-6.

要问题，如网络作品的复制、司法管辖、法律责任及举证责任承担等分别做了探讨和论述。吴汉东[①]以民法学理论为基础，从历史学、法哲学、法经济学、比较法学和宪法学等角度对合理使用制度进行了多维角度的探讨。潘志玉[②]以美国版权法律制度以及几个国际版权条约为参考，结合司法实践中经常出现的网络版权侵权纠纷，着重对版权人在互联网空间的权利扩张与限制、网络服务提供商的版权侵权责任、技术保护措施与权利管理信息的法律保护等问题展开了论述。

第二，有关版权授权模式和技术保护措施的研究成果。数字环境下版权交易若仍沿袭传统方式下版权人和使用者之间一对一的模式，其巨大的交易成本和低下的运行效率肯定无法适应数字化发展带来的要求，迫切需要新的交易模式。版权集体管理制度被认为是完善数字版权授权模式的重要举措，学者们对此进行了一系列深入探讨：张绍武等[③]分析了数字时代版权集体管理的必要性，对集体管理组织的功能和性质进行了探讨，并一针见血地指出对版权进行集体管理是解决我国版权行使困难的主要形式之一。除此之外，有的成果侧重于介绍国外版权集体管理制度的经验及对我国的借鉴意义，有的侧重于探讨版权集体管理组织的法律地位及反垄断控制，有的侧重于研究数字时代技术创新与版权集体管理制度的互动，还有的侧重于关注我国版权集体管理制度的总体状况、问题及对策[④]，等等。

此外，由于数字环境下版权技术保护措施的广泛使用，对其进

① 吴汉东．著作权合理使用制度研究［M］．北京：中国政法大学出版社，2005：156.

② 潘志玉．网络作品的版权与保护［D］．重庆：西南政法大学，2005：69.

③ 张绍武，吴建西，李玲．数字作品的著作权集体管理探析［J］．现代情报，2005，25（5）：17-18.

④ 这类文献具体可参见：崔波．网络作品的法律地位与版权授权机制存在的问题［J］．现代情报，2004（7）：68-69；张平，张韬略．数字出版环境下版权授权方式研究［J］．网络法律评论，2005（1）：3-13；刘润涛．数字时代著作权授权方式研究［J］．知识产权，2005（5）：35-40，等等。

行法律规制也是研究重点之一。朱理①认为对技术保护措施的法律保护根据保护水平可以分为三个等级：日本和澳大利亚属于弱保护的第一等级，美国属于中度保护的第二等级，欧盟则属于高度保护的第三等级，中国也属于高度保护即第三等级。他指出对技术保护措施的过高保护损害了社会公众的利益，我国应该采取适应现实国情的保护水平。王迁②还对一些国家典型的技术保护措施立法保护进行了比较研究，比较了美国、欧盟、澳大利亚以及我国对技术保护措施的分类和保护，并对禁止规避技术保护措施的情形进行了比较分析，在此基础上指出我国对此方面的立法过于简单化和原则化，不利于有效解决现实中的相关问题。

第三，有关特定类型作品（如数据库和计算机软件）的版权保护问题。郭英男③指出我国没有关于非独创性数据库保护的任何规定，法院在遇到此类案件时无从适用恰当的法律依据，数据库法律保护制度的不完善在很大程度上阻碍了我国数据库产业的发展。李峰和王永杰④认为如何通过法律手段对计算机软件加以保护日益成为产业界与法律界共同关注的一个焦点问题，他们对美国和中国的计算机软件版权保护制度进行了介绍，分析了中国在此方面存在的问题，并提出了对我国计算机软件法律保护的设想。

3. 2007 年至今的研究

伴随着数字环境下版权产业实践的深入发展，学者们思考问题的角度更加理性也更加宏观——学者们开始思考，如何正确看待西方国家的版权法律制度？怎样建立符合我国现实国情的版权法律体系？什么才是数字环境下版权立法最根本的目的？版权立法在数字

---

① 朱理．版权技术措施法律保护的三个等级——兼谈我国的技术措施保护立法［A］．张平．网络法律评论［C］．北京：北京大学出版社，2005：7.

② 王迁．对技术措施立法保护的比较研究［J］．知识产权，2003，13（2）：3-10.

③ 郭英男．数据库的法律保护研究［D］．长春：吉林大学，2005：99.

④ 李峰，王永杰．中美计算机软件版权保护［J］．世界贸易组织动态与研究，2003（2）：29-33.

环境下应当如何维持各方利益的平衡？等等。特别是在数字环境下版权法律是否需要重构、如何建立符合我国国情的数字版权法律体系、版权立法如何维护数字环境下的利益平衡三个问题上，学者们进行了深入探讨。

第一，数字环境下版权法律是否需要重构。通过考察版权史可以看到，版权是建立在复制权基础之上的，复制技术的进步与版权的发展形影相随。数字环境下，我国学者对传统的、建立在复制权基础之上的版权法律制度进行了反思，并对其在新环境下的适用性进行了考察。吕炳斌①指出数字时代的版权保护制度正在进行一场变革，即从传统的以复制权为中心转变为以传播权为中心，“复制”在数字时代遭遇了法律尴尬，因其直接关系到作品版权人及作品访问者的切身利益，因而引发了世界范围的激烈争论，其争议的焦点在于临时复制是否构成版权法意义上的复制，对该问题有两种不同模式的处理方法，一种是认可其属于著作权法的复制，另一种则相反。对此，作者提出应通过对我国《著作权法》相关条款的修改来回应信息网络对版权保护制度的挑战，承认临时复制的法律地位，而这也正是大多数国家著作权立法发展的方向和趋势。李响②认为谷歌数字图书馆计划可能会成为法律史学家们区分版权制度发展的分水岭——之前的版权以“复制”为核心，着力规制的是对于作品非法复制的行为；之后的版权应以“传播”为核心，着力规制的是对作品非法传播这个在数字环境下具有更大影响力的行为。刘志刚③对数字时代版权合理使用制度的重构进行了思考，并从法律调整的基本原则、立法模式和程序改进等方面，对我国版权合理使用制度如何延伸至网络环境提出若干建议。

第二，在思考如何建立符合我国国情的数字版权法律体系方

---

① 吕炳斌．数字时代版权保护理念的重构——从以复制权为中心到以传播权为中心［J］．北方法学，2007（6）：127-131.

② 李响．谷歌之过抑或版权法之过——数字时代下的版权反思［J］．探索与争鸣，2012（5）：60-63.

③ 刘志刚．数字时代版权合理使用制度重构之思考［J］．情报科学，2007（10）：1472-1477.

面，学者们的研究分为以下四个方面：

一是梳理我国数字版权法律的现状和问题。谢国敏①对我国目前的数字版权许可制度、数字版权转让制度、版权集体管理制度和版权交易配套机制四个方面做了介绍，分析了现有版权制度在数字条件下的诸多掣肘。还有学者对我国的数字版权法律体系进行了梳理和归纳，进而指出我国数字版权法律制度存在更新速度慢、位阶普遍较低等问题。

二是关于规制数字版权保护的其他部门法的研究。版权制度作为一种特殊的民事法律制度，目前对其研究的主流都限于民事范畴。目前在国际上正为扩大数字版权民事保护范围争论不休时，美国已在不断扩大版权保护刑事制裁范围、一再提高刑事制裁力度，这成为美国在数字环境下版权侵权立法发展的一大重要特征。我国学者对数字版权刑法保护也进行了一定的研究，比如张健②认为为了更好地保护数字版权，我国应通过立法扩大刑法保护对象、修改犯罪行为方式条款，进一步加大版权的刑法保护力度、完善刑法保护体系。

三是对我国和国外数字环境下版权立法中具体制度的比较研究。马一星③比较分析了中美合理使用制度立法模式的优劣，并从法律传统与司法理念、版权产业发展状况、版权制度演进与所承担的国际义务不成比例三个方面，指出美国版权合理使用制度在中国不适用的具体原因，并提出了中国合理使用制度完善的思路。还有学者从立法背景、具体法条以及立法评析三个方面，对有关国际组织、主要国家（如美国、澳大利亚）及我国的技术保护措施立法做了翔实的介绍和比较，从利益平衡角度出发对现行的技术保护措施立法进行了分析和批判，并以此为起点提出了完善我国技术保护

① 谢国敏．我国数字出版法律问题研究——以数字版权交易为视角［D］．北京：中国政法大学，2012：125.

② 张健．论数字版权的刑法保护［J］．攀登，2011（4）：101-104.

③ 马一星．中美版权合理使用制度比较研究及其对中国的启示［D］．上海：华东政法大学，2011：77.

措施立法的可行性建议。①

四是从典型数字侵权案例出发对未来版权法律构建提出建议。以“百度文库案”为例，王熙和何冬英②发问：“百度文库”是否属于“数字出版”？他们认为只有弄清了数字出版的本质及其法律规制，对“百度文库”这类新兴模式的研究才有据可寻。还有一些学者从该案入手，或是剖析版权法律中的“避风港”原则，或是探讨数字信息分享平台的版权解决方案，还有学者以该案为基点对我国具体的版权法律制度如《关于办理侵犯知识产权刑事案件适用法律若干问题的意见》等进行了述评。此外，不少学者还针对数字环境下美国的一些具体判例如 Sony 案、Napster 案和 Grokster 案等展开了研究和探讨。

第三，数字环境下版权立法的利益平衡方面。版权限制制度是利益平衡在版权立法中的集中体现，因此对该制度的研究是我国学界研究版权利益平衡的一个核心所在。王清教授③从历史和现状两个维度阐述了版权限制制度的内涵与外延、起源与创设的根本原因及基本原则等理论问题，并在国际公约和国内法两个层面上分别对版权保护期制度、合理使用制度和法定许可制度进行了比较研究。张曼④以谷歌数字图书馆计划为切入点，梳理了学界对版权法定许可的诸多争论，分析了我国在法定许可使用方式、报酬支付和责任承担等方面存在的问题和不足，并进一步通过理论基础构筑、制度比较分析、法律治理探讨，提出了自己对于未来我国版权法定许可制度走向的基本立场。

与传统环境相同的是，数字环境下的版权利益平衡冲突首先体

① 胡铁强．版权技术保护措施立法之批判与选择［D］．北京：中国政法大学，2012：59.

② 王熙，何冬英．“数字出版”的界定及其法律规制——“百度文库侵权案”引发的思考［J］．编辑之友，2011（10）：91-93.

③ 王清．著作权限制制度比较研究［M］．北京：人民出版社，2007：60.

④ 张曼．著作权法定许可制度研究［M］．厦门：厦门大学出版社，2013：95.

现在版权人和社会公众之间。国内学者均对此表示认可，比如彭金冶①分别厘清了数字环境下版权人的权利和社会公众的权利，进而指出二者之间存在冲突：一方面版权人采取各种技术保护措施以维护自己的权利，另一方面公众采取相应技术手段破解技术保护措施以获取更多信息。在这个认识基础之上，不少学者又对其根源进行了进一步论述。王宇红②认为，技术和法律之间的辩证关系在数字版权管理与合理使用的冲突中得到了集中体现：一方面，技术保护措施的广泛运用归因于技术发展对法律所保护的版权人权利的威胁，同时技术保护措施又对社会公众合理使用作品的权利形成了挤压；另一方面，法律通过一定的制度安排对版权人所使用的技术保护措施进行保护，从某种意义上来说这也是对合理使用范围的进一步挤压。

与传统环境不同的是，伴随着数字技术带来的作品传播速度和传播方式的变革，传播者等人在利益链条上的位置逐渐凸显出来，这是数字环境下版权利益平衡发生变化的一个重要特征。目前，数字信息投资人强大的资金、技术等资源优势使版权保护在更多时候成为他们之间的一种利益博弈，而版权人的权益在《著作权法》《信息网络传播权保护条例》等法律制度中又体现得淋漓尽致，与此形成明显对比的是社会公众仍处于弱势地位。不少学者也发出了呼声，称当前对版权人的利益过度保护，社会公共利益有削弱的迹象，同时数字产品的消费者权益也受到不同程度的侵犯。③ 还有学者进一步指出，数字版权管理在强化版权人和数字内容提供商利益保护的同时，威胁和侵蚀了数字商品消费者享有的知情权、安全

① 彭金冶．数字版权人与社会公众和谐关系的法治意蕴［J］．中国出版，2012（6）：24-26.

② 王宇红．数字版权管理与合理使用的冲突与协调［J］．武汉理工大学学报，2009（6）：76-80.

③ 郭海明．数字版权利益管理机制研究［J］．图书情报工作，2007（7）：87-89.

权、隐私权、公平交易权及合理使用权等基本权利。①

另外，关于数字版权的立法机制方面。数字出版产业的健康有序发展有赖于数字出版相关法律体系的健全。数字时代背景下，原有的版权保护体系已无法满足数字时代版权保护需求，必须作出适时调整，通过统一化的立法理念和具有前瞻性的立法技术构建独立的数字版权保护机制。刘庆②指出，数字版权保护立法是创制法律的过程，其科学与否将直接影响版权保护法律的实际执行效果。我国版权保护立法也应与时俱进，适时作出调整，如变革现有立法模式，制定统一的数字版权保护法规，增强数字版权立法的科学性与前瞻性等。

此外，还有学者分别从版权③、版权交易视角④、版权补偿金视角⑤对数字版权法律制度进行了分析。

（二）国外相关研究

经济基础决定上层建筑。西方发达国家版权产业的蓬勃发展使得他们对版权法律制度的研究也较为热衷，无论是政府组织还是学者们都积极参与其中，并形成了大量的研究成果。在政府组织方面，出现的成果有美国信息基础设施机构下属知识产权工作组的《知识产权与国家信息基础设施》白皮书，美国版权原则项目的

---

① 王宇红，赵厉珍，韩文蕾．数字版权管理运行环境下的消费者权益保护［J］．情报理论与实践，2009（9）：40-43.

② 刘庆．数字时代背景下版权保护的法制审视［J］．出版发行研究，2015（2）：74-76.

③ 常馨予．基于版权的角度谈数字出版法律制度的完善［J］．出版广角，2015（6）：100-101.

④ 李光霞．数字出版版权交易法律制度建设刍议［J］．出版广角，2015（13）：44-45；赵向华．我国数字版权法制发展及交易环节策略构建［J］．出版广角，2016（12）：64-65.

⑤ 此类文献较多，具有代表性的如：李玲．数字时代版权补偿金制度的正当性及其引入［J］．中国出版，2013（14）：55-58；温欣，刘兹恒．数字时代私人复制的版权补偿金制度改革趋势［J］．图书与情报，2014（3）：18-21，44；孟磊．我国版权补偿金制度的建构［J］．中国版权，2015（5）：21-24，44，等等。

《版权原则项目：改革方向》，加拿大工业部组建的信息高速公路咨询理事会下属文化内容工作组的《版权与信息高速公路——加拿大文化内容工作组的最终报告》，澳大利亚版权研究组的《信息高速公路变化——新传播环境下的版权》等。

在独立研究者方面，学者们首先关注的问题是在当前的环境下，传统版权法律是否还有足够的效力以及版权法律制度应何去何从。对此，日本学者中山信弘①指出，版权法律正处在前所未有的大变革时期，数字技术的发展使传统版权法律制度体系与信息化时代已极不相适应。可以说，目前的版权法世界正处于混沌时代。更有一些激进的学者建议重新建立数字环境下的版权法律制度，如美国学者约翰·佩里·巴洛在其著名的《思想经济学》一文中提出数字环境下应对版权进行审视和反思，甚至说“你所知道的关于知识产权的知识都是错误的”。他认为“知识产权法不能通过修补、翻新或者扩张去包容数字化表达，就像不能通过修改房地产法去包含广播信号的分配一样”②。但也有一些温和派的学者指出，尽管无法控制的传播已经打破了数字作品的创作者和使用者之间的平衡，但传统版权法律只需要作出小小的调整即可满足网络发展的需要。③

就版权法律中的具体制度来说，我国学者目前正关注的热点问题，美国、日本等发达国家的学者也进行了一系列的研究。以合理使用制度为例，Barton Beebe④ 对美国 1978 年至 2005 年版权合理使用的观点作了比较系统的实证研究，认为关于合理使用的判例法所遵循的先例存在着根本性的缺陷。在版权侵权方面，Geller 将不

① 中山信弘．数字时代著作权法的变化［J］．外国法译评，1995（2）：65-71.

② 陈传夫．数字化与图书馆知识产权国际研究综述与展望［J］．高校图书馆工作，2005，25（3）：1-8.

③ Ken Kay，Steve Metalize. Copyright Act Needs Digital Expansion［J］. Legal Times，1996-06-08.

④ Barton Beebe. An Empirical Study of U. S. Copyright Fair Use Opinions，1978—2005［J］. U. PA. L. REV，2008（2）：549.

同版权体系的各种侵权分析方法融合，试图提供一种侵权测试方法与标准用以帮助侵权认定。就网络服务提供商的侵权责任，著名版权法学者 Melville B. Nimmer 和 David Nimmer① 认为提供指向有侵权文件站点的链接并非“直接侵权”行为。在利益平衡方面，法律专家 L. Ray Patterson② 认为传播者利益在数字出版时代开始凸显，版权利益平衡的分享方里传播者必不可少，同时他也将版权法描述为协调创作者、传播者和使用者权利的平衡法。此外，Cathy Nowlen 在 *Edelman V. N2H2: Copyright Infringement? Reverse Engineering of Filtering Software Under the Digital Millennium Copyright Act* 中指出，数字环境下权利人的利益和公众的合理使用同样重要。在版权授权模式方面，新加坡的林建鸿撰文《集体管理和数字权利管理：竞争还是共存?》，指出集体管理在管理和执行方面更经济，一方面能给版权人提供更丰厚的回报，另一方面也为作者和使用者提供了更便利的渠道。同时，他还对集体管理权利的走向、报酬的分配、权利的转让以及数字权利管理与集体管理组织的关系作了系统研究和图例演示。在数字环境下的版权保护对策方面，日本学者久保田裕③在《数字时代的版权保护——日本软件产业的经验和活动》中指出版权保护有建立版权法律制度、利用数字信息保护技术和开展信息道德教育三条关键路径 。

国外学者们对数字环境下版权法律的研究还表现在对一些典型案例的关注上，其中最著名的案例包括 Sony 案、Napster 案、Aimster 案以及 Grokster 案。以 Grokster 案为例，该案件最重要的意义就在于“引诱规则”的确立，即信息社会服务提供者仅仅知道潜在的侵权行为或者仅仅知道实际的侵权使用还不足以承担责任，提供产品的一般行为例如为消费者提供技术支持或者产品升级也不

① Melville B. Nimmer, David Nimmer. Nimmer on Copyright [M]. Matthew Bender, 1997: 88.

② L. Ray Patterson, Stanley W. Lindberg. The Nature of Copyright: A Law of User's Rights [M]. University of Georgia Press, 1991: 254.

③ 张梅．政治学视野中的版权保护问题研究［D］．苏州：苏州大学，2006：94.

足以承担侵权责任，引诱规则将信息社会服务提供者的责任基于有目的、恶意的表示或者行为上。学者们对此进行了积极探讨，有学者认为从经济角度来说，要求信息社会服务提供者承担责任也是合理的，即第三人可以为他人所造成的损害承担责任，前提是如果对于第三人来说其阻止这种损害的发生更为经济。①

值得注意的是，在我国全面研究西方发达国家数字环境下版权法律制度的同时，他们也对我国的相关制度表示了关注，比如我国《著作权法》明确规定了赔礼道歉制度，Xuan-Thao Nguyen② 认为在版权侵权案件中，中国将赔礼道歉确定为禁令救济和损害赔偿之外的另一种形式的法律救济，在经济全球化过程中，中国出现的情况同时也会出现在美国，美国不应简单地将赔礼道歉排斥在版权争端的解决过程之外。

第三节 数字出版法律制度相关理论

中外数字出版法律制度研究涉及许多理论，其中主要运用了外部性理论、文化产业理论、公共政策分析理论、法学领域的版权保护理论等。

一、外部性理论

从经济学的角度来看，外部性的概念是由马歇尔和庇古在 20 世纪初提出的，是指一个经济主体（生产者或消费者）在自己的经济活动中对旁观者的福利产生了一种有利影响或不利影响，这种有利影响带来的利益（或者说收益）或不利影响带来的损失（或者说成本），都不是生产者或消费者本人所获得或承担的，是一种

① Elkin-Koren Niva. Making Technology Visible: Liability of Internet Service Providers for Peer-to-Peer Traffic [J]. New York University Journal of Legislation and Public Policy, 2006 (9): 15.

② Xuan-Thao Nguyen. Apologies as Intellectual Property Remedies: Lessons from China [J]. Connecticut Law Review, 2012 (1): 922.

经济力量对另一种经济力量“非市场性”的附带影响①。外部性的概念当中包含了三层意思：一是主体行为活动会对他人产生影响；二是产生的影响并不在主体行为决策考虑的范围之内，不需要为此付出成本；三是由于其独立于市场关系之外，无法通过市场行为来解决。外部性的存在会造成社会脱离最有效的生产状态，使市场经济体制不能很好地实现其优化资源配置的基本功能。因此政府可以通过制定政策潜在地改善市场资源配置，并且判断哪种政策可以更好地发挥作用。外部性有正外部性和负外部性之分，如果生产商的行为对旁观者的影响是有利的，则被称为“正外部性”，反之则被称为“负外部性”。

数字出版产品作为一种文化产品、精神产品，通过承载信息内容隐藏着一定的价值观，这种价值观对使用者的影响并不直接作用于其物质生活，而是对用户的判断能力以及行为等产生影响。数字出版产品的内容会对使用者产生潜移默化的影响，如网络游戏中血腥暴力场景会对青少年的成长产生不良影响，有可能导致其模仿而产生严重后果；正面积极的数字出版产品能够传播正确的价值观，引导人们向善，在青少年的成长中，传承优秀文化、答疑解惑，并且能够启人心智，保持社会传统美德。所以数字出版产品具有“外部性”，不良的数字出版内容会在社会上引起负面效应，产生外部成本；正面积极的数字出版内容则会为整个社会带来积极影响，产生外部利益。

政府可以通过使外部性内在化来纠正市场失灵。消费外部性情况下的适当反应类似于生产外部性的情况。为了使市场均衡接近于社会最适，对于企业生产的负外部性，政府可以通过采用相应的策略，通常是惩罚，达到减轻负外部性的作用；对于企业生产的正外部性，可以通过补贴、税收减免等方式使外部性内在化，促进其发挥外部利益。这也是政府所遵循的政策。

当外部性引起市场无法对资源进行有效配置时，政府可以通过

---

① 曼昆．经济学原理［M］．北京：机械工业出版社，2005：172.

两种方式做出反应：一种是命令与控制政策，直接管制行为，另一种是以市场为基础，制定政策提供激励，以使私人决策者选择通过自己解决问题①。对数字出版产品生产者而言，有时候在市场和利益面前，无法充分考虑到其内容的外部效应，政府可以通过一定的手段影响或者改变这种行为，以保护使用者的利益。政府通过制定相关政策鼓励数字出版的发展，通过制定相关法律法规制约那些产生负外部性的数字出版内容的传播，通过制定相应的数字出版标准规范数字出版内容的生产，促进社会化生产。

二、文化产业理论

法兰克福学派的主要代表人物霍克海默与阿多诺于 1947 年合著的《辩证启蒙法》中首次提出了“文化工业”（Culture Industry）的概念，并在对文化工业批判的基础上建立了自己的文化产业理论。之后对文化产业理论的研究有了长足的发展，基本可以分为两类：一类是侧重对大众文化和文化产业研究的英国学院派，其研究重点在于对文化产品的符号所包含的内容进行意识形态的探讨，注重研究文化产业的符号生产机制及符号生产的原则；另一类是与各国文化产业实践、文化产业政策紧密结合在一起的，侧重于解决实际问题的理论探索，称为文化产业的应用理论研究，其主要研究内容包括文化产品的开发、生产、营销等。

我国对文化产业的研究起步较晚，而对文化产业的概念和基础理论的理解也是在吸收和借鉴国外的研究成果，特别是联合国教科文组织关于文化产业的定义基础上形成的。随着我国文化产业的发展，理论研究也在进一步深化，结合我国文化产业发展实际状况，我国文化产业理论体系的构建也取得了进展。

2000 年 10 月，党的十五届五中全会通过的《中共中央关于制定经济和社会发展第十个五年计划建议》中，第一次在中央正式文件中明确使用“文化产业”一词。2002 年党的十六大报告提出

---

① 楚永生．政府与市场资源配置有效性边界分析［J］．西安电子科技大学学报（社会科学版），2003，13（4）：7.

"积极发展文化事业和文化产业"，将文化区分为文化事业和文化产业，这在党的文件中还是第一次。同时国家《文化产业振兴规划》明确要重点发展文化创意、影视制作、出版发行、数字内容等九大文化产业。党和国家的政策为文化产业的发展指明了方向。从实践需要出发，加强对文化产业发展实践中的重大理论问题的研究，回答实践中产生的新的问题，对于文化产业研究这样实践性很强的学科来说，尤其应该如此①。

由于文化具有较为特殊的意识形态属性，因而文化产业除具有一般产业的属性外，还具有意识形态属性。文化意识形态属性的特殊性必然对文化产业相关制度的构建和完善产生重大影响。文化产业发展状况如何，不仅要衡量文化产业对整个社会经济发展的贡献率，而且要衡量其在促进文化发展、社会文明进步方面的作用，即社会效益和经济效益要统一，而且要将社会效益放在首位。

作为国家确立的重点发展九大文化产业之一，数字出版产业近年来在党和国家一系列利好政策的驱动下取得了飞速的发展。从我国历年官方统计的数字出版总产值可以看出，2006 年为 213 亿元，2015 年达到4 403. 85亿元，十年间增长了1 967. 53%，平均每年的增长速度超过 40%。然而作为文化产业，单纯的数字说明不了问题，数字出版的确为经济的发展做出了贡献，但作为意识形态的文化产业，其在社会文化发展、社会文明进步所做的贡献是无法用数字衡量的。正因如此，数字出版产业发展更需要相关的制度来保障，也需要制度来制约。

三、公共政策分析理论

公共政策分析是针对政府为解决各类公共政策问题所采取的对政策的本质、产生原因及实施效果开展的研究②。公共政策分析包括公共政策问题的认定、公共政策的规划、公共政策的合法化、公

① 彭立勋．中国文化产业发展超前于理论研究［N］．中国社会科学报，2012-5-17：B05.

② 陈庆云．公共政策分析［M］．北京：北京大学出版社，2011：18.

共政策的执行、公共政策的评估以及公共政策的调整。

公共政策的整个过程都以公共政策问题的认定作为起点。由于社会资源是有限的，掌握公共权力的政治性组织不可能将所有的社会公共问题都纳入政策过程范畴，只能选择解决那些为公众所关注的主要社会矛盾。很多社会公共问题，在扩大和激化之后，可能会进入政策过程，成为公共政策问题。

公共政策的规划是指针对未来，对公共问题提出切实可行的解决方案的动态过程①。政策规划依据不同的标准可以将其分成不同的类型：一是按照问题本身的性质来分，有经济问题、环境问题等；二是按照政策规划的时间长短来分，有长期规划和短期规划等；三是按照规划的参与人员来分，有行政人员、科研人员、利益团体等不同的规划。具体的规划原则有公正的原则、连续的原则、资源利用最大化的原则和紧急的原则。具体来看，公共政策规划有制定流程、确定目标、设计方案等环节。

公共政策的合法化是指法定的政策主体为使选定的政策方案获得合法地位，而依据法定的权限与程序对政策进行审查、通过、批准、签署和颁布的过程。依据定义，首先公共政策的合法化需要有一个合法化的公共政策主体，主体的设置、编制、职权、职责、活动程序和方法要符合法律规范，这里主要是指国家行政机构，包括中央和地方国家的行政机构。其次是公共政策出台过程要合法，也就是政策合法化主体在自身合法权限内进行公共政策的审批、通过、批准。

在经过公共政策的制定阶段后，公共政策开始进入执行阶段，公共政策执行指的是负责执行的公共机关利用社会资源，化解社会矛盾，实现政策目标的过程。在此阶段，决策层作出决策后，公共政策开始执行，中间融合了多方因素，实施后的结果会反馈到决策

① 托马斯·戴伊．理解公共政策［M］．北京：华夏出版社，2004：283.

层，然后影响到下一步的公共政策执行①。

公共政策无论大小，一旦制定和执行之后，因为利用了一定的社会公共资源，所以公众有必要知道公共政策的合理性与有效性，这个必要的过程就是公共政策的评估。公共政策的评估是指基于系统和客观资料收集与分析，来判断公共政策投入、产出、效率与影响的过程，从而为公共政策的调整提供科学的依据②。公共政策评估对政策过程的效果、效益、效率和公众回应进行判断、评定，具体涵盖四个环节的内容：一是规范，即通过收集公共政策制定和执行的相关资料，来建立科学的评估标准和程序；二是测度，对收集的信息进行分类整理，建立合理的测度体系；三是分析，利用评估标准，对政策执行的结果进行评定；四是评判，就是根据评估的结果对公共政策的调整提出相应的建议③。

公共政策评估之后，对于公共政策的整体实施效率有了明确的认识，应该对公共政策进行适当的调整：一是对于评估结果好的政策，需要进行维持；二是对于评估结果一般，其中有许多需要改进的政策，需要对其进行修正；三是对于评估结果较差的公共政策，需要终止其运作。

四、版权保护理论

数字技术的出现对原有的版权保护制度产生了巨大的冲击，对版权保护的内涵以及版权保护制度进行界定和梳理，能够更好地为数字出版版权保护制度的建立提供理论基础。

（一）版权保护的内涵

联合国教科文组织将版权定义为："版权是法律的一个分支，对作者（作家、音乐家、艺术家和其他创作者）的作品给予保

① 小约瑟夫·斯图尔特，戴维·M. 赫奇，詹姆斯·P. 莱特斯. 公共政策导论［M］. 韩红，译. 北京：中国人民大学出版社，2011：98-103.

② 弗兰克·费希尔. 公共政策评估［M］. 北京：中国人民大学出版社，2003：12.

③ 高兴武. 公共政策评估、体系与过程［J］. 中国行政管理，2008（2）：60.

护。版权保护指授予作者们以所有权或财产权（或使用权），这些权利均涉及作者的物质利益。依版权，作者有权得到保护以制止未经授权而使用其作品的行为，并且享有公众使用其作品而获得的收益。”① 在我国，版权是指文学、艺术、科学作品的作者对其作品享有的权利（包括财产权、人身权）。版权是一种专有权利，确认和保护作者对其创作的作品所享有权利的法律就是版权法，或称著作权法。作为知识产权的一种，版权具有标的的无形性、权利享有的独占性、保护范围的地域性和保护期限的时间性等特征。

版权包括人身权利和财产权利两部分。人身权利又称为精神权利，是指作者对其作品所享有的以精神利益为内容的权利，一般包括发表权、署名权、修改权和保护作品完整权。人身权利是版权人的基本权利，在大多数国家，尤其是大陆法系国家均有版权法对其进行保护。在国际上，即使缺乏相互著作权保护协议，通常也禁止侵犯对方国家版权人人身权利的行为。版权人的财产权利又称经济权利，包括使用权和获得报酬权。使用权是指作者有权使用自己的作品和许可他人使用自己的作品；获得报酬权是指作者有权从使用其作品的人那里获得报酬的权利。有别于各国著作权法对人身权保护相对统一和稳定的情况，对财产权利内容的规定往往由于国别和历史时期的不同而有所不同。我国现行的版权保护制度的保护对象包括创作者的人身权和财产权，也包括传播者的权利。

（二）版权保护制度的起源和发展

版权的起源和发展是伴随着传播技术的进步而出现的。在印刷术广泛采用以前，由于技术落后，复制成本高，侵犯版权的行为比较少，个人和社会也没有版权保护的意识。随着印刷术的采用，作品大规模复制成为可能，侵权成本大大降低，在经济利益的驱使下，擅自复制他人作品用以牟利的现象出现了，这种侵犯作者权益的行为带来了对版权保护的诉求，于是版权保护制度逐步建立

① 联合国教科文组织．版权法导论［M］．张雨泽，译．北京：知识产权出版社，2009：3.

起来。

17世纪资产阶级革命的兴起，使“私有财产不可侵犯”和“人生来自由平等”的新思想成为版权保护新的理论依据，从而促生了世界上第一部版权法——《安娜女王法》。这部原名为《为鼓励知识创作而授予作者及购买者就其已印刷成册的图书在一定时期内权利的法》的法律，因首次将作品作者而不是印刷商作为版权保护的主体而成为版权立法史上一个重要的里程碑。此后，世界各国相继制定了版权保护法。世界各国的版权法，其立法宗旨都是要通过确认和保护作者对其作品享有的某些特殊权利，规定因创作、传播和使用作品而产生的权利和义务，鼓励作品的创作和传播利用，促进社会的发展。①

我国现行的版权法是1991年制定的《中华人民共和国著作权法》，2001年为适应加入WTO后的版权保护需求对现行著作权法进行了第一次修订，2010年根据世界贸易组织的最终裁定进行了第二次修订，第三次修订仍在进行中。

数字版权是由传统意义上的版权概念衍生而来，它指的是计算机软件、电子数据库、电脑游戏、数字文学作品、数字声音作品、数字图片、数字动画、数字电影以及其他数字视频作品等具有独创性、以数字格式存在的文学、艺术和技术作品的作者所享有的权利。② 数字版权由于数字化的特点，数字版权客体的产生、复制、传播和使用较之传统出版有很大不同，这种不同也对传统的版权保护制度产生了结构性的冲击。数字版权的客体在传统版权客体的基础上进行了修正，它包含的范围是具有数字化格式的受到著作权法保护的作品。我国《著作权法》第三条第九款规定我国版权的客体中包括法律、行政法规规定的其他作品，这个开放条款决定了数字版权作品在理论上是全部受传统版权法保护的。但是在实际操作

① 肖燕．网络环境下的著作权与数字图书馆［M］．北京：北京图书馆出版社，2002：26.

② 熊澄宇等．文化产业研究　战略与对策［M］．北京：清华大学出版社，2006：27.

中，新出现的数字作品形式往往并不会自动纳入著作权的保护范围，通常会经过一个较长的争议期，其保护方式和保护程度也有别于传统的版权客体，需要制定专门的法律法规予以保护。

第二章　数字出版法律法规、政策与标准研究

信息化进程的不断推进，出版产业与数字技术、网络技术的加速融合，数字出版产业表现出强劲的发展势头和巨大的产业潜力。为了保障我国数字出版产业在快速发展中有章可循，目前我国管理部门对数字出版产业进行管理的手段主要有数字出版政策和数字出版法律法规，同时又有一系列的数字出版标准对数字出版产业的生产、流通、消费等环节进行规范，这三种方式为数字出版产业的健康发展保驾护航。

第一节　数字出版法律法规

在国家调整数字出版活动的规范性文件中，数字出版政策与数字出版法律法规是两个既有联系又相互区别的主要组成部分。

一、数字出版法律法规的概念

要理解“数字出版法律法规”的概念，首先需要厘清“法”“法律”“法规”三者的含义。“法”是国家制定或认可，并以国家强制力保证其实施的行为规范的总和。“法律”有广义与狭义之分。广义上的“法律”与“法”通用，是整体或抽象意义上的概念；狭义上的“法律”一词专指国家立法机关按照法定程序制定和颁布的规范性文件，是特定或具体意义上的法律。法规包括行政

法规和地方性法规。行政法规专指国务院为领导和管理各项行政事务而依据宪法和法律制定的规范性文件，一般使用“条例”“规定”或“办法”等名称，其内容必须与宪法、法律相一致，不得与之相抵触。地方性法规是各省、自治区、直辖市人民代表大会及其常务委员会在法定权限内制定的在本地区范围内具有法律效力的规范性文件，其内容不得与宪法、法律、全国性行政法规相抵触。

数字出版法律法规，有广义与狭义两种含义。广义的数字出版法律法规，指由国家强制力保证其实施的、体现国家意志、用于调整人们在数字出版活动中所产生的各种社会关系的行为规范体系的总称，包括宪法的有关规定、有关法律、有关行政法规与规章等各种法律规范性文件。狭义的数字出版法律法规，指专门用于调整与规范数字出版活动中的各种关系的法律规范性文件。

本书所讲的“数字出版法律法规”是指广义上的数字出版法律法规，即所有数字出版法律规范的简称，是出版行政管理部门依法管理的依据，具有强制性和严格的规范性，其作用是确保数字出版活动及其管理正常开展，主要包括宪法的有关规定、法律、行政法规、行政规章、地方性法规规章、国际条约以及法律解释等各种法律规范性文件。

二、数字出版法律法规的基本特征

社会规范和技术规范是人的两类行为规范，社会规范调整人与人之间的关系，技术规范调整人与自然的关系。在阶级社会中，社会规范包括政治规范、道德规范、宗教规范、礼仪规范、社会习惯等，法律规范只是社会规范的一种，但法律规范是一种特殊的社会规范。它规定了人们的一般行为规则，具有政治规范、道德规范、宗教规范、礼仪规范、社会习惯等其他社会规范所不具有的以下三个基本特征。

第一，法律规范是由国家制定或认可的社会规范，具有普遍约束力，具有国家意志性；其他社会规范并非经由国家制定或认可，不具有国家意志性。

第二，法律规范是由国家强制力保证其实施的社会规范，具有国家强制性；其他社会规范虽然也有一定的强制性，但并非以法庭、监狱、警察乃至国家军队等国家强制力保证其实施，故没有国家强制性。

第三，法律规范既规定人们的权利，也规定人们的义务，且必须人人遵守。它通过赋予社会关系参加者以一定的权利和义务来实现对社会关系的调整，以建立和维护有利于国家的社会关系和社会秩序。因此，法律规定的权利和义务具有普遍适用性。

由于调整对象、适用范围的不同，法律规范包括新闻法律法规、出版法律法规、金融法律法规等。数字出版法律法规作为其中一种，与其他法律法规相比，具有以下两种特征：第一，数字出版法律法规是由国家制定或认可的有关数字出版活动的行为规范；第二，数字出版法律法规是由国家明确规定的有关数字出版业及有关人员的权利与义务的规范，即国家明确规定数字出版业及有关人员可以做什么、不可以做什么，使从事数字出版的相关单位及有关人员知道国家允许做什么、要求做什么、禁止做什么，等等。

三、数字出版法律法规的价值目标

根据法理学原理，法律作为国家立法机关制定的用于调整人们行为关系的规范性文件，有其追求的理想目标，以达到满足人和社会需要的目的，这就是法的价值目标。具体来讲，法的价值目标包括自由、平等、公平、正义、秩序、安全、效益等，离开了一定的价值目标，法律就会成为空洞的外壳。数字出版法律法规的价值目标就是在调整数字出版活动中的社会关系时所追求的具体理想目标。它是在法的价值目标基础上形成的，并包括这些基本的价值目标。具体而言，应包括如下三个方面。

（一）追求各方主体权益上的平衡

在数字出版的创作和传播过程中，存在着知识和信息创造者、传播者和使用者在行使权利时一定程度的对峙现象。数字出版法律法规在实现其对数字出版活动的规范与调节、管理与协调、促进和推动产业良性发展等作用的过程中，必须统筹兼顾，平衡各种可能相互冲突的因素。法理学强调法的价值目标，而“公平正义”是法律的基本原则，在数字出版相关的法律法规制定中，“权益平衡”正是“公平正义”的体现。如在数字版权的保护中就要充分体现“平衡”这一基本精神。

版权是数字出版产业的核心资源。数字版权的保护既要有效地保护著作权人的合法权益，又要积极地促进数字内容的传播和人类文化的交流，同时兼顾社会公共利益。从人类交往本性和人类文明的发展来看，知识和信息应该得到尽可能广泛的传播，智力成果应得到尽可能广泛的应用，即需要强调智力成果的社会共享性，版权则必须承认著作权人的“私权”。从经济学的角度来讲，只有充分尊重和保护知识创造者的权益，才能有效地激励个体的创造性，并最终推动社会的发展和进步①。因此，在数字版权立法中应理顺创造者、传播者和使用者的关系，追求各方主体权益上的平衡。相关的数字版权法律法规应通过权利义务的界定来合理地将作品中所包含的利益分配给作者、传播者和社会公众，以实现作者权益、传播者和社会公众权益的互动，保障数字出版产业的良性发展，促进社会文化事业的蓬勃发展和人类文明的进步。

此外，还应注意各方主体权益上的“平衡”应该是一种“动态平衡”。数字出版是由新技术产生的新的产业形态，而技术的不断发展使得数字出版法律法规所体现的利益平衡不断受到冲击和挑战，从原来的平衡变得不平衡，甚至失衡。因此数字出版法律法规在协调、解决、规范数字出版活动时，权益的分配永远都应在动态中保持平衡，追求各方主体权益上平衡的价值目标，使得不断修正既有的数字出版法律法规成为必然。

（二）兼顾技术、经济、社会三者的同步发展

数字出版实际上是文化与科技的一场变革，技术是数字出版的动力和引擎。一直以来，技术在数字出版产业的发展中扮演着重要的角色，对于我国出版产业的发展意义重大。数字技术是一柄双刃剑。一方面，重大的技术进步会深刻地改变传统出版业的生产、传

---

① 张大伟．数字版权：互联网精神和版权管理制度［J］．国际新闻界，2009（9）．

播和消费方式，催生新的文化生产方式、信息传播方式和阅读消费方式，并带来文化交流的空前发展。数字出版作为国民经济和社会信息化的重要组成部分，给我国经济和社会的发展带来了积极的影响。另一方面，随着各种新技术的层出不穷，数字出版产业正面临着严峻的盗版和知识产权保护问题。数字版权保护是数字出版产业和社会主义市场经济发展的一个薄弱环节，盗版和侵犯知识产权的行为、案件时有发生，并且屡禁不止。数字出版的特质使得作者在数字环境下对于其作品的下载、复制、传播控制和管理都很难实现。同时，数字技术也使得维权难度增大，如取证问题就很难解决。2009 年发生的谷歌“版权门”事件和“百度文库”事件，都反映了新技术背景下数字版权保护不规范的问题，这也给我国经济和社会发展带来了负面影响。因此，数字出版法律法规的出发点应是在适应技术发展要求的同时，谋求新的经济和社会利益，兼顾技术、经济和社会三者的同步发展。

在追求技术、经济和社会三者同步发展的价值目标时，数字出版法律法规可以借鉴国际社会关于“技术中立”的主流思想制定，其内容应体现以下三个方面的要求：一是加入技术规范或者具体的技术标准，使技术规范或标准成为法律法规的支撑；二是在具体立法中排除技术的影响，即在法律条文中不包含技术因素；三是数字出版法律法规体系建设为技术的发展预留空间，即立法要立足于数字技术，对数字技术的发展具有一定的前瞻性，使法律法规能够适应不断发展的技术，由此产生的规则才能经受考验。

（三）促进文化发展与保证文化安全的统一

当今世界，文化的作用日益凸显，越来越成为民族凝聚力和创造力的重要源泉，不仅经济社会发展越来越有赖于文化的支撑，而且文化领域已经成为国际政治斗争和意识形态较量的主战场，越来越多的国家把提高文化软实力作为重要的发展战略①。在日益激烈

① 黄先蓉．数字环境下的出版业政府规制与制度创新［A］．数字出版与出版教育（第二届数字时代出版产业发展与人才培养国际学术研讨会论文集）［C］．北京：高等教育出版社，2009.

的国际文化竞争中，我国的文化市场发育程度还比较低，文化弱势还比较明显，因此发展文化产业受到党和政府的高度重视。2009年国务院颁布的《文化产业振兴规划》也指出："要深入推进文化体制改革，加快推动文化产业发展，其中要重点发展新兴文化业态，采用数字、网络等高新技术，大力推动文化产业升级，积极发展纸质有声读物、电子书、手机报和网络出版物等新兴出版发行业态。"党的十八届三中全会明确提出："推动社会主义文化大发展大繁荣。"这些文件，为推动数字出版产业发展指明了方向，注入了强大动力。

数字出版产业作为文化产业的重要组成部分，在社会主义文化建设中承担着重要的文化传承、交流功能和产业经济功能。一方面，优秀的民族文化是国家精神的体现，数字出版法律法规要以促进民族文化的繁荣为目的，把发展民族文化作为其价值目标。通过法律的形式确保中华民族文化的地位，借助网络传输快捷、覆盖广泛和无国界特性，加快推动优秀出版物通过数字出版方式进入国际市场，参与国际竞争，提高中华文化的国际影响力，推动我国文化的大发展大繁荣。另一方面，在信息技术高度发展的时代，由于数字化、网络化所体现的先进传播手段和强大的传播能力，使得不同思想文化和价值观念的流传和普及更加迅速，民族文化将会面临更多外来文化的冲击。文化安全的核心是意识形态和价值观的安全。因此，数字出版法律法规同时也要保证我国的文化安全，将促进文化发展与保证文化安全作为其追求的价值目标。

第二节　数字出版政策与数字出版法律法规

数字出版政策是国家对数字出版产业进行宏观管理和调控的重要组成部分，与数字出版法律法规相比，数字出版政策对产业的调节作用往往更直接也更有效。

一、数字出版政策的概念

政策是国家或执政党为实现一定历史时期的路线而制定的行为

准则。数字出版政策，是国家根据需要制定的有关发展和管理数字出版产业的方针、原则、措施和行动准则，是调整数字出版活动并借以指导、推动整个出版事业发展的行动指南，是国家对数字出版活动进行宏观管理的重要手段。通常情况下，数字出版政策通过行政途径下达，对一定范围内的人或机构具有一定的调节能力，其基本功能是指导和协调。

二、数字出版政策与数字出版法律法规的关系

数字出版政策与数字出版法律法规是两个既有联系又有区别的概念。一般来说，一项出版政策经过实践证明在现在和将来一段时间内是正确的、有效的，因而以法律法规的形式被固定下来，就是出版政策的法律化，也是出版立法的过程。由于政治、经济、文化等多方面因素的影响，出版政策和出版法规之间在制定机关和程序、表现形式、调整范围和方式、作用时效和稳定性等方面都存在较大区别，但两者之间仍具有非常密切的联系，有很多共同点。

（一）数字出版政策与数字出版法律法规的联系

数字出版政策与数字出版法律法规两者之间具有非常密切的关系。一般而言，政策先于法律，政策是先导，法律是保障。数字出版政策是数字出版法律法规确立的依据和指南，数字出版法律法规是数字出版政策发展的固化和总结。数字出版政策与数字出版法律法规作为对数字出版活动管理的手段，均承担着各自的职能，发挥着各自不可替代的作用。

1. 二者有很多共同点

数字出版政策与数字出版法律法规的基本内容相同，都是社会主义经济基础的反映，体现工人阶级以及其他劳动人民的意志和利益；政治方向相同，都是以坚持党的四项基本原则为前提；服务对象相同，都是为广大人民群众服务、为社会主义服务；社会作用相同，都是为巩固人民民主专政、发展社会主义经济和建设社会主义精神文明起促进作用。

2. 数字出版政策是数字出版法律法规的依据和指导

数字出版政策对一切数字出版物的编辑出版、复制发行活动进

行指导，数字出版立法作为数字出版活动的重要组成部分，当然也离不开数字出版政策的指导。同时，数字出版政策又是数字出版法律法规制定的依据。在数字出版立法过程中，无论立法动议的提出，还是法律草案的起草，都应当考虑国家和执政党出版政策的总体精神。与此同时，许多行之有效且具有长远价值的数字出版政策逐渐被固定下来成为数字出版法律法规。因此，数字出版法律法规的制定必须以党的数字出版政策为依据，在适用过程中也必须以党制定的数字出版政策为指导。

3. 数字出版法律法规是数字出版政策得以实现的重要工具

数字出版法律法规由国家强制力保证实施，能够建立良好的数字出版关系和数字出版秩序，保证数字出版政策的贯彻执行。

数字出版政策是数字出版法律法规所要体现的一般原则、精神和内容，数字出版法律法规是国家数字出版政策和执政党数字出版政策的定型化、条文化。因此，一方面，数字出版政策对数字出版法律法规具有指导作用，但另一方面，数字出版法律法规对数字出版政策的贯彻落实也有很大的作用。数字出版法律法规是实现国家数字出版政策和执政党数字出版政策的最为重要的手段。如前所述，数字出版法律法规具有强制性，而数字出版政策则不具备这一属性，因此，如果没有数字出版法律法规的体现和贯彻，仅仅依靠数字出版政策本身的力量和资源，往往达不到它所要达到的经济、政治目的。当然，实现数字出版政策的形式很多，数字出版法律法规只是实现数字出版政策的形式之一，只有同贯彻数字出版政策的其他形式相互配合，它才能发挥更大的作用。

（二）数字出版政策与数字出版法律法规的区别

数字出版政策与数字出版法律法规在制定机关和程序、表现形式、调整范围和方式、稳定性程度、本质属性和功能等方面存在区别。

1. 两者制定的机关、程序不同

数字出版政策是由政党、国家有关组织和部门制定的，是一种行政手段，它往往代表着政治组织的意志和利益，不具备强制力的属性，其制定的程序相对比较简单，内容原则以及解释余地广泛。

我国的数字出版政策有国务院、国家新闻出版广电总局、其他各部委制定的国家关于数字出版的编辑、出版、复制、发行等方面的政策，也有地方机关如各省、直辖市、自治区等制定的地方数字出版政策。

数字出版法律法规是由国家权力机关即全国人民代表大会及其常务委员会，或者拥有立法权力的机关如国务院及其各部委等依照法律程序创制的，代表着国家的意志和利益，具有强制力的属性。

2. 两者的表现形式不同

数字出版政策经常以国家机关制定和颁布的决定、决议、命令、规则、规定、意见以及通知、领导人讲话、会议纪要、号召等形式出现。如《国家知识产权战略纲要》、国务院新“三定”方案、国务院《文化产业振兴规划》《关于进一步推动新闻出版产业发展的指导意见》《关于加快我国数字出版产业发展的若干意见》《关于发展电子书产业的意见》《国民经济和社会发展第十二个五年规划纲要》《新闻出版业“十二五”时期发展规划》《国家“十二五”时期文化改革发展规划纲要》等。

在我国，数字出版方面的法律法规通常采用制定法的形式。已经出台的有关数字出版的法律法规主要有《中华人民共和国刑法》《中华人民共和国民法通则》《中华人民共和国行政诉讼法》《中华人民共和国行政处罚法》和《中华人民共和国行政许可法》，以及一些单行法律（如《中华人民共和国著作权法》）和一些单行法规（如《计算机软件保护条例》《信息网络传播权保护条例》等）。

3. 两者的调整范围、实施方式不同

从范围上看，数字出版法律法规所调整的，往往是那些在出版活动中对国家、社会有较大影响的社会关系，如数字出版管理关系、数字出版活动中的违法犯罪行为及其惩罚、计算机软件的保护等。而数字出版政策所调整的社会关系比数字出版法律法规要广泛一些，它大到关于数字出版产业的建立、培育和规范数字出版市场、数字出版授权和使用机制，小到关于加强数字出版物的质量管理、打击侵权盗版行为、数字出版环境下未成年人保护等，涉及数字出版的方方面面。

从方式上看，数字出版政策的基本功能是导向，属于应对的手段，不仅要处理既有的问题，还要对正在形成或将要形成的问题做出反应，因此，它偏重采取灵活多样的措施，以适应数字出版的不断变化发展。而数字出版法律法规的主要功能是规范或控制，由国家强制力保证实施，具有普遍的约束力，一般调整较为稳定的社会关系，因此偏重于对既有社会关系的确认、保护或控制。

4. 两者的作用时效和稳定性程度不同

数字出版政策作为数字出版活动宏观的方针性号召，原则性较强，着眼于宏观调控，一般在一定的历史时期内发挥作用，具有阶段性、灵活性，而且随着数字出版环境的变化要不断地修正、补充和完善，由于动态性较大，因此时效较短。而数字出版法律法规则是由成熟的数字出版政策转化而来的，比较具体详尽，侧重于微观调控，其时效较长，而且它的制定、修改或废止都要经过严格复杂的法定程序，具有相当的稳定性。

5. 两者的本质属性和基本功能不同

数字出版政策代表的是政治组织的利益和意志，不具备强制力的属性；而数字出版法律法规代表的是国家的利益和意志，具有强制力的属性。数字出版政策只有通过特定程序，被国家机关制定或认可为数字出版法律法规，才能获得国家强制力的保证，成为人人必须遵守的规范。

就功能而言，数字出版政策的基本功能是“导向”，即运用行政手段，原则性地规定或号召、鼓励、支持数字出版活动以达成数字出版政策的目标；数字出版法律法规的基本功能是“制约”，即运用法律手段，规定人们应该做什么、能够做什么、不能做什么，限制和约束人们的数字出版行为以保护数字出版的健康发展。

三、数字出版政策与数字出版法律法规的功能

数字出版政策和数字出版法律法规在国家的宏观管理中是密不可分的整体，二者相互配合发挥作用，为数字出版产业的健康、持

续发展保驾护航。

（一）规范市场行为，建立公平公正的市场环境，保障数字出版产业的稳定健康发展

数字出版政策和法律法规的制定与实施的目的是实现对数字出版活动中各种行为的规范，建立公平公正的市场环境，以促进新闻出版事业更好地应对数字技术带来的各种挑战，保障数字出版产业的稳定健康发展。

《2012—2013 中国数字出版产业年度报告》显示，“由网络侵权给网络文学造成的损失每年约 40 亿~60 亿元，数字音乐每年因盗版损失上亿元，网络影视盗版率更高达九成。在国家版权局和国家工商行政管理总局一年一度评选案件中，各省报来的 40 个侵权案件中有 19 个涉及网络侵权盗版”。在利益的驱动下，普遍存在的盗版侵权行为，成为我国数字出版产业发展中的一大毒瘤，造成数字出版市场的混乱，也给我国经济和社会发展带来了负面影响。

为此，我国及时修订数字出版法律法规，加大对侵犯知识产权的处罚力度。2013 年 1 月 16 日，国务院第 231 次常务会议通过关于修改《计算机软件保护条例》《著作权法实施条例》《信息网络传播权保护条例》的决定，自 2013 年 3 月 1 日起施行。

修改后，《计算机软件保护条例》第 24 条第 2 款规定：“有前款第一项或者第二项行为的，可以并处每件 100 元或者货值金额 1 倍以上 5 倍以下的罚款；有前款第三项、第四项或者第五项行为的，可以并处 20 万元以下的罚款。”《著作权法实施条例》第 36 条规定：“有著作权法第 48 条所列侵权行为，同时损害社会公共利益，非法经营额 5 万元以上的，著作权行政管理部门可处非法经营额 1 倍以上 5 倍以下的罚款；没有非法经营额或者非法经营额 5 万元以下的，著作权行政管理部门根据情节轻重，可处 25 万元以下的罚款。”《信息网络传播权保护条例》第 18 条、19 条规定：“非法经营额 5 万元以上的，可处非法经营额 1 倍以上 5 倍以下的罚款；没有非法经营额或者非法经营额 5 万元以下的，可处 25 万元以下的罚款。”这次修改，将非法经营额的罚款倍数统一调整为 1 倍以上 5 倍以下，同时将罚款的最高限额由 5 万或 10 万元提升为20万或25万元，充分体现了国家打击与治理盗版侵权等市场行为的决心，起到震慑侵权行为的作用。

（二）净化数字出版市场，保证数字出版阵地的纯洁，维护文化安全

我国数字出版业近几年发展势头迅猛，取得了长足进步。出台和完善与之相配套的数字出版政策和法律法规，能够有效应对我国在终端制造、内容提供、平台建设等领域同质化现象严重，价格战、恶性竞争频发，网络淫秽色情出版传播现象严重，数字出版物质量良莠不齐等一系列问题，净化数字出版市场，创造良好的精神文化传播环境，引导良性、有序出版市场的形成。

从文化安全的角度来看，数字出版产业作为文化产业的重要组成部分，在社会主义文化建设中承担着重要的文化传承、交流功能和产业经济功能。一方面，优秀的民族文化是国家精神的体现，数字出版政策和法律法规以促进民族文化的繁荣为目的，把发展民族文化作为其价值目标，通过政策法律的形式确保中华民族文化的地位，借助网络传输快捷、覆盖广泛和无国界特性，加快推动优秀出版物通过数字出版方式进入国际市场，参与国际竞争，提高中华文化的国际影响力，推动我国文化的大发展大繁荣。另一方面，在信息技术高度发展的时代，由于数字化、网络化所体现的先进传播手段和强大的传播能力，使得不同思想文化和价值观念的流传和普及更加迅速，民族文化将会面临更多外来文化的冲击。文化安全的核心是意识形态和价值观的安全。因此，数字出版政策和法律法规同时也能起到保证我国的文化安全，促进文化发展的作用。

（三）为行政执法提供准则，使行政执法有法可依

我国对数字出版行业的管理，既包括行政手段，也包括法律手段。随着依法治国方针的深入，有法可依成为国家处理各项事务的题中之义。数字出版管理应坚持以相关法规为准绳，做到有法可依、有法必依、执法必严、违法必究；同时，出版行政部门也必须依法行政。数字出版法律制度的完善，符合依法治国的要求，能够为行政执法提供准则，使行政执法合法且具有说服力。

如2012年11月由最高人民法院审判委员会第1561次会议通过的《关于审理侵害信息网络传播权民事纠纷案件适用法律若干问题的规定》，对法院在审理信息网络传播权纠纷案件中行使自由裁量权的原则、侵害信息网络传播权行为的构成、网络服务提供者的教唆侵权和帮助侵权、司法实践中较为常见的信息存储空间网络服务提供者应知网络用户侵害信息网络传播权的判定标准、法院对此类案件的管辖等问题进行了规定，对于积极应对互联网环境下给著作权保护制度带来的冲击和挑战、正确适用著作权法具有重要意义，为数字出版产业的管理有法可依添砖加瓦。

近年来，我国及时修订数字出版政策、法律法规，加大对侵犯知识产权的处罚力度，在相关案件的执法过程中起到积极作用，打击了数字出版活动中的违法行为。2013年，国家版权局根据《著作权法》《著作权法实施条例》等相关规定，分别对直接向公众提供定向搜索、定向链接到大量盗版网站，构成侵犯信息网络传播权的快播公司和百度公司做出罚款人民币25万元的行政处罚；扬州市文化行政综合执法支队根据《著作权法》《信息网络传播权保护条例》的相关规定，对存储未经权利人授权的漫画作品的浙江省瑞安市我喜欢网络有限公司做出立即停止侵权行为、删除侵权漫画作品、罚款人民币10万元的行政处罚；浙江省版权局根据《著作权法》《信息网络传播权保护条例》《著作权法实施条例》相关规定，对未经相关权利人许可、擅自上传权利人享有著作权的影视作品并供其会员在线观看和下载的浙江爆米花（杭州）科技有限公司做出警告、责令删除侵权影视作品、罚款人民币10万元的行政处罚。

（四）保障相关权利人利益，促进数字出版产业和谐发展

在数字出版的发展过程中，著作权人、传播者（主要是网络服务提供商）、社会公众的利益矛盾越来越突出，尤其是各种网络盗版愈演愈烈，未经著作权人许可进行非法网络传播的现象越来越普遍，数字出版中的“合理使用”问题成为争论的一大焦点。数字出版政策在实现其对数字出版活动的规范与调节、管理与协调、促进和推动产业良性发展等作用的过程中，必须统筹兼顾，平衡各种可能相互冲突的因素。数字版权的保护既要有效地保护著作权人的合法权益，又要积极地促进数字内容的传播和人类文化的交流，同时兼顾社会公共利益。相关的数字出版政策和法律法规通过权利义务的界定来合理地将作品中所包含的利益分配给作者、传播者和社会公众，以实现作者权益、传播者和社会公众权益的互动，能够保障数字出版产业的良性发展，促进社会文化事业的蓬勃发展和人类文明的进步。

从世界范围来看，数字出版政策和法律法规多从以下三方面出发，追求各方主体权益的平衡，促进数字出版产业的和谐发展。

一是逐渐加强对著作权人的利益保护。日本正在研究为电子书籍设立出版权，让出版社也能够申请对盗版书的禁令；著作权保护期延长在美国的推动下，也被列入包括日本在内的一些国家的讨论之中；加拿大新提交的 C-57 法案拟赋予版权持有人要求加边境服务署协助提供关于可疑侵权货物的信息的权利；中国《著作权法》最新修正案中增加了追续权和出租权。各国加强保护著作权人利益的趋势日益明显。

二是更加明确网络服务提供商的责任。目前，“三振出局”的相关规定在全球主要发达国家成为现实，明确网络服务提供商在网络侵权中的责任。美国 2013 年采取“六振出局”；而根据 2013 年 9 月西班牙通过的《刑法》改革，网站所有者提供未经授权材料的链接将会被判最高长达 6 年的监禁；为了修订近期颁布但却遭到猛烈抨击的反盗版法，俄罗斯立法者提议对那些不能阻止用户访问盗版材料的网络提供商施加高额罚款。网络服务提供商在数字出版尤其是数字版权保护方面的责任界定越来越清晰。

三是合理兼顾公众利益。印度《2012 年版权（修正）法》新增了“为了残疾人利益”的合理使用与强制许可；加拿大于 2012 年 7 月 11 日生效的《版权现代化法》扩大了“合理使用”的概念，创设了格式转换、时间转换、备份复制和用户生成的内容四类新的、可接受的、主要适用于个人使用的合理使用；而英国《数字经济法》有关保护条款因伤害到网络用户的权利和自由，故部分内容延迟至 2014 年才实施。网络环境下，各国的数字版权保护在寻求利益平衡的实践中，通过不断更新与完善合理使用制度、合理放宽图书馆数字文献传递，兼顾公众利益，注意公众权利的保护。

第三节　数字出版标准与数字出版法律法规

随着出版体制改革的进一步深化，出版标准和出版法律法规对于整个出版产业的发展越来越重要。数字出版标准涉及数字出版产业的各个环节，是保证数字出版物产、供、销获得最佳秩序的规则。数字出版法律法规是规范数字出版活动的法律规范，是行政管理部门依法管理的依据。本节将着重研究如何将两者有效协调起来，更好地促进我国数字出版产业的有效发展。

一、数字出版标准概述

根据国家标准 GB/T 20000. 1—2002《标准化工作指南 第 1 部分：标准化和相关活动的通用词汇》的规定，“标准是为了在一定的范围内获得最佳秩序，经协商一致制定并由公认机构批准，共同使用的和重复使用的一种规范性文件。标准宜以科学、技术和经验的综合成果为基础，以促进最佳的共同效益为目的”。数字出版标准则是指涉及整个数字出版产业链各个环节的，能够保证数字出版在生产、交换、流通、版权保护等活动中获得最佳秩序和促进最佳共同效益，经过协商一致制定的可共同和重复使用的规则。

（一）数字出版标准现状

1. 数字出版各项行业标准陆续出台

1991 年，全国印刷标准化技术委员会（SAC/TC170）成立，负责全国印刷技术领域的标准化归口管理工作；2004 年 6 月，全国出版物发行标准化技术委员会成立，主要负责组织包括出版物发行术语、出版物发行信息分类与编码、出版物发行物流技术、出版物发行电子商务、出版物发行作业和流程规范、出版物发行服务及管理等方面标准的制修订工作；2007 年 8 月，全国新闻出版信息标准化技术委员会成立，承担并协调全行业信息化建设中的标准管理和标准立项、制定、修订工作；2012 年 6 月，全国新闻出版标准化技术委员会成立，负责书、报、刊、音像电子出版物、数字出版物、网络出版物领域的国家标准制修订工作；2013 年 12 月，全国版权保护标准化技术委员会成立，主要是提出版权标准化工作的方针、政策和技术措施的建议，以及负责版权相关标准的研究，组织制定版权标准体系表，提出制定修订国家标准和行业标准的规划、年度计划及采用国际标准的建议等。新闻出版业这五大标准化技术委员会陆续成立，共同致力于建立和完善新闻出版业的各项标准，我国数字出版各项行业标准目前已在陆续研制中。

2010 年 8 月，原新闻出版总署颁布的《关于加快我国数字出版产业发展的若干意见》明确指出，加快数字出版产业发展的主要任务之一，就是要加快推进数字出版相关标准研制工作，“尽快制定各种数字出版相关的内容标准、格式标准、技术标准、产品标准、管理和服务标准，完成数字出版、移动出版等相关数字出版标准体系的制定，在生产、交换、流通、版权保护等过程中形成符合行业规范的数字出版业标准化体系，创造公平市场竞争环境”。2011 年是我国数字出版标准的建设年，该年 7 月由原新闻出版总署信息中心（全国新闻出版信息标准化技术委员会）牵头，开始研制《数字出版标准体系研究》项目，此项目分为电子图书、数字报纸、数字期刊、网络原创文学、网络教育出版物、网络动漫、数据库出版、手机出版、数字音乐、网络地图等 11 个分领域。2012 年我国数字出版标准建设全面推进。在原新闻出版总署的重视和引导下，我国数字出版标准体系建设取得一系列的进展。

2. 数字出版产业链各环节纷纷涉足标准制定

数字出版产业链各方出于利益关系、自身优势、企业竞争等考虑，纷纷涉足数字出版标准的制定工作。一方面，数字技术提供商在自主研发标准方面有很高的热情。如电子书标准，目前我国市场上存在的电子书格式有北大方正阿帕比的 CEB、XEB 格式、重庆维普的 VIP 格式、清华同方公司的 CAJ 格式、超星公司的 PDG 格式、上海通力公司的 BOK 和 ABM 格式、国家图书馆的 NLC 格式以及华康公司的 WDL 格式等。另一方面，在数字出版方面起步较早的传统出版单位如高等教育出版社、中国大百科全书出版社、上海世纪出版集团等也投入到了数字出版标准的研制工作中。上海世纪的辞海悦读器采用了与国际接轨的 EPUB 格式，高等教育出版社制定了科技类图书内容结构化标准 HEPBOOKDTD。此外，数字图书馆于 2002 年就着手“图书馆数字资源加工规范”“数字对象唯一标识符”和“电子出版”等一系列标准研究项目。[1]

3. 国家标准、行业标准滞后，企业标准缺乏协调

手机出版、数字印刷、数据库出版、网络游戏等新型出版领域的标准尚属空白，无法对数字出版产业进行统一和协调。在电子书标准方面，现虽有两个国家标准，即 2002 年发布的 GB/T 18787—2002《电子书阅读器通用规范》和 GB/Z 18906—2002《开放式电子图书出版物结构》[2]，但随着技术的进步，2002 年发布的标准已与现在的市场环境不匹配。而 2010 年全国新闻出版标准化技术委员会立项的 12 项电子书内容标准中，致力于梳理电子书内容需要制定的标准并形成整体体系框架的《电子书内容标准体系》、界定电子书内容产业的基础性和关键性术语的《电子书基本术语》、遴选并定义电子书内容元数据的《电子书内容元数据》以及对开放的电子书内容提出要求的《电子书内容格式基本要求》处于审查阶段；规范电子书内容平台的服务功能、对内容平台提出基本要求的《电子书内容平台——服务功能基本规范》《电子书内容平台——基本要求》处于征求意见阶段；而为电子书提供唯一标识的《电子书标识》、规范电子书版权页信息的《电子书版权页规范》、提出电子书内容标准要求的《电子书内容质量基本规范》、提出电子书内容版权保护的技术方法和规范的《电子书内容版权保护通用规范》、制定电子书编校的规范标准的《电子书编校质量检查规范》以及规定电子书的功能技术要求的《电子书功能技术

① 张书卿．我国数字出版标准化现状及对策［J］．出版发行研究，2008（11）．

② 当电子书遭遇国家标准：一场出版与 IT 技术的博弈［EB/OL］．［2013-12-05］．http：//news. 10jqka. com. cn/20100524/c62602442. shtml.

要求及检测规范》还处于起草阶段。这显然无法满足电子书的发展要求。

此外，出于自身利益考虑，在企业标准的制定过程中，具有实力的大企业一般参与的积极性较高，主张提高行业的进入门槛，以维持和巩固已有地位；小企业则一般没有精力和能力来参与标准的制定。数字出版领域存在的各企业标准都是根据企业自身产品开发出来的封闭式标准，大部分只能在企业系统内部使用，缺乏协调，标准的不兼容导致严重的资源浪费。应认识到数字出版标准化的目的是实现数字出版产业链条上各参与方的利益均衡，用有限的资源实现产业效益最大化。数字出版企业标准的百花齐放有利于企业实现短期的效益，却不利于产业的长期发展。

4. 数字出版跨部门的标准博弈初露端倪

数字出版本身是跨领域、跨行业的，因此标准的制定工作势必涉及不同的主管部门，数字出版跨部门的标准博弈已初露端倪。如在手机出版相关标准制定方面，目前工信部和新闻出版总署均有开展。有专家认为："标准实际上是一个象征，谁率先在一个产业中确立了标准，谁以后能寻求的产业扶持政策、发展空间就会大不一样。"① 各行业主管部门都在积极着手相关数字出版标准的调研和制定工作，但应意识到多部门管理很可能导致谁都管不好。因此就相关标准的制定而言，主管部门之间的协调就显得尤为重要，各部门应加强沟通和协调，避免标准之间存在内容重复、规定不一致等问题，加快对数字出版产业标准的规范和统一。

（二）数字出版标准对出版单位的影响

目前我国数字出版产业正处于初期的高速发展阶段，而数字出版产业行业标准的缺失，已严重影响我国数字出版企业大力开拓国内市场及走出去参与国际市场竞争的能力。随着数字技术的普及以及数字出版产业近年来的大势所趋，产业发展对标准的需求愈发强

① 三问数字出版标准之"乱象"［EB/OL］.［2013-12-05］. http://news.xinhuanet.com/book/2010-06/26/c_12266634.htm.

烈，出版单位对标准的重视程度也愈来愈高，标准的地位和作用日益凸显。

1. 一流企业做标准，将扩大市场占有率

标准具有先进性和技术性，"一流企业做标准"在一定程度上反映了标准代表的技术高度。但标准并不是纯粹的技术问题，而是企业制定战略的核心问题，科学的标准有助于企业降低生产成本、扩大产品市场。我国传统出版单位在发展数字出版以及数字出版标准化方面的认识和热情较低，但一些在数字出版方面起步较早的传统出版的龙头企业已经意识到标准的重要性，并积极参与到数字出版标准体系的研究中，争取在数字出版产业发展和标准制定上拥有更多的话语权。企业竞争一定程度上表现为标准之争，标准之争的背后其实就是利益之争。在发达国家，为了提高企业竞争力以及产品或服务准入的门槛，一些颇具实力的企业积极谋求将自己的企业标准或者企业联盟形成的事实标准转化为行业标准或国家标准，以达到统治某个产品和市场的目的。市场经济体制下，每一个新标准的确立都意味着潜在市场机会的出现和市场竞争格局的重新调整。如果在标准制定上拥有一定的话语权，参与企业将通过标准竞争获得一定的产业领先能力，这种能力将会转化成企业在产品竞争和市场竞争中较为持久的"比较优势"。加之行业龙头企业往往拥有更为丰富的资源、良好的基础设施以及人力资本来适应标准、创新技术和发展标准，因此标准的确立会使得市场向行业龙头企业集中，并逐步提高它们在市场的占有率，这对于企业把控数字出版市场以及争夺产业领先地位具有非常重要的意义。

2. 小企业"被标准"，将面临淘汰危机

将数字出版产业的技术水平推到更先进和更高层次的标准的确立，在一定程度上使得马太效应在出版单位数字化浪潮的竞争中显现出来：一方面，标准的确立可以使市场向行业龙头企业集中，并逐步扩大其市场份额；另一方面，由于出版企业规模太小以及能力的不对称，小企业在标准制定方面缺少积极主动的话语权，且无法承受标准改动的巨大成本压力，因此小企业将"被标准"，面临被淘汰出局的危险。根据特劳特定位理论，一个成熟的市场通常都是有序市场，第一品牌占据50%左右的市场份额，第二、第三品牌占据30%~40%的市场，剩下的各家小品牌瓜分其余的市场份额。①资源利用率低、行业集中度不高是国内数字出版行业的现状，数字出版市场企业数量虽然不少，但由于市场整合力度弱，有一定市场占有率的龙头企业少，不利于数字出版产业规模效益的发挥。新标准在成为数字出版产品、服务质量“指南针”的同时，更会成为企业发展的“门槛”。需要明确的是，市场经济时代，标准是用来统一规范市场和企业生产的，标准的出台将促进整个行业向规范化和标准化发展，但绝不是用来保护不合格企业、平衡落后企业与先进企业差距的，因此，应考虑到大部分企业的实际情况。新标准的有效实施，必定会带来数字出版市场的“洗牌”时代，使得竞争加剧，技术含量低、规模较小的产品和企业将面临淘汰危机，中型企业有压力，而龙头企业将从中获益。

二、数字出版标准制定应坚持的原则和注意的问题

数字出版标准包含大量的先进技术、复杂的工艺以及科学成果，具有灵活性和广泛的可接受性。制定数字出版标准的目的是在数字出版领域内获得最佳的秩序和最佳的共同效益，因此必须重视其在产业发展中的重要作用。

（一）数字出版标准制定应把握好引进与自力更生相结合的原则

现阶段我国数字出版标准的制定应从实际出发，结合行业发展现状，先制定一批基础、急用标准，对行业起到一定的规范和引导作用，在逐步实现数字出版标准化的过程中，把握好引进与自力更生相结合的标准制定原则。

1. 积极推进数字出版标准的国际化，但不盲目采用国外标准

国际标准的竞争不仅仅是技术问题，必须把参与制定国际标准竞争提升到战略竞争的高度。2013 年第 93 届国际标准化组织

① 郝振省．2011—2012 中国数字出版产业年度报告［EB/OL］．［2012-07-19］．http：//www. chuban. cc/rdjj/2012szcbnh/zlt19x/201207/t20120719_125647. html.

（ISO）理事会会议通过决议，增加对ISO贡献率第六位的国家，我国成功成为ISO技术管理局的常任成员。这是我国继2008年成为ISO常任理事国、2011年成为IEC常任理事国之后，在国际标准化工作中再次取得的重大突破，为我国的数字出版标准化工作创造了良好的条件。2016年9月，第39届国际标准化组织大会在我国顺利召开，并且签署了ISO历史上第一个和主办方合作的宣言——《北京宣言》，进一步提升了我国标准国际化的水平和影响力。

一方面，随着数字出版在全球范围内的强劲发展，利用标准占领国际数字出版贸易竞争的制高点，是确保数字出版产业在我国健康、可持续发展的重要目标。为此，政府在研制各项数字出版标准时应注重参考发达国家的标准化经验和国际上先进的技术标准，数字出版标准的研制和实施不能只停留在满足国内市场需求的层面上，还要以世界市场的需求为导向和参考，推进数字出版标准的国际化。另一方面，信息技术时代，标准与专利的结合不可避免，新技术的掌握者大多寻求以知识产权保护自己的技术。数字出版物具有信息技术产品的特性，因此数字出版标准就很容易成为拥有“专利灌丛”（patent thicket）① 的载体。因此在制定数字出版标准的过程中，应特别注意国外标准中的知识产权与专利问题，不可盲目采用，避免落入“专利陷阱”。

2. 积极制定具有自主知识产权的标准，构建产业“安全墙”

一方面，国外的标准与技术未必能完全满足我国数字出版的发展现状和技术需求，如中文电子书的信息符号、编排格式、读者的阅读习惯等都跟国外有很大区别。国外标准中所含的技术规范在我国也未必完全适用，这需要和国内市场上能够普遍适用的技术相匹配。另一方面，在数字出版核心的、关键性的技术标准制定中，建议不采用国外标准，而应积极制定具有我国自主知识产权的技术标

① 当某一技术领域存在多项专利技术，特别是当存在互补性专利和锁定性专利时，要将该技术推向商业化就须获得多次授权，美国学者将这种现象称为“专利灌丛”。

准，防止和避免网络媒体传播的西方价值观念潜移默化地动摇我国人民的行为准则，进而对我国进行文化和经济渗透。因此，应以立足国内为本，积极制定并采用拥有我国自主知识产权的技术和标准，构建产业“安全墙”，对国内数字出版产业以及数字文化形成有效的保护。

（二）数字出版标准制定应注意的主要问题

数字出版的发展离不开标准，只有数据标准化并完全共享才能达到“一次加工，多元应用”的数字化目标，才能利用有限的资源实现最佳的效益。目前我国数字出版标准混乱，不仅给用户带来不便，也影响了信息内容的互联互通。在此背景下，我国在数字出版标准的制定过程中应注意以下几个方面的问题。

1. 根据数字出版的特点制定和维护数字出版标准

（1）数字出版标准应具有超前性

传统标准是在技术相对成熟后才制定，仅对已发生多样化、导致混乱的问题标准化，而数字出版技术更新换代快、产品生命周期短，传统标准化已无法适应数字出版发展的需要。数字出版标准应适当超前，能对产业的发展起导向作用。如果在产业发展初期，不能对如接口统一问题、兼容性问题以及其他必须统一的问题及时进行严格统一和有效控制，待这类数字化产品相对成熟和多样化时，再想治乱就需要付出较大代价。① 面对“群雄割据”的局面，政府层面一旦建立一套新的电子书标准，将意味着被标准的企业在电子书格式研发上的巨额投资无法收回，且将面临新的投资，如巨大的标准改动的成本压力。因此，应对技术的发展趋势和数字出版存在的潜在问题进行预测，根据预测对以后（标准有效期内）将成为最佳的标准化对象规定出略高于实际达到水平的规格和要求。数字出版标准的适当超前，将会有效预防不必要的多样化和复杂化，使标准在整个有效期内始终处于最佳状态。

① 刘颖丽．数字出版标准的现状与思考［EB/OL］．［2013-12-05］．http://cips.chinapublish.com.cn/chinapublish/rdjj/13zhyth/tpxw/201108/t20110811_92192.html.

（2）适时采用标准的“快速制定程序”

国家标准或行业标准的制定程序一般包括预阶段、立项阶段、起草阶段、征求意见阶段、审查阶段、批准阶段、出版阶段、复审阶段和废止阶段。为使创新技术方式达到广泛的协商一致和防止垄断的形成，正式标准的制定需要相当的时间，制定程序力求做到公正、无歧视和达到广泛的协商一致。但随着高新技术的飞速发展和日新月异的变化，正式标准制定的惯用做法使得标准总是不能及时发布，因此为缩短标准制定周期，适应标准对市场经济和技术发展快速反应的需要，在 GB/T16733—1997 中规定了标准制定可采用快速程序，原国家质量技术监督局于 1999 年颁布了《采用快速程序制定国家标准的管理规定》，对快速程序的管理作了进一步规范：快速程序是在正常标准制定程序 A 的基础上省略起草阶段 B 或省略起草阶段和征求意见阶段 C 的简化程序。① 因此，数字出版标准的制定在适当时可以采用标准的“快速制定程序”，使得正式标准能够快速制定出来，满足市场和技术的快速发展需要，力求及时地对数字出版标准化对象实现严格统一和有效控制。

（3）数字出版标准的维护应具有动态性

随着数字技术的飞速发展，数字出版产业出现明显的多样化趋势，如果按照传统的标准制修订程序，2 年制定、5 年复审修订显然不能满足数字出版发展的需要。只有通过对数字出版标准不断地调整、修正和完成，标准维护具备一定的动态性，才能更好地指导数字出版业标准化工作健康、有序地发展。因此，数字出版标准要能够及时反映数字技术的发展以及市场的变化，就应适时根据数字产品的多样化和技术的发展进行动态维护，如数字出版标准体系、数据类标准等有很多都需进行动态维护，以确保标准能够反映最新的市场需求。

2. 采取“政府引导、企业主导”的推进模式

我国传统出版业的标准化工作主要是各级政府组织制定的，依

---

① 《国内外标准、专利概要》编写组．国内外标准、专利概要［M］．北京：中国标准出版社，2006.

靠的是科研院所与所属标准化委员会的力量，很少以企业标准为基础，也很少听取相关企业的意见，导致很多标准与生产实际相脱节。数字出版标准有着技术性、先导性、动态性等不同于传统出版标准的特殊性，在数字出版标准的制定中需做到以企业作为制定标准的主力军，坚持“政府引导，企业主导”的标准化推进模式。标准化的最终目的是实施标准，根据桑德斯的标准化原理Ⅱ：“仅限于制定标准的标准化工作毫无意义，标准只有在社会上得到广泛接受，并予以实施，才能取得效果。”企业才是标准的实施者，只有标准实施者提出的意见，才能客观地反映技术发展的需要和市场最新的需求。因此在数字出版标准的制定过程中，政府部门应因势利导，加强宏观指导和政策导向，运用经济、政策、市场等激励手段，引导企业（尤其是行业龙头企业）积极参与到标准的制定工作中，并充分运用市场的力量，鼓励标准的其他利益相关方也参与到此项工作中，目的是在广泛的协商一致的基础上形成一套相对合理的利益分享机制，实现数字出版产业链条上的各方参与者的利益均衡，减缓行业内部由于利益分配不均衡而导致的恶性竞争。

3. 加强数字出版各管理部门的沟通，实现跨领域的数字出版标准化合作

数字出版是出版业与技术的融合，涉及文化部、国家新闻出版广电总局、工信部等部委，数字出版行业的实际情况是多个部门参与、多个部门管理。数字出版标准的制定也是多部门抢滩，如工信部和国家新闻出版广电总局都在制定手机出版的相关标准，如果协调不好，就会出现重复劳动或规定内容不统一等问题。因此，各管理部门之间的标准制定工作应加强沟通与协调，在制定和实施过程中，各部门也要不断加强联系，互通有无，在实现跨领域的数字出版标准化合作基础上，实现对数字出版产业有效统一的标准规范。

此外，相关部门也可适时采取“事实标准转化为正式标准”的策略，先推动某些一流企业或先行企业形成事实标准，开辟事实标准转化为正式标准提案的渠道，可有效缩短标准出台的时间。但也要注意标准化是产业链条上各方主体利益协调与平衡的结果，因此要充分考虑标准的各利益相关方的技术实际，争取达到标准在行

业内通用和兼容的目的，避免垄断的形成。

三、数字出版标准与数字出版法律法规的关系

受我国社会主义市场经济体制完善的程度、数字出版标准本身的市场适应性、包括数字出版法律法规制度的演进、政府职能的转变以及相关制度的完备程度等因素的影响，当前数字出版标准和数字出版法律法规之间会表现出良性、中性和恶性三种模式。

（一）数字出版标准与数字出版法律法规之间的良性互动关系

通常这是一种比较理想和完善的状态，在这种关系模式下，数字出版标准与数字出版法律法规能够形成一种协调一致、相辅相成的关系，具体表现如下：

1. 数字出版标准表现出对数字出版法律法规的补充作用

数字出版标准包含了大量先进的技术、复杂的工艺以及科学的成果，且经过市场的检验，具有广泛的可接受性。我国在制定数字出版法律法规过程中遇到技术问题时，就可以借助有关标准来解决，即引用能满足立法需求的数字出版标准。这样，立法部门既有效地解决了技术问题，又充分利用了标准的技术性，标准配合法律法规对数字出版市场进行调节，也保障了数字出版法律法规执行的可操作性。同时，被引用的数字出版标准因此而具有了强制性的属性，这样数字出版标准就能够协助数字出版法律法规对数字出版活动和市场行为进行规范和调节，维持正常的数字出版市场秩序。

2. 数字出版法律法规表现出对数字出版标准的推动作用

数字出版法律法规为了保障所引用标准的有效实施，规定了要追究违反标准而造成不良后果者的法律责任。通过强制性手段规范实施数字出版标准的行为，有效地防范违法行为对社会政治经济秩序以及安全等可能构成的危害，维护社会公共利益。同时，这样也能保障执法机关依法行使监督标准实施的职权，促使标准的相关实施主体能够自觉地遵守标准。因此，数字出版法律法规对数字出版标准的实施具有推动和保障作用。

（二）数字出版标准与数字出版法律法规之间的中性互动关系

我国的标准体系采用强制性标准与推荐性标准相结合的模式，

标准一开始就从形式上进行区分。数字出版标准与数字出版法律法规在制定和实施过程中形成了一定的互动，如 MPR 出版物标准。但由于数字出版标准与数字出版法律法规没有理顺等原因，造成了数字出版标准在数字出版产业内应用不足，数字出版法律法规缺乏具体的可操作性等问题。

（三）数字出版标准与数字出版法律法规之间的恶性互动关系

数字出版标准与数字出版法律法规的关系还取决于数字出版标准的水平和市场的适应性。数字出版法律法规具有强制性，但如果所引用标准内容不够科学合理，市场适应性不足，反而会影响数字出版法律法规的实施。目前，虽然我国数字出版行业的标准意识有所提高，但数字出版标准的制定仍然存在透明度不高，企业参与度不够以及标准发布后宣传不够等问题。然而在国外，标准的制定有严格的、科学公正的程序，标准制定要求广泛参与、协商一致、公开和透明，以相关利益各方为制定主体，确保标准的科学性、合理性和可行性。①

基于上述分析可以看出，数字出版标准是为了使数字出版领域内获得最佳的秩序和最佳的共同效益，数字出版法律法规则是通过对社会主体之间的利益平衡和保护来实现行业发展的正常秩序。以上两者在为数字出版行业的发展创造良好的竞争环境和运行秩序方面具有公共目的的一致性。这种一致性使得数字出版标准与数字出版法律法规在协调发展、构建良性互动关系上成为可能，而这也正是我们想要达到的一种状态。

四、数字出版标准与数字出版法律法规的协调发展

数字出版法律法规的实施能够保障和促进数字出版标准的广泛应用，而技术的快速发展也使数字出版法律法规迫切需要通过引用标准以提高其技术性和适应性，因此，两者的协调发展将会更好地促进数字出版产业的健康、有序发展，也更有利于增强我国数字出版产业在国际上的竞争力。

---

① 张书卿．当前我国出版业标准化研究［J］．标准科学，2009（8）．

（一）数字出版标准与数字出版法律法规协调发展的必要性

1. 数字出版标准与数字出版法律法规的协调发展是适应WTO/TBT[①]的需要

2001年我国加入世界贸易组织，数字出版标准与数字出版法律法规与国际接轨已是必然趋势，在这种大趋势的驱动下，数字出版标准与数字出版法律法规的协调发展也是应有之意。我国数字出版标准和数字出版法律法规都是在计划经济背景下逐渐建立起来的，数字出版标准体系与国际标准体系有所不同。我国标准从刚一开始就在形式上分为强制性标准和推荐性标准，并且均由政府主导制定，而WTO/TBT规定，标准是被公认机构批准的、非强制性的，为了通用或反复使用的目的，为产品或其加工或生产方法提供规则、指南或特性的文件。世界贸易组织大多数成员国的标准也是在协商一致的基础上制定并具有自愿性，需要强制的有关内容由技术法规直接规定或者法规通过引用相关标准赋予其强制性。作为世界贸易组织成员国，我国数字出版标准与数字出版法律法规要协调发展并与国际接轨，客观上要求我们必须遵守国际惯例，建立数字出版标准与数字出版法律法规良性的互动关系。

2. 数字出版标准与数字出版法律法规的协调发展是市场经济的内在要求

标准作为一种自愿遵守的规范性文件之所以在市场经济国家产生，是由于市场的需要，出于减少无谓消耗的考虑。[②] 立法机关在制定技术法规时会尽可能引用相关标准，被引用的标准具有强制属性。标准是协助法律法规来调节和规范市场的，标准与法规相辅相成，配套实施。市场经济体制下，标准应该由市场的相关方主体制定，由公认机构发布，供市场各方自愿使用，标准要依靠自身良好

---

① WTO/TBT，即《世界贸易组织技术壁垒协议》，是世界贸易组织制定的，用于调节和规范技术法规、标准、合格评定程序等问题的协议，该协议提出了对成员国的技术规定及实施的一系列相关条件和原则。是WTO协议中最重要的协议之一。

② 白殿一，逄征虎．建立新型的标准与技术法规关系的基础条件［J］．中国标准化，2005（2）．

的适用性逐步确立它的权威性并扩大其影响力。政府应着重于法律法规的制定和实施，通过法律法规对市场进行宏观调节，这样才符合市场经济的要求。数字出版标准是调节数字出版市场的技术手段，为了适应市场经济体制，需要与数字出版法律法规建立恰当的联系，实现与数字出版法律法规的协调发展。

3. 技术的快速发展迫切需要数字出版法律法规通过引用标准以提高其技术性和适应性

随着技术的进步，数字出版法律法规更多地涉及技术问题的解决，通过引用标准成果，使数字出版标准成为数字出版法律法规的支撑，可以有效地解决这个问题。数字出版法律法规的制定有严格而复杂的程序，修订也需要很长的审批时间，因此现有的数字出版法律法规难免存在一些适应性较差和可操作性不强等问题。而数字出版标准的制定相对灵活，修订周期也比较短，数字出版标准是科学、技术和经验的综合成果，经过生产实践和市场检验的数字出版标准符合技术先进原则。数字出版法律法规要提高其市场适应性，实现可操作性，就需要引用相关标准成果。通过不注明日期引用标准的模式，即被引用标准的最新修订版本将会自动适用于法规。标准能够充分反映最新的技术成果，及时反映市场的需求和变化，法规的内容也因适应了市场技术的最新发展而变得具有可操作性。

（二）数字出版标准与数字出版法律法规协调发展应遵循的原则

数字出版标准与数字出版法律法规协调发展应遵循一定的原则，才能达到数字出版资源的最优配置，具体来讲应遵循效益原则、吸收借鉴原则、动态适应性原则和分工协调原则。

1. 效益原则

数字出版标准与数字出版法律法规协调发展的目的就是要实现对社会政治、经济和贸易领域的调节，促进数字出版产业更好地适应经济全球化和在国际竞争中获取主动权。所谓效益原则，是指在构建数字出版标准与数字出版法律法规协调发展时，应当考虑数字出版法律法规引用相关标准化成果后，通过对数字出版领域宏观和微观的综合调节，能够实现生产高质量和高效率所带来的经济效益、社会效益和环境效益等。

数字出版标准与数字出版法律法规协调发展要实现整体效益目的，应慎重考虑标准是否需要以法律形式强制实施，法规是否需要引用相关标准化成果等，争取达到体系结构的简化、统一、系统和最优化。在构建协调发展的体系时，还要能够预防将来体系发展过程中不必要的复杂性，如数字化时代背景下，数字出版标准和数字出版法律法规都存在一定程度的缺失，在这种情况下就要考虑标准和法规在制定过程中保持一定的互动。通过消除或避免其中不需要强制的标准、低功能的法律法规，减少标准之间、法律法规之间的交叉和矛盾，协调发展，保持体系构成的精练、合理，以达到系统总体上的功能最佳和效益最优。效益原则也表明，数字出版标准与数字出版法律法规协调发展应当充分考虑如何通过法律手段发挥数字出版技术的效益。

2. 吸收借鉴原则

数字出版标准与数字出版法律法规的协调发展离不开正确理论的指导。这一原则意味着数字出版标准与数字出版法律法规的协调发展不仅要借鉴国内其他行业的经验，还要借鉴发达国家的有益经验。特别是我国成为世界贸易组织成员国之后，更应关注国外的做法，使构建的协调发展体系能够与国际接轨。

我国标准在法律中的实施突出表现在卫生、建筑、环保等行业中，这些行业的标准与法律法规之间建立了一种相辅相成的关系。如卫生行业的法律规范离不开卫生标准和卫生技术规范的建设，在卫生法律法规中对卫生标准的实施做出了具体的规定。此外制定法律法规时遇到技术问题会借用标准来解决，标准成为支持技术法规的有效手段。同时，被引用的标准成为法律法规体系的一部分，具有了强制性的性质。以美国为例，美国国会 1995 年批准的《国家技术转化与推动法》（NTTAA）要求联邦政府尽可能采用自愿性标准，自愿性标准已经成为美国法律体系中的一个重要组成部分，通过消除垄断、鼓励竞争，对美国的经济发展起到了积极促进的作用。鉴于此，可以借鉴国内其他行业的有益经验和国外完善的技术法规体系做法，构建我国数字出版标准与数字出版法律法规协调发展体系。

3. 动态适应性原则

随着经济的发展和信息技术的广泛应用，数字出版产业发展迅速。数字出版标准与数字出版法律法规协调发展体系的建立及实施应具有一定的预见性，通过不断对数字出版标准与数字出版法律法规协调发展体系进行调整、修正、完善，才能更好地反映数字出版产业发展的实际情况，更好地指导数字出版标准与数字出版法律法规的协调发展。数字出版标准与数字出版法律法规的协调发展要依据周遭环境条件的变化，解决好被引用标准与法规的制修订问题。不仅要及时吸收已引用标准的法律法规，还要特别注意的是及时清理那些已废止、被替代的标准与法律法规，充分重视数字出版标准与数字出版法律法规的新陈代谢，做到体系构建的动态、有序发展。

4. 分工协调原则

（1）数字出版标准与数字出版法律法规的分工与协调。

数字出版标准与数字出版法律法规在规范对象、主要内容、制定程序等方面存在较大的差异性。在数字出版标准与数字出版法律法规协调发展体系中，需要明确数字出版标准与数字出版法律法规的各自规律，并建立起他们之间一种恰当的联系，使两者能够在调节数字出版领域中充当恰如其分的角色。数字出版法律法规具有强制性和稳定性，对数字出版领域进行宏观调节和管理，多为原则性和目的性规定；数字出版标准大多为推荐性标准，具有自愿性和灵活性，对数字出版领域进行微观调节和规范，包含了具体的技术细节。当数字出版法律法规遇到技术问题时，可借助数字出版标准——即引用相关标准化成果解决，数字出版标准成为数字出版法律法规的支撑手段，是数字出版法律法规实现目标的重要工具。数字出版标准与数字出版法律法规独立制定却又配套实施，这样既实现了强制性和灵活性的统一，又实现了稳定性与适应性的统一。

（2）数字出版标准、数字出版法律法规与其他法律法规的协调。

法治社会强调“依法治国”，我国正在不断健全和完善相关法律制度。从法律地位的高低、法律效力的不同和调整范围的大小来看，宪法具有最高的法律效力，立法机关制定的法律次之，国务院制定的法规和国务院各部委制定的规章、条例、命令等再次之。数字出版标准制定时也要以新闻出版法律为依据，不能与其相违背。因此，在构建数字出版标准与数字出版法律法规协调发展体系时，应注意数字出版标准、数字出版法律法规与现行社会有关法律法规的协调一致。如果出现冲突、矛盾，则应及时进行修改和调整。

（3）遵守 WTO/TBT 协议的有关原则。

WTO/TBT 协议已经成为当今世界各国调整贸易利益的重要手段之一，也是全球最行之有效的保护措施。作为 WTO 的成员国，应遵循 WTO/TBT 协议的有关原则。这些原则包括：无歧视原则、透明度原则、统一和等效性原则、避免不必要的贸易壁垒原则、协调一致原则等。

因此，在构建数字出版标准与数字出版法律法规协调发展体系时，不仅要考虑国内情况，还要积极了解国际市场。同时，制定有关数字出版标准时，也应以国际标准为准，这在 WTO/TBT 协议中也有体现——要求成员国在制定标准时有国际标准的要以国际标准为基础制定。总之，协调发展体系的构建要想获得长足的发展，遵守 WTO/TBT 协议的有关原则是大前提。

（三）数字出版标准与数字出版法律法规协调发展的对策

数字出版标准与数字出版法律法规之间的协调发展不仅会更好地促进我国数字出版产业健康、有序发展，也更有利于增强我国数字出版产业在国际上的竞争力。上文阐述了二者协调发展的必要性和所要遵循的基本原则，那么如何将二者有效地协调起来，更好地促进我国数字出版产业的发展，我们从以下六个方面进行探讨。

1. 厘清技术规范与标准的关系

我国将标准从形式上区分为强制性标准和推荐性标准。1988 年实施的《中华人民共和国标准化法》第七条明确规定：国家标准、行业标准分为强制性标准和推荐性标准。而根据 WTO/TBT 的规定，标准是指由公认机构批准的、非强制性的，为了通用或反复使用的目的，为产品或相应加工生产方法提供规则、指南或特性的文件。可以看出，我国数字出版标准体系中“标准可以是推荐性的，也可以是强制性的”，与 WTO/TBT 的标准体系中“标准为自愿性文件”不一致，大大影响了社会对标准的认知和组织实施，也不利于与其他法律制度相衔接。在这方面可以借鉴俄罗斯的做法，《俄罗斯联邦技术监督法》提出了“技术法规”的概念，以取代国家标准中的强制性要求，标准自愿采用。① 在全球化大背景下，我国数字出版产业要与国际接轨，应继续保持推荐性标准的自愿性，修正对标准的分类，厘清技术规范与标准的关系，建立完善的数字出版标准体系，而对于那些强制性的标准，可以用“技术法规”的形式予以确认。

2. 提高数字出版标准的适用性

为提高数字出版标准的适用性，主要从制定数字出版标准的主体和工作机制入手。

（1）拓宽数字出版标准的制定主体，提高其适用性。

一方面，鼓励行业协会在数字出版标准的制定中发挥积极作用。目前，行业协会在西方发达国家作用凸显，它们在经济社会各行各业中扮演着重要角色。就国外出版行业协会来说，它们既是行业规范的制定者，也是政府、民众与企业之间的协调者，更是行业公平竞争、良性发展的守护者。我国政府应在积极创造健康、有序的市场环境的基础上，借鉴西方发达国家大力扶持出版行业协会发展的做法，逐渐增强出版行业协会在标准化进程中的发言权和主导力。

另一方面，充分发挥龙头企业在制定数字出版标准中的作用。业界广泛认可的是“一流企业做标准”，为此可以建立以四大标委会为组织者、主要龙头企业为主体进行标准制定和修订工作的市场化运作机制，鼓励技术先进的企业承担更多的标准起草工作，促进企业以标准赢得市场先机，全面提升我国标准化工作水平。

---

① 杨晶晶．中国《标准化法》与《俄罗斯联邦技术监督法》比较研究［J］．科技管理研究，2009（3）．

（2）改进数字出版标准的工作机制，提高其适用性。

首先，在标准的立项、制定阶段，可以在以下几个方面予以加强：第一，在标准的制定过程中实行项目管理的运作模式。国家新闻出版广电总局公布标准项目初步方案并征集项目承担单位，组织有关专家对申报材料进行评审，最后与符合条件的单位签订合同书，指导它们按照项目文件内容开展标准制定工作。第二，通过政策引导等方式，逐步建立数字出版标准，制定社会多元化资金投入机制，改变过去仅依靠国家财政支撑的单一模式，积极探索标准制定的社会资金保障体系，积极运用市场和社会的力量，如通过与企业联合建立标准化实验基地或标准制定产学研基地等方式，获取社会团队、企业、个人对数字出版标准制定工作的支持。

其次，在标准的宣传贯彻阶段，重点创新标准化实施机制。通过网络、电视等诸多媒体的渗透及举办标准培训班的形式对标准和标准化进行宣传；在编辑出版和数字出版等相关学科课程教育中纳入数字出版标准的知识，并将其作为职业资格考试的重要考核内容；发挥国家新闻出版广电总局协同化工作平台的作用，保证现行的数字出版标准可以随时查询并形成意见反馈机制，等等，切实保证数字出版标准的宣传和贯彻力度。另外，可以建立数字出版标准出版发行反哺机制，将标准销售价格与国际接轨，并将标准销售收入部分或全部用于标准的制定和修订，形成数字出版标准制定、修订与运行的良性循环。

最后，建立数字出版产业对标准的长效维护机制。可以借鉴国内其他行业或国外的做法，如美国 ASME 锅炉和压力容器标准每年两次补遗、三年一次修订，以保证其适用性。① 对于已发布施行的数字出版标准要形成全面、系统的监督、反馈机制，实践中可以执行数字出版标准 3~5 年一复审，密切跟踪标准发布后的市场反应，并及时根据市场反应作出修订。

---

① 杨辉．技术法规与标准的定位及我国技术法规体系的建设［J］．航天标准化，2011（2）．

3. 加强数字出版标准和数字出版法律法规之间相互援引的协调性

目前在包括数字出版法律法规在内的新闻出版法规援引标准的实践中存在一些问题，比如有的法律法规援引标准时明确指定所引用标准的编号和制定年份，这种做法的缺陷是显而易见的：如果被引用的标准已经修订，修订后的标准却不能适用于法律法规，而被指定的旧的标准在该法律法规中仍然适用，除非法律法规也及时作出相应修订。另外，数字出版法律法规之间援引的协调性及数字出版标准之间援引的协调性同样值得关注。以对传统出版单位的书号管理为例，我国 2009 年实施的《书号实名申领管理办法》第十五条规定："出版单位出售或者以其他形式转让本单位书号的，按《出版管理条例》第六十条和《图书出版管理规定》进行处罚。"但是《出版管理条例》于 2011 年修订之后，《书号实名申领管理办法》却没有随之进行修订，在实践中就会引起不便。有鉴于此，笔者认为一方面可以借鉴欧盟指令的做法，按统一的编号规则对有援引内容的法规和标准进行编号，以利于对它们的查询、管理和修订等；另一方面，密切关注我国包括数字出版标准在内的新闻出版标准和法律法规的制定和修订动态，及时对相应的援引内容进行修订，以充分保证法律法规和标准之间援引的协调性。

4. 建立数字出版立法、制标机构的协调机制

对于建立我国数字出版立法和制标机构间的协调机制，可以考虑以下三种做法：第一，立法机构和制标机构互派人员参与对方的法规或标准制定工作，这种参与可以是长期的也可以是短期的，但必须是实质性的参与；第二，立法机构和制标机构共同成立一个专门协调发展部门，负责协调有关项目的意见征询、申报、论证和立项等，同时协调发展部门还负责监管数字出版法律法规引用标准后的市场反应及意见反馈、对于被引用标准的跟踪审查（如该标准是否已修改、是否已废止、是否被替代等）；第三，立法机构和制标机构之间建立有效的联动机制，立法机构在制定法规时就引用的

标准通知相关制标机构，以便立法机构及时修订引用了标准的法规①。

同时，国家新闻出版广电总局四个标委会之间也应建立协调机制。我国新闻出版领域标准专业划分很细，各个标委会之间缺乏有效的沟通和衔接。因此，各标委会之间必须在国家新闻出版广电总局的统一领导下，尽快建立工作协调机制，避免在标准的制定中政出多门、规定不一而对我国数字出版产业的健康、有序发展产生不利影响。

5. 建立数字出版产业合格评定制度

合格评定制度是WTO/TBT中规定的重要内容，是世界各国对企业产品和服务进入市场的普遍要求。合格评定是直接或间接地确定产品和服务是否满足技术法规和标准中相关要求的活动。数字出版标准与数字出版法律法规的协调发展是一项系统性的工作，为了达到这一目标，我们不仅要建立两者制定和修订过程中的联动机制，还应建立后续的合格评定反馈机制。也就是说，我们对于数字出版标准和数字出版法律法规协调发展的关注，绝不能仅仅停留在两者制定和修订时相互引用是否协调的层面，在执行层面也需要对数字出版产品的性能、生产过程、服务等是否符合相关法律法规或标准的规定而做出判断。通过建立数字出版产业的合格评定制度，可以促进数字出版标准与数字出版法律法规的动态有效互动，达到两者的协调发展。

6. 加强我国数字出版标准体系的国际协调

（1）鼓励数字出版产业学习、采纳国际标准

我国数字出版产业应建立国际标准跟踪发布制度，重点关注国际标准化组织（ISO）、泛欧书业EDI组织、国际数字出版论坛等机构，尽快缩小与发达国家在数字出版标准化领域的差距。② 在国

---

① 技术法规与标准协调发展．石家庄市质量技术监督局网站［EB/OL］．［2011-12-12］．http://www.sjz12365.gov.cn/news/ywztc/bzhgl/gzdt/2008-2-21/08221145841H8932.html.

② 刘颖丽．简谈我国新闻出版业的标准化建设［J］．出版发行研究，2010（12）.

家新闻出版广电总局领导下，形成以四大标委会为主体，分工明确、有机协调的跟踪体系；建立国家级国际标准信息平台，及时发布国际标准化最新动态。通过各种有效举措，全面掌握国际标准核心动向，降低我国数字出版企业进入国际市场的成本。

（2）努力使我国数字出版标准转化为国际通用标准

目前，我国标准被国际市场认可的很少，除了在中文编码等少量领域有少数标准被纳入国际标准体系外，在多数情况下，我国企业只有被动地执行国外或国际标准。为此，我国数字出版产业乃至整个出版产业应积极响应国家“走出去”战略，向国内其他行业学习先进经验，探索中国标准走向国际之路，努力使我国数字出版标准转化为国际通用标准，助力我国国内数字出版企业参与国际高端市场的竞争。

第三章　国内数字出版法律制度研究

从经济学角度讲，在最初的阶段，技术对经济发展具有一定推动作用，但其在政治上、体制构建上向什么方向发展，能带来什么样的作用，则取决于制度和文化的制约。正如经济学家纳尔森所认为："从一个角度看，正是技术进步在过去二百年里一直是推动经济增长的关键力量，组织变迁处于附属地位。但从另一个角度来看，如果没有能引导和支持制度的变革，并使企业能从这些投资中获利的新组织的发展，我们就不可能获得技术进步。"① 在我国数字出版产业发展中，如果不能根据数字技术的特点，适时地调整管理体制，促进相关制度的完善与创新，很可能造成我国数字出版产业的制度性落后。

第一节　我国数字出版法律制度现状

数字出版在我国起步较晚，但发展势头良好，短短几年内发展突飞猛进。2006 年至今，数字出版产业总收入从 213 亿元飙升到 4 403.85亿元，以平均每年超过 40% 的增速增长。在数字出版产业发展如此良好的态势之下，我国数字出版法律制度也在不断地完

① ［美］理查德·R. 纳尔森 . 经济增长源泉［M］. 北京：中国经济出版社，2001：135.

善和健全之中。但我国数字出版在法律制度、国家政策、行业标准等方面仍存在一定的缺失，这些缺失极大地制约了数字出版的发展。

一、我国数字出版法律法规现状

近年来，数字出版法律法规建设得到了国家各级政府的高度重视。我国正不断健全完善数字出版法律法规体系，例如在著作权领域，已初步形成以《著作权法》为基础，以行政法规、部门规章和地方法规以及政府规章为补充的较为完备的版权法律法规体系。具体见表 3-1①。

表 3-1　　**我国著作权领域主要的法律法规**

名称	颁布时间	相关规定
《著作权法》	1990 年制定，2001 年、2010 年修订，2012 年第三次修订草案发布	2001 年第一次修订即加入了网络作品的概念和法律认定，增设了信息网络传播权
《计算机软件保护条例》	2001 年颁布，2011 年第一次修订，2013 年第二次修订	保护计算机软件著作权人的权益，促进国民经济信息化发展。修订时对著作权人权益保护程度加深
《关于审理涉及计算机网络著作权纠纷案件适用法律若干问题的解释》	2000 年制定，2003 年、2006 年修订	对受著作权法保护的作品，包括著作权法第三条规定的各类作品的数字化形式给予保护
《互联网信息服务管理办法》	2000 年发布，2011 年修订	对互联网信息服务准入、经营行为提供规范，对互联网信息内容实施监督管理

① 资料来源：中国政府网，北大法意数据库。

续表

名称	颁布时间	相关规定
《出版管理条例》	2001 年制定，2011 年第一次修订，2013 年第二次修订，2014 年第三次修订，2016 年第四次修订	加强对出版活动的管理，发展和繁荣中国特色社会主义出版产业和出版事业，保障公民依法行使出版自由的权利，促进社会主义精神文明和物质文明建设（电子出版物为该条例规范的对象）
《互联网出版管理暂行规定》	2002 年	加强对互联网出版活动的管理，保障互联网出版机构的合法权益，促进我国互联网出版事业健康、有序地发展
《关于审理著作权民事纠纷案件适用法律若干问题的解释》	2002 年	计算机软件用户未经许可或者超过许可范围商业使用计算机软件的，依据著作权法的相关规定承担民事责任
《关于办理利用互联网、移动通讯终端、声讯台制作、复制、出版、贩卖、传播淫秽电子信息刑事案件具体应用法律若干问题的解释》	2004 年	制作、复制、出版、贩卖、传播淫秽物品牟利罪的要件和处罚
《互联网著作权行政保护办法》	2005 年	加强互联网信息服务活动中信息网络传播权的行政保护
《信息网络传播权保护条例》	2006 年	一部专门针对信息网络传播权的行政法规
《互联网视听节目服务管理规定》	2007 年发布，2015 年第一次修订	维护国家利益和公共利益，规范互联网视听节目服务秩序，促进其健康有序发展

续表

名称	颁布时间	相关规定
《电子出版物出版管理规定》	2008 年	加强电子出版物出版活动的管理，促进电子出版事业的健康发展与繁荣
《网络游戏管理暂行办法》	2010 年	加强网络游戏管理，规范网络游戏经营秩序，维护网络游戏行业的健康发展

我国目前已经形成了以《著作权法》为主干、以若干著作权行政法规为补充、辅之以司法解释和部门规章的相对独立且完整的有关数字出版的法律体系。具体来说，《中华人民共和国宪法》第二十二条、第三十五条、第四十七条对出版业所作的原则性规定，是数字出版法律法规的主要渊源和数字出版立法的根本依据。在法律层面，《刑法》和《刑事诉讼法》，《民法通则》和《民事诉讼法》，《行政诉讼法》《行政处罚法》和《行政许可法》等，均有较多关于出版活动的规定，这些规定同样适用于数字出版活动。《著作权法》作为专门调整作品创作、传播、使用过程中各种社会关系的法律规范，增设了信息网络传播权；目前正在进行的第 3 次修订也更加关注数字出版活动中的著作权问题。就行政法规而言，除《出版管理条例》《计算机软件保护条例》《法规汇编编辑出版管理规定》《著作权法实施条例》等对出版活动具有普遍约束力的行政法规外，《信息网络传播权保护条例》则是专门用于规范数字出版活动的行政法规。

此外，《电子出版物管理规定》《互联网著作权行政保护办法》《出版物市场管理规定》等行政规章，《上海市出版物发行管理条例》《四川省版权行政处罚自由裁量权指导标准》《江西省新闻出版、版权行政处罚自由裁量权参照执行标准》等地方性法规、规章，《伯尔尼保护文学艺术作品公约》《世界版权公约》等国际条约及协定，以及《最高人民法院关于审理涉及计算机网络著作权纠纷案件适用法律若干问题的解释》《最高人民法院关于审理著作权民事纠纷案件适用法律若干问题的解释》等法律解释，这些法律法规共同作用于我国数字出版活动的管理。

另外，涉及我国数字出版其他领域的相关法规也在不断研究和制定中。《关于加快我国数字出版产业发展的若干意见》中指出："加快制定发布《手机媒体出版服务管理办法》《数据库出版服务管理办法》《互联网文学出版服务管理办法》和《互联网游戏审批管理细则》等部门规章。"

二、我国数字出版政策现状

我国目前出台的数字出版政策大致可分为两部分，一是宏观性指导政策，二是专门性政策。

（一）数字出版宏观性指导政策

从"十一五"开始，我国就把数字出版写入国家发展规划，将数字出版产业作为国家重要的新兴产业来发展，把数字出版相关技术及体制创新作为未来文化产业改革和创新的重要推动力。2006年，我国先后出台的《国民经济和社会发展第十一个五年规划纲要》《国家"十一五"时期文化发展纲要》均强调了这一主旨，《国家中长期科学和技术发展规划纲要（2006—2020）》则着重从技术的角度为数字出版产业发展指明方向。之后几年，国务院又颁发了《关于进一步推进新闻出版体制改革的指导意见》《文化产业振兴规划》《关于进一步推动新闻出版产业发展的指导意见》等战略性文件，分别从文化产业、新闻出版产业的高度强调数字出版的重要性，提出要"发展数字出版等非纸介质战略性新兴出版产业"，"大力发展数字出版、网络出版、手机出版等新业态"。"十二五"期间，国家更深入地认识到数字出版产业的蓬勃生命力和重要性，提高了对其的扶持力度。《我国国民经济和社会发展第十二个五年规划纲要》《新闻出版业"十二五"时期发展规划》《国家"十二五"时期文化改革发展规划纲要》均明确指出要把数字出版作为大力发展、重点扶持的产业。具体内容见表3-2①。

① 资料来源：中国政府网，北大法意数据库。

表 3-2　　　　**有关数字出版的宏观性指导政策**

名称	颁布时间	相关规定
《国民经济和社会发展第十一个五年规划纲要》	2006 年	发展现代出版发行业，积极发展数字出版，重视网络媒体建设
《国家“十一五”时期文化发展纲要》	2006 年	加快从主要依赖传统纸介质出版物向多种介质形态出版物共存的现代出版产业转变；积极发展以数字化生产、网络化传播为主要特征的数字内容产业
《国家中长期科学和技术发展规划纲要（2006—2020）》	2006 年	重点开发数字媒体内容处理关键技术，开发易于交互和交换、具有版权保护功能和便于管理的现代传媒信息综合内容平台；实施知识产权战略和技术标准战略
《国家知识产权战略纲要》	2008 年	扶持新闻出版、信息网络等版权相关产业发展；有效应对互联网等新技术发展对版权保护的挑战；妥善处理保护版权与保障信息传播的关系
《关于进一步推进新闻出版体制改革的指导意见》	2009 年	大力发展数字出版、网络出版、手机出版等新业态，努力占领新闻出版业发展的制高点
《文化产业振兴规划》	2009 年	加快向多种介质形态出版物的数字出版产业转型；实施重大项目带动战略；积极发展纸质有声读物、电子书、手机报和网络出版物等新兴出版发行业态
《关于进一步推动新闻出版产业发展的指导意见》	2010 年	发展数字出版等非纸介质战略性新兴出版产业；积极推动音像制品、电子出版企业向数字化、网络化转型。积极发展数字出版、网络出版、手机出版等战略性新兴新闻出版业态；发展动漫、游戏出版产业

续表

名称	颁布时间	相关规定
《国民经济和社会发展第十二个五年规划纲要》	2011 年	加快完善版权法律政策体系，提高版权执法监管能力，严厉打击各类侵权盗版行为；以高技术的延伸服务和支持科技创新的专业化服务为重点，大力发展高技术服务业
《新闻出版业“十二五”时期发展规划》	2011 年	加大版权保护力度，保护原创作品，保护权利人的权益，保护文化创新精神；深入开展“扫黄打非”、打击侵权盗版和非法出版活动，整治市场环境
《国家“十二五”时期文化改革发展规划纲要》	2012 年	加快发展文化创意、数字出版、移动多媒体、动漫游戏等新兴文化产业
《关于推动新闻出版业数字化转型升级的指导意见》	2014 年	开展数字化转型升级标准化工作，提升数字化转型升级技术装备水平，加强数字出版人才队伍建设，探索数字化转型升级新模式
《国民经济和社会发展第十三个五年规划纲要》	2016 年	加强网上思想文化阵地建设，实施网络内容建设工程，发展积极向上的网络文化，净化网络环境；推动传统媒体和新兴媒体融合发展，加快媒体数字化建设，打造一批新型主流媒体

（二）数字出版专门性政策

关于数字出版产业专门性的政策主要有以下几类：一是对数字出版产业整体性的指导政策，即 2010 年颁布的《关于加快我国数字出版产业发展的若干意见》，提出了国内数字出版发展的主要任务和总体目标，并对数字出版产业从十个方面给予全面支持。二是对数字出版产业管理机构和人员的规定，如 2008 年的《新闻出版总署主要职责、内设机构和人员编制规定》和 2013 年《国家新闻出版广电总局主要职责、内设机构和人员编制规定》，分别增设科技与数字出版司和数字出版司对产业进行专门管理。三是对电子书等产品形态的专门性政策，如 2010 年的《关于发展电子书产业的意见》。四是关于信息消费、内容投送平台等相关内容的专门性政策。具体情况见表 3-3①。

表 3-3　　有关数字出版的专门性政策

名称	颁布时间	相关规定
《新闻出版总署主要职责、内设机构和人员编制规定》	2008 年	设立科技与数字出版司，制定新闻出版业、互联网和数字出版的相关行业标准；负责对网络文学、网络书刊进行监管，对开办手机书刊、手机文学业务进行监管等
《关于加快我国数字出版产业发展的若干意见》	2010 年	提出国内数字出版发展的主要任务和总体目标，并对数字出版产业从十个方面给予全面支持
《关于发展电子书产业的意见》	2010 年	通过促进电子书产业更好地发展，带动数字出版产业发展，进而促进传统出版产业的数字化转型
《国家新闻出版广电总局主要职责、内设机构和人员编制规定》	2013 年	设立数字出版司，承担数字出版内容和活动的监督管理工作，对网络文学、网络书刊和开办手机书刊、手机文学业务进行监督管理
《关于促进信息消费扩大内需的若干意见》	2013 年	要丰富信息消费内容，促进动漫游戏、数字音乐、网络艺术品等数字文化内容的消费。提出了到 2015 年信息消费规模目标
《关于加强数字出版内容投送平台建设和管理的指导意见》	2013 年	提出了加强数字出版内容投送平台建设和管理的重要意义、四项主要目标、七个主要任务，并对其建设和管理给予全面保障
《国务院关于推进文化创意和设计服务与相关产业融合发展的若干意见》	2014 年	提出要加快数字内容产业发展。推动文化产品和服务的生产、传播、消费的数字化、网络化进程，强化文化对信息产业的内容支撑、创意和设计提升，加快培育双向深度融合的新型业态

① 资料来源：中国政府网，北大法意数据库。

续表

名称	颁布时间	相关规定
《国务院办公厅关于印发三网融合推广方案的通知》	2015 年	大力发展数字出版、互动新媒体、移动多媒体等新兴文化产业，促进动漫游戏、数字音乐、网络艺术品等数字文化内容的消费
《国家新闻出版广电总局关于大力推进我国音乐产业发展的若干意见》	2015 年	进一步推进我国音乐产业综合体系建设，充分发挥国家音乐产业基地的示范和辐射作用，促进社会主义文化大发展大繁荣
《关于移动游戏出版服务管理的通知》	2016 年	规范移动游戏出版服务管理秩序，提高移动游戏受理和审批工作效率

三、我国数字出版标准现状

当前我国数字出版标准的研制主要集中在标准体系、电子书标准、手机出版标准、MPR 出版物标准、标识类标准及元数据标准等多方面。

（一）标准体系

《数字出版标准体系研究》的发布，标志着我国数字出版标准化的整体框架已基本形成，这也为制定各项数字出版标准奠定了基础。全国新闻出版标准化技术委员会在研的标准体系有《手机出版标准体系表》《数字版权保护标准体系》《游戏出版标准体系》《数字印刷标准体系》《动漫出版标准体系》《电子书标准体系》等，其中《手机出版标准体系表》《动漫出版标准体系》等 5 项数字出版行业标准目前已经进入报批阶段。

（二）电子书标准

2010 年 10 月，全国新闻出版标准化技术委员会成立了“电子书内容标准项目组”，重点涉及电子书相关基础标准及内容生产、版式规范、术语、标识、元数据、加工、传播、版权保护、平台、检测和管理服务等方面的标准制定工作，参与成员涵盖了数字出版产业链相关各利益方，包括内容出版商、技术供应商、设备生产商、平台运营商等在内的50多家企业。2011年电子书内容的第一批12个标准提案经过讨论已出炉，包括《电子书内容标准体系》《电子书基本术语》《电子书内容元数据》《电子书内容格式基本要求》《电子书内容平台——服务功能基本规范》《电子书内容平台——基本要求》《电子书标识》《电子书版权规范》《电子书内容质量基本要求》《电子书内容版权保护通用规范》《电子书编校质量检查规范》《电子书功能技术要求及检测规范》。2012年2月，电子书内容项目组完成了征求意见稿，从定义术语、内容规范到技术功能等方面制定出了电子书内容的相关标准体系。① 2013年11月，新闻出版标准化技术委员会又相继出台了《电子书内容标准体系表》《电子书内容术语》及《电子书内容格式基本要求》，于2014年正式实行。

（三）手机出版标准

根据《2015—2016中国数字出版产业年度报告》，2015年手机出版（含手机彩铃、铃音、手机游戏等，不含手机动漫）收入达1 055.9亿元，占数字出版总收入的23.97%。② 手机出版已经成为我国数字出版产业的重要组成部分，手机出版标准化工作得到重视。2009年4月，《手机出版标准体系》《手机出版内容数据格式》及《手机出版质量规范》等标准制定工作会议在北京召开，此次会议拉开了我国手机出版标准制定的序幕。目前《手机出版标准体系表》已经发布，对手机出版需要制定的标准进行了梳理，形成标准框架体系；行业标准《手机出版内容数据格式》《手机出版质量规范》针对手机出版物的内容数据格式和质量，已进入报批阶段，手机出版资格认证标准、手机出版重大选题登记制、手机出版运营管理标准及手机出版的版权认证标准等也在拟编进程当中，这意味着我国手机出版物的内容、呈现格式等将更加规范，手

① 真实与幻象：2012中国数字出版脉络［EB/OL］.［2013-12-05］. http：//www.cnki.net/kcms/detail/45.1216.G2.20130107.1157.003.html.

② 魏玉山主编 .2015—2016中国数字出版产业年度报告［M］. 北京：中国书籍出版社，2016.

机出版的内容质量将会得到一定的保障。

（四）MPR出版物标准

我国在多媒体印刷读物（Multimedia Print Reader，MPR出版物）标准研制方面取得重大突破。2009年4月10日，原新闻出版总署正式发布了由全国信息与文献标准化技术委员会出版物格式分技术委员会组织制定的5项行业标准：CY/T 58.1—2009《MPR出版物第1部分：MPR码符号规范》；CY/T 58.2—2009《MPR出版物第2部分：MPR码编码规则》；CY/T 58.3—2009《MPR出版物第3部分：通用制作规范》；CY/T 58.4—2009《MPR出版物第4部分：MPR码印制质量要求及检验方法》；CY/T 58.5—2009《MPR出版物第5部分：基本管理规范》①。特别是2011年4月，国际标准化组织（ISO）正式批准了《国际标准文档关联编码（ISDL）》国际标准的立项，这是在自主知识产权的多媒体印刷读物（MPR）技术基础上，首次由我国申请立项的国际出版领域的标准。②

2015年5月，国际标准化组织ISO正式颁布了《国际标准关联标识符（ISLI）》国际标准；同时，ISO正式授权总部位于香港的国际信息内容产业协会（ICIA）为国际标准关联标识符国际注册机构（ISLI RA）。这是我国首次在国际信息与文献标准标识符领域申报并主导制定国际标准，首次拥有国际标准注册机构，是一次具有突破性的重大成果。至此，我国内容产业，特别是新闻出版产业对ISLI/MPR标准及其技术的应用势将进入全面展开阶段。③

此外，新闻出版业也非常重视数字出版基础标准的研究，如

---

① MPR出版业务平台［EB/OL］. http：//www.mpreader.org/shtml/15/20091230170.shtml.

② 郝振省.2011—2012中国数字出版产业年度报告［EB/OL］.［2013-12-05］. http：//www.chuban.cc/rdjj/2012szcbnh/zlt19x/201207/t20120719_125647.html.

③ ISLI中国国家标准即将发布——新闻出版业对ISLI/MPR标准及其技术应用将全面展开［EB/OL］. http：//www.mpr.net.cn/info-detail.php? InfoId=233.

《新闻出版数字资源唯一符 PDRI》《中国标准乐谱出版物号 ISMN》《中国标准名称标识 ISNI》已经发布，包括《数字版权标识符 DCI》及《数字出版核心基础标准研究——内容资源及元数据》等在内的标识类标准、元数据标准等也正在积极研制中。《新闻出版数字资源唯一符 PDRI》针对新闻出版资源，尤其是数字内容资源进行唯一指标，方便对数字内容的查找和利用；《中国标准乐谱出版物号 ISMN》是针对各种载体形式和格式的乐谱分配的标识标准，为乐谱出版在更大范围内的传播提供了条件；《中国标准名称标识 ISNI》针对数字出版内容相关的参与方（如作者、出版商、音像制作者、发布者等）的名称进行标识，方便对内容参与方相关信息的查找和对相关权利的保护；《数字版权标识符 DCI》由全国版权保护标准化技术委员会研究制定，是基于数字版权唯一标识技术，版权登记为每件数字版权作品赋予唯一的 DCI，为开展国内外数字版权登记、交易与结算、版权监测取证等服务提供支持。①

实证分析

从“百度文库案”看我国未来数字版权保护
——兼议“避风港”原则的不足与改进②

一、引言

作家维权联盟诉百度文库侵权案于 2012 年 9 月 17 日在北京海淀法院一审宣判，百度被判侵权并赔偿作家 14.5 万元，同时法院驳回原告关闭百度文库、在百度首页道歉等诉求。至此，沸沸扬扬历时一年半的百度文库侵权案终于尘埃落定。事实上，百度因版权问题被提起诉讼已经不是第一次了，之前就

① 郝振省．2012—2013 中国数字出版产业年度报告［M］．北京：中国书籍出版社，2013.

② 原文载于 2013 年第四届数字时代出版产业发展与人才培养国际研讨会论文集，是教育部人文社会科学重点研究基地重大项目“中外数字出版法律制度研究”（项目编号：11JJD820005）的研究成果之一，作者李晶晶。

有上海步升音乐传播有限公司诉百度音乐侵权案（2005年）、盛大文学诉百度文库侵权案（2009年）等。纵观这一系列案件，百度应诉时无一例外要求“避风港”原则的庇护，认为自己符合法律规定的免责条款。

“避风港”原则来源于美国的《千禧年数字版权法》，是指如果网络服务商只提供信息存储空间，被告知具体侵权内容时能及时移除，可不承担侵权责任。当网络服务商受到版权人维权打击时，该原则给予他们一种特殊保护，使其像船舶进入避风港一样安全。

继美国确立“避风港”原则之后，一些国家纷纷效仿，我国《信息网络传播权保护条例》《互联网著作权行政保护办法》等也对该原则进行了借鉴和移植。如《信息网络传播权保护条例》第22条规定发生网络侵权时，提供信息存储空间的网络服务商在满足下列条件时可以免责：“明确标示该信息存储空间是为服务对象所提供，并公开网络服务提供者的名称、联系人、网络地址；未改变服务对象所提供的作品、表演、录音录像制品；不知道也没有合理的理由应当知道服务对象提供的作品、表演、录音录像制品侵权；未从服务对象提供作品、表演、录音录像制品中直接获得经济利益；在接到权利人的通知书后，根据本条例规定删除权利人认为侵权的作品、表演、录音录像制品。”从法律角度思考百度案折射出的我国版权法中“避风港”原则存在的问题，揭示该案件对我国后续版权立法的借鉴意义，是本文的研究重点。

二、我国版权法中“避风港”原则存在的问题

(一) 对“明知”或是“应知”等的规定不明朗

对于网络服务商的注意义务，我国立法规定如下。《信息网络传播权保护条例》第22条：“不知道也没有合理的理由应当知道服务对象提供的作品、表演、录音录像制品侵权的，(不承担侵权责任)。”第23条：“明知或者应知所链接的作品、表演、录音录像制品侵权的，应当承担共同侵权责任”。《互联网著作权行政保护办法》第11条：“互联网信息服务提

供者明知互联网内容提供者通过互联网实施侵犯他人著作权的行为……”《侵权责任法》第36条：“网络服务提供者知道网络用户利用其网络服务侵害他人民事权益，未采取必要措施的，与该网络用户承担连带责任。”

可以看到，上述条文采用了“不知道也没有合理的理由应当知道”“明知或者应知”“明知”“知道”等措辞，但实践中究竟如何衡量网络服务商是否“明知”网络用户或作品侵权，法律缺乏有效的规定。就百度文库来说，他们一再强调只是给用户提供一个自由的上传下载空间，并不负责内容审查，所以也就不“明知”侵权。但是有人指出，百度文库对上传的作品做了详细分类，说明他们对文档内容还是有一定了解的，另外在百度文库里并没有看到反动、淫秽等法律禁止的内容，也说明他们对文档做了审查。那么百度宣称的不“明知”文档侵权，究竟还有多少信服力？但是由于目前法律规定的“明知”或是“应知”带有很强的主观色彩，实践中缺乏客观的评价标准，往往不能正确依法裁量。

（二）仅以“直接获得经济利益”作为标准之一、把“间接获得经济利益”一概排除在外不妥当

《信息网络传播权保护条例》第22条规定，网络服务商“未从服务对象提供作品、表演、录音录像制品中直接获得经济利益”的，不承担赔偿责任。这是一个免责条款，按照通常推理，如果网络服务商从上述作品中直接获得了经济利益，就有可能承担侵权责任。从百度文库的运作模式来看，用户从中下载文档是免费的，只需要支付若干积分即可，这些积分可以通过向百度文库上传文档获得，因而百度宣称自己并没有从文库中直接获得经济利益。中国文字著作权协会副总干事张洪波提出了不同意见，他认为百度文库因这些文字作品的存在而产生了巨大的网络流量，并且“在今年1月11日之前，百度文库主页及分页面上都有广告存在”，在流量就意味着广告额的互联网产业中，“这难道不算赢利吗？百度上扬的股价难道

没有这个因素吗？"①

《关于办理侵犯知识产权刑事案件适用法律若干问题的意见》第10条规定，"通过信息网络传播他人作品，或者利用他人上传的侵权作品，在网站或者网页上提供刊登收费广告服务，直接或者间接收取费用的"，可以认定为"以营利为目的"。据此，我们可以把百度文库在主页及分页面上发布收费广告的行为理解为"以营利为目的"，并且可以肯定百度通过巨大的网络流量获得了相当的经济利益。这种经济利益不是通过对用户下载侵权文档收费获得的直接经济利益，但是又不能否认与侵权文档有很大的牵系性，因为广告就是发布在侵权文档页面上的。可以说，百度文库通过侵权文档间接获得了经济利益，这种经济利益的获得与侵权作品之间存在因果关系。那么，为什么法律只明确禁止网络服务商通过侵权作品直接获得经济利益？难道立法初衷就是默许他们通过侵权间接获得经济利益吗？笔者认为，一定要认识到间接经济利益和侵权作品之间的牵系性，并且把经济利益扩张到与侵权作品有因果关系的"间接经济利益"。

（三）著作权人发出不合法通知的效力以及通知是否必经程序规定不明确

对于著作权人通知的内容，《互联网著作权行政保护办法》第8条规定："涉嫌侵权内容所侵犯的著作权权属证明；明确的身份证明、住址、联系方式；涉嫌侵权内容在信息网络上的位置；侵犯著作权的相关证据；通知内容的真实性声明。"《信息网络传播权保护条例》第14条也规定了通知的内容，但与《互联网著作权行政保护办法》有一处不一致，表现在它不要求著作权人提供"涉嫌侵权内容所侵犯的著作权权属证明"。

① 由百度文库侵权事件看数字阅读与数字出版产业［EB/OL］.［2011-03-31］. http://www.wenming.cn/xwcb_pd/cbxydt/201103/t20110331_127160_1.shtml.

对于著作权人通知的形式，《互联网著作权行政保护办法》第10条特别规定：“著作权人的通知和互联网内容提供者的反通知应当采取书面形式。著作权人的通知和互联网内容提供者的反通知不具备本办法第八条、第九条所规定内容的，视为未发出。”

值得思考的是，假如通知不是必经程序的话，权利人在发现被侵权后直接就可以提起诉讼，他们向网络服务商发出的通知内容或形式不符合要求应该无伤大雅，那么这些规定通知内容和形式的条款还有存在的必要吗？但是对于“通知是否必经程序”这一点，《互联网著作权行政保护办法》没有明确规定，《信息网络传播权保护条例》第14条提到“可以向该网络服务提供者提交书面通知”，《侵权责任法》第36条则指出“被侵权人有权通知网络服务提供者采取删除、屏蔽、断开链接等必要措施”。可以看到，法律中的措辞是“可以”和“有权通知”，至少从表面上传达出的信息是——通知并不是必须的。但是实践中之前的“百度音乐案”又表现出了相反的意见：该案中原告起诉前曾向百度发送律师函，要求百度停止侵权、赔偿损失，但未提供侵权作品的权利人和具体网络地址，百度基于此未对有关歌曲断开链接①。最终法院判决百度胜诉，理由之一就是原告并未发出通知（至少未发出合乎要求的通知），据此通知似乎又是必须的。

（四）移除的范围和时间不具体

首先，移除的范围。互联网服务商在接到通知后负有移除的义务，但是移除的内容仅是通知中列出的内容还是网络服务商应主动排查全部的内容，法律没有明确规定。之前的“雅虎音乐案”中，雅虎接到侵权通知后完全断开提供了具体网络地址的相关链接，结果最终还是败诉，法院判决书中认为“雅虎仅删除了原告提供了具体网络地址的侵权搜索链接，怠

① 谢冠斌，史学清．网络搜索服务商过错责任的合理界定——再评“雅虎案”与“百度案”一审判决［J］．知识产权，2008（1）．

于行使删除与涉案 229 首歌曲有关的其他侵权搜索链接的义务，放任涉案侵权结果的发生”①，应承担侵权责任。很多学者认为雅虎作为网络服务商并没有审查全部内容的义务，法院的判决不当。笔者认为，判决公正与否姑且不论，立法在这个问题上存在漏洞才会导致司法争议却是不争的事实，法律应对此问题作出明确规定。

其次，移除的时间。《互联网著作权行政保护办法》第 5 条中要求在接到著作权人的通知后，“互联网信息服务提供者应当立即采取措施移除相关内容”。《信息网络传播权保护条例》第 15 条则规定：“网络服务提供者接到权利人的通知书后，应当立即删除涉嫌侵权的作品、表演、录音录像制品。”《侵权责任法》第 36 条指出：“网络服务提供者接到通知后未及时采取必要措施的，对损害的扩大部分与该网络用户承担连带责任。”这三部法律中用的是“立即”和“及时”两种表述，但不论是哪种都只是传达一种感性的认识，不符合法律用语严谨、具体的要求。

三、百度案对我国数字版权保护的启示

（一）进一步厘清“数字出版”等相关概念的内涵和外延

数字版权法律的制定必须从“数字出版”概念界定开始，然后才能有针对性地制定相关法律如数字版权法等对其进行规范②，目前无论是业界还是法律界对“数字出版”的内涵和外延都没有一个广泛接受的、权威的说明。比如，博客和微博是不是数字出版？之前它们也被当做是数字出版的形式，但最近有些声音认为博客和微博具有很强的个体化特征，不具备作为社会化活动的出版的基本属性和功能，不应属于数字出版。再有就百度文库案来说，有人认为百度文库是以信息存储空间之

① 雅虎中国音乐侵权案一审败诉被判赔 21 万 将上诉 [EB/OL]. [2012-04-24]. http://www.ccwresearch.com.cn/store/article_content.asp?articleId=23014.

② 王熙，何冬英．“数字出版”的界定及其法律规制——“百度文库侵权案”引发的思考 [J]. 编辑之友，2011 (10)：91-93.

名行数字出版之实①；有人认为百度文库由于对文档进行分类管理等，已是网络内容提供商而非网络服务商；也有人认为百度文库是“碎片化传播”“碎片出版”最具代表性的雏形②。百度文库究竟是不是数字出版？若是，它把未经授权的作品通过网络传播就构成了直接侵权；若不是，它只需承担间接侵权责任或是在满足法律规定的条件下免责。由此可以看到，目前当务之急是尽快对“数字出版”进行界定，这样才能有针对性地制定后续法律。

（二）加强法制建设，完善“避风港”原则

1. 确定“明知”和“应知”的客观判断标准

可以借鉴美国的做法，在立法中引入“红旗原则”。“红旗原则”是指网站内容的侵权明显到如同鲜艳的红旗一样，连普通人也一眼能够看出时，网络服务商就不能够再视而不见，应该主动负起监测、删除、排除的义务，不能以未收到版权人通知为由而免责③。也可以建立、完善各级版权公示网站，将其发布的版权信息确认为是“明知”和“应知”的信息，当已经公示版权的作品发生侵权时，网络服务商不能再以不“明知”而免责④。另外还可以建立数字信息认证机制，这种机制相当于给每个作品颁发独有的身份证明，网络服务商可以通过技术措施甄别哪些内容未经过授权，并阻止其上传到网络，以避免数字内容上传引起的版权纷争。

2. 将“通知”确认为必经程序

当初美国《千禧年数字版权法》设立“避风港”规则的

---

① 黄霄旭．网络文学版权保护的现状与未来——基于对盛大文学的分析考察［J］．出版科学，2012（1）：61-66.

② 赵英著．碎片传播引发的出版革命正在酝酿——从出版界起诉互联网侵权谈起［J］．出版广角，2011（4）：43-45.

③ 蔡丽萍．从百度文库纠纷探讨数字信息分享平台版权解决方案［J］．图书馆学研究（理论版），2011（8）：25，99-101.

④ 蔡丽萍．从百度文库纠纷探讨数字信息分享平台版权解决方案［J］．图书馆学研究（理论版），2011（8）：25，99-101.

立法初衷，在于鼓励网络服务商积极拓展新市场而不必担心由此产生的版权侵权责任，以提高网络的效率、品质和范围①。在网络发展遥遥领先的美国尚且如此，我国更应鼓励网络服务商大力发展业务、限制其承担相关责任。因此，立法应将"通知"确认为必经程序，发现侵权后权利人应当及时和网络服务商沟通解决，即将"通知+移除"制度作为这类侵权的首要救济制度，若之后仍有争议则再提起诉讼。同时通过立法强化网络服务商在移除侵权内容后披露直接侵权人信息的义务，由权利人决定是否针对直接侵权人提起诉讼。这样可以确保网络服务商保持技术中立的地位、减少诉讼纠纷从而全力发展网络产业，也符合我国现实国情。

3. 限定移除的时间和范围

我国应通过立法将网络服务商接到通知后移除侵权内容的时间明确化，比如可以确立接到通知后24小时或48小时移除制度，避免使用"立即""及时"等字眼。另外，应将移除的内容限定在通知明示的范围之内，因为只是为用户提供自由的信息存储空间的网络服务商没有义务对上传内容进行严格审查。

（三）数字版权立法应在维护公平的基础上兼顾效率

首先，加强对权利人版权的保护，充分体现公平。版权是伴随着权利人创造性的智力成果而产生的，具有私权性质。我国宪法和物权法等都确认公民的私权，数字版权立法也应对版权的私权属性予以强化，并给予足够广泛和深入的保护②。与传统出版不同，数字环境下的版权侵权行为更隐蔽、侵权成本更低廉、侵权证据更难取得和保存、侵权结果波及范围更广泛，等等，这些都导致版权人的权利受到前所未有的威胁。因

① 史学清，汪涌．避风港还是风暴角——解读《信息网络传播权保护条例》第23条［J］．知识产权，2009（3）：23-29.

② 张宏．从百度文库案看我国版权保护新模式探索［J］．出版广角，2012（7）：32-34.

此，数字版权立法应加强对版权人权利的保护，充分尊重他们的智力成果和相应权利，这样才能有效激发他们的创作热情，最终促进人类文明成果的最大繁荣。

其次，在公平的基础上注重效率。纵观人类社会的每一次进步，都离不开知识的创新和传播，三次工业革命就是很好的例证。版权虽然属于私权，但是换个角度思考，如果人们都把持着自己的创新知识、阻止其进一步传承，人类社会将永远无法进步。立法从表象上看是通过强制性规定来平衡各种社会关系，但其最终目的还是在于促进人类社会的进步与发展①，因此数字版权立法在保证公平的基础上也要兼顾效率，以保证智力成果能够广泛传承并最终促进社会发展。数字环境下作者"垄断权"和公众"共享权"的矛盾日益突出，作为中间环节的网络服务商在出版产业中扮演着重要角色，但我国无论是立法还是司法都在明显加大他们的责任。当前我国网络产业仍欠发达，因而对网络服务商的扶持应该是立法所需重点考量的公共政策②，这也是实现效率的内在需求。

（四）通过立法引导新的版权合作模式

版权法的根本目的在于维护各方利益平衡，网络环境下也应将网络服务商的利益考虑在内。从国外的实践来看，各国都努力在法律框架内建立适应数字出版发展的版权合作模式。Google 数字阅读模式就是很好的版权合作范例，它采取支付或按比例分配广告盈利的方式，很好地保障了作者、读者和网站的利益。我们也应积极通过立法引导探寻网络服务商和版权人之间合理的版权合作模式，由此实现网络经营者、版权人和公众利益的共赢。

百度文库被诉侵权后积极探索了新的版权合作模式，值得

---

① 汤雪梅．内容为王时代，数字侵权何觅"避风港"［J］．出版广角，2102（7）：40-42.

② 史学清，汪涌．避风港还是风暴角——解读《信息网络传播权保护条例》第 23 条［J］．知识产权，2009（3）：23-29.

业界参考。他们推出了百度阅读平台，通过拥有图书版权的出版集团、出版社和图书公司的授权，将正版资源向大众传播。在版权保护方面，开设绿色举报通道，鼓励网友对侵权作品进行举报。此外还应用了版权作品DNA比对识别系统，将上传的文档与正版资源进行对比审核，从技术上阻断侵权作品上传并通过网络传播。在利益分配方面，采取付费分成、广告收入分成和基金奖励等模式，努力实现各方利益平衡。目前百度的版权合作模式如下图所示①。

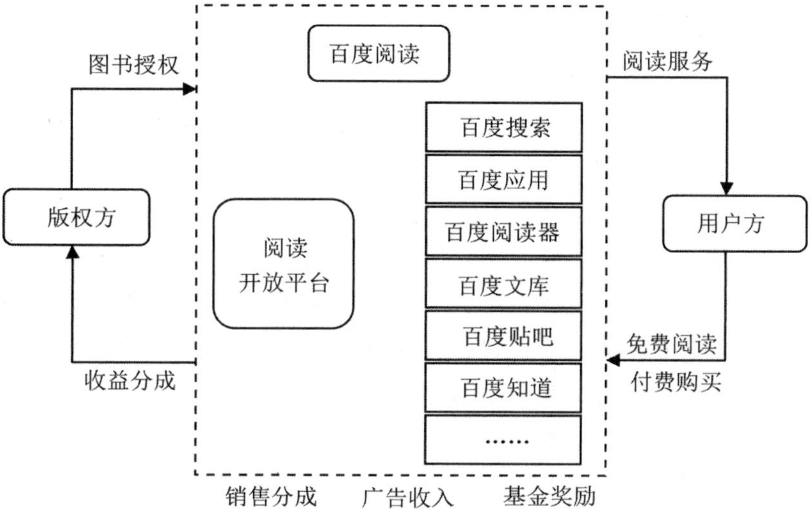

百度版权合作模式

（五）提高公众版权保护意识

来自最高法院的数据显示，2011年全国受理一审的知识产权案件中59.8%为著作权案件，其中涉及网络的超过半数。在网络著作权纠纷中，网站未经授权擅自传播文字作品、影视作品、摄影作品等的约占75%②。当前网络侵权事件频发，究

① http：//open. read. baidu. com/（2012-10-24访问）.

② 傅达林．韩寒状告百度胜诉堪称“知识产权的胜利”［N］．京华时报，2012-09-19.

其原因，与公众已经习惯享受互联网“免费午餐”、版权意识淡漠有很大关系。从国外来看，亚马逊的Kindle电子书、苹果的音乐商店等都需要读者付费阅读，但我国很多网络用户坦言：之所以选择网络阅读，原因就在于免费。国内用户付费阅读的习惯尚未养成，有免费阅读的市场需求就会有相应的市场供给，这正是导致百度文库、新浪爱问知识共享平台等出现的直接原因。因此，现阶段要加强数字版权保护，还必须注意提高和强化公众的版权意识，为我国数字版权保护法律制度的制定和实施培育坚实的社会基础。

四、结语

信息和网络技术给出版产业带来了革命性变革，数字时代的版权保护将面临许多新问题。我们要正视当前技术进步给版权法律制度带来的冲击并及时作出修正，这不仅是市场经济和出版产业发展的需要，也是法律自身公正严谨的需要①。“法与时转则治，治与世宜则有功”，立法的修正和完善是一个与时俱进的动态过程，如何进一步对版权法进行修订以实现版权各方利益平衡，最终促进数字出版产业繁荣发展，是值得业界和学界共同思考的一个前沿课题。

第二节　我国数字出版法律制度存在的不足

1996年12月2日至20日，世界知识产权组织在日内瓦召开的关于版权与邻接权保护的外交会议上通过了《世界知识产权组织版权条约》（WCT）和《世界知识产权组织表演和录音制品条约》（WPPT），由于WCT与WPPT主要是为了解决新技术，尤其是数字技术和电子环境下所引起的版权和邻接权保护的新问题的国际条

① 李晶晶，黄先蓉．新闻出版标准与新闻出版法规体系的协调发展研究（二）——从中国标准书号的规制现状谈起［J］．出版科学，2012（1）：48-52.

约，因而也被统称为“互联网条约”。这两个条约将网络环境下的权利保护提高到一个崭新的、更高的阶段，对各国的版权与邻接权保护提出了更高的要求，并产生更深远的影响。我国作为国际版权保护体系中的重要一员，已于2007年6月加入WCT、WPPT，这意味着我国必须承担保护外国作品的义务，而中国作品在所有缔约国也应得到充分、有效的保护，并且表明了我国积极参加建立网络环境版权保护国际新秩序的态度。

然而与其他国家相比，目前我国数字出版法律制度还存在一些问题，如法律位阶普遍较低，目前我国的数字出版法律中的国家法律只有《著作权法》一部，其余均是由国务院出台的行政法规或是由国家新闻出版广电总局颁布的部门规章或是司法解释，这些行政法规或部门规章位阶不高的问题，严重影响了其效力的发挥；再如当前我国数字出版法律制度多是一些宏观规定，缺乏详细的指导细则，实战操作性不强等。具体而言，我国数字出版法律制度存在的问题主要表现在以下几个方面。

一、数字出版法律制度不健全

目前我国还没有出台专门的数字出版法律，有关数字出版、数字版权的法律纠纷只能依据2010年版《著作权法》、2013年修订的《信息网络传播权保护条例》，以及《互联网出版管理暂行规定》《互联网著作权行政保护办法》《最高人民法院关于审理涉及计算机网络著作权纠纷案件适用法律若干问题的解释》等部门规章、司法解释文件。

随着信息传播技术的发展，现有的法律体系已明显滞后，进而引发一系列版权保护问题。由于现行有关版权法律法规是基于传统出版制定而成，对数字版权难以完全适用，尽管进行了适当的调整与修改，但从实践效果来看，仍难以令人满意，这也是出现“数字出版热，版权纠纷多”现象①的重要原因。主要表现在：一是对

① 孙乐．从谷歌著作权纠纷案看我国的信息网络传播权［J］．法制与社会，2010（7）：（上）．

于版权归属难以确认。现代信息传播技术的迅猛发展，各种新媒体的涌现，极大地丰富了传播方式、传播渠道，使版权主体增多，诸如UGC（User Generated Content）用户、网络内容服务商、电信内容服务商、网络自媒体等。版权主体增多导致的后果之一就是使确权变得错综复杂。二是作品原创性难以界定。众所周知，传统作品受版权保护的前提是具有独创性，现行法律对传统作品的原创性有界定的标准，而对数字作品则不适用。以数据库产品为例，不同类型作品独创性成分大小不一，有的甚至根本不具有独创性，但使用价值却没有因此而降低，各类产品开发程度不一，但使用价值雷同①。上述这些情况使版权保护标准难以制定。三是海量授权问题。数字技术的发展一方面使得海量数据传播成为可能，另一方面海量授权的要求对著作权制度提出了挑战。传统授权模式根本无法满足数字出版商短时间内取得海量授权的需求。加之版权主体的增多，版权归属的难以确认，使取得授权前的确权成本巨大，也会增加数字出版产业的运营成本。解决数字出版内容的授权问题，急需相关法律制度的规定。

二、现行法律制度可操作性不强

我国数字出版现有法律法规中的具体规定多是原则性的指导意见，对于实践中以何种标准进行操作的规定较为缺乏，这种重指导轻操作的问题广为诟病，突出表现在以下三个方面：

（一）“避风港”原则的局限性

“避风港”原则，即“通知+移除”（notice-take down procedure）原则，也即网络服务提供商由于没有能力对海量信息是否侵权进行甄别，“不对搜索链接结果以及网络用户上传的作品承担版权审查义务”②，因此要由权利人主动按照法定的形式通知网络服务提供

---

① 饶岚．我国数字出版相关法律存在的问题及建议［J］．重庆行政（公共论坛），2013（2）：84.

② 赵红仕．新技术的发展与著作权法修订：以“快播侵犯著作权案”为视角［J］．科技与出版，2014（3）：11.

商自己的权利受到侵犯，如果网络服务提供商及时移除相关侵权内容，则免于承担责任。有关“避风港”原则的规定，主要体现在2006年我国颁布的《信息网络传播权保护条例》中的第23条中，然而对其的理解一直都存在着争议。如“明知则侵权，反之，不明知则可以豁免”，对于网站到底是明知还是不明知，缺乏一定的判断方法，且对“通知”和“移除”所要达到的合理程度并没有具体的标准，正是这种模糊的规定给网络服务提供商以钻空子的机会，与此同时，还存在取证难的问题。所有这些情况使得该原则在具体司法实践中的可操作性不强，个别网站还将该规则作为发布未经授权影视作品的保护伞，逃避主动审核的责任。

（二）合理使用制度的缺陷

为平衡著作权保护与社会公众间的利益关系，我国《著作权法》第22条规定了12种合理使用范围，这样完全列举式的立法模式在传统的传播环境下，便于司法适用，也有利于防止法官任意裁量。而在数字时代，特别是当前媒介融合背景下，合理使用制度的科学性和合理性却有待商榷，其操作性也存在问题。以现行《著作权法》第22条第1款关于合理使用的条件为例，该规定为“为个人学习、研究或者欣赏，使用他人已经发表的作品”。在传统环境下，由于传播方式和传播范围有限，且连续性复制在物理上效果的低劣以及广泛传播物理上的困难，曾阻止了以向朋友或者陌生人出借或者发行为目的的批量复制行为①。这种情况下的合理使用对传统媒体所造成的损失较小。以先进的数字技术和网络技术为基础的新媒体，克服了上述问题。如果某微信用户以个人学习、研究或者欣赏为目的，在朋友圈分享传统媒体某版权产品，根据六度分割理论，任何人最多通过五个中间人就能认识任何一个陌生人，通过这种裂变式传播，该微信用户可以集聚大量的关注者。在此基础上，该用户不仅能收获较高的社会名望（如微博中的“大V”或意见领袖），还能获得经济利益（如微

① ［美］迈克尔·A. 艾因霍恩. 媒体、技术和版权：经济与法律的融合［M］. 赵启彬，译. 北京：北京大学出版社，2012：7.

店)。上述情况会对传统媒体造成实质性的损害，这显然违背了合理使用制度设立所追求的平衡精神[①]。可见，当前对合理使用制度的规定，暂且不用考虑其在媒介融合时代的科学性和合理性，就其所作出的简单解释而言，难以为实践提供可执行的参考标准。

(三) 关于“网络著作权侵权案件地域管辖的确定”存在瑕疵

《最高人民法院关于审理涉及计算机网络著作权纠纷案件适用法律若干问题的解释》第1条规定：“对难以确定侵权行为地和被告住所地的，原告发现侵权内容的计算机终端等设备所在地可以视为侵权行为地。”司法实践中依靠现有的技术力量难以准确确定网络服务器、计算机终端的位置，比较容易确定的是被告住所地，实际架空了侵权行为地和计算机终端等设备所在地的司法适用余地，但是被告住所地与侵权行为缺乏密切关联由此带来现实认定的困难。[②]

三、统一数字化标准的缺乏

标准化问题是产业成熟的重要标志。要推动数字出版产业的规模发展，必须有统一的数字出版标准。目前我国出版物标识标准、信息分类、字符集标准、词表分类等基础性标准还很薄弱。行业标准以及一些基础性和观念性的标准仍然缺乏，数字出版的质量仍然堪忧，诸如错别字、标点符号的误用也较多。[③] 我国数字出版产业的技术标准(元数据标准、编码标准、作品格式标准)、网络出版标准及出版物流标准等也存在盲区。目前在互联网领域，中文标准严重缺失，4 000项国际标准中只有3项由我国制定。数字出版平台不统一也是数字化标准难以统一的原因之一。由于数字出版服务

---

① 黄先蓉，刘玲武．刍议媒介融合背景下传统媒体版权困境及保护路径[J]．科技与出版，2015(12)：64.

② 李海珍．浅析网络著作权保护的困境与法律规制[J]．法制与社会，2010(1)：(中).

③ 数字出版：迎来新机遇　面对新挑战[EB/OL].[2010-07-29].http://news.xinhuanet.com/zgjx/2010-07/29/c_13420971.htm.

业并没有形成统一的联盟平台或者有效的异构系统整合，造成了数字出版商之间不能互通，从而形成信息资源的荒置和浪费，这与跨媒体出版所提倡的"一次制作，多元应用"的理念是背道而驰的。①

四、其他问题

（一）数字出版准入许可制度还未建立

我国数字出版的准入机制模糊，一方面使得很多尚未获得数字内容生产和传播资质的企业浑水摸鱼，这不仅有悖于我国的出版管理制度，也不利于权利人的权益保护，对内容创作也造成了不良影响；另一方面，我国准入机制的缺失，使得国际资本进入我国数字出版领域变得轻而易举，不利于我国的文化保护。完善的数字出版准入许可制度，不仅有利于提高行业整体质量水平，也有利于我国文化的国际保护和传播。

（二）数字出版物权利管理信息立法缺失

在数字化环境中，权利管理信息都是以电子形式出现的，很容易被篡改或删除。因此为了保障权利人的合法权益，有必要通过立法保护数字出版物权利管理信息。如美国《千禧年数字版权法》规定了数字出版物权利管理信息，如作者、联系方式、授权方式、权利有效期等，不仅可以标示权利人，方便用户获得作品使用许可，还可监控用户使用情况，跟踪侵权行为的发生。我国只有《著作权法》第 47 条第 7 项有简单规定，缺乏关于数字出版物权利管理信息的内容、相关概念和条款。

（三）数字出版资源的长期保存制度缺失

出版物具有文化传播和保存人类文明成果的功能，数字资源的出现对现有出版物的保存制度提出了挑战。由于数字资源具有数量大、多媒体、跨时空、易改变等特点，保存具有一定的复杂性。为了确保国家文化遗产收藏的完整性，近年来不少国家开始修改原有

---

① 聂振宁．数字出版：距离成熟还有长路要走［J］．出版科学，2009（1）．

法律或者制定新法，以便把不同载体的数字出版物（实体电子出版物和在线资料）纳入到国家缴存制度中。目前，各国都还没有完善的成文法律来调节和规范数字资源长期保存的问题。我国对于电子出版物也有呈缴制度，但是在线资料的保存上，也欠缺相关法律制度。

实证分析

从谷歌图书馆计划谈数字出版法律法规存在的问题及解决思路①

在技术发展日新月异的情况下，数字出版已经成为出版业的大趋势。以谷歌图书馆计划为代表的数字出版新形式在全球范围展开，但该计划因采用“先使用后授权”的方式扫描合作图书馆的藏书并建立数据库，在美国、法国、中国等多个国家和地区因合理使用和孤儿作品保护等问题被诉，遭到不同程度的抵制，充分反映出各国数字出版法律法规在关于合理使用的不同界定、孤儿作品的使用及文化保护三个方面的矛盾与冲突。要解决这些问题，各国应加强国际合作与协调，完善数字出版相关法律法规，反对文化垄断、保护文化安全。

一、引言

2004年，谷歌推出图书馆计划（Google Books Library Project），宣布要在数年内扫描哈佛大学、纽约公共图书馆、斯坦福大学、密歇根大学、牛津大学五所英美顶级图书馆的全部馆藏，纳入谷歌数据库，供谷歌用户免费检索。数据库提供每本图书的书名、作者、出版日期、长度等基本信息，目前有四种图书浏览方式：全书浏览（Full View）、部分试读

① 原文载于《图书情报知识》，2015年第1期，是教育部人文社会科学重点研究基地重大项目“中外数字出版法律制度研究”（项目编号：11JJD 820005）的研究成果之一，作者黄先蓉、王晓悦。

(Limited Preview)、片段浏览 (Snippet View)、未提供试读 (No Preview Available)。[①] 具体而言，谷歌将扫描图书馆馆藏资源存于数据库中，用户可浏览公共领域图书全文或者下载PDF阅读；而对于版权图书，用户可阅读包含检索词的有限内容，谷歌提供可直接购买该书的书商、出版社网站或可借阅该书的图书馆网站链接。

谷歌扫描各图书馆的藏书后，会向相应的图书馆发送一份电子版副本。该计划目前与超过40家世界著名图书馆合作，除美国本土的图书馆外，还包括奥地利的国家图书馆、德国的巴伐利亚州立图书馆、法国的里昂市立图书馆、西班牙的马德里康普斯顿大学图书馆、日本的庆应义塾大学图书馆等，其目标在于让人们更方便地找到相关图书。[②]

在数字出版时代，如此庞大的通过扫描图书资源以建立数据库的工程，一开始便引起各方关注。与计划相伴而行的，则是2005年从美国开始的，涉及北美洲、亚洲、欧洲等多个国家和地区的著作权侵权诉讼。2013年11月，纠缠谷歌多年的图书扫描案终于有了最终结果，美国法院判定谷歌扫描图书为合理使用，其他国家和地区的诉讼也在近年陆续得到解决。

从国内外现有研究成果来看，姜鑫[③]主要从孤儿作品角度对谷歌和解协议进行分析，董正伟[④]则是全面讨论Google数字

① Google Books Library Project—An Enhanced Card Catalog of the World's Books [EB/OL]. [2013-10-05]. http://www.google.com/googlebooks/library/index.html.

② Library Partners. [EB/OL]. [2013-10-04]. http://books.google.com/googlebooks/library/partners.html.

③ 姜鑫.Google数字图书馆计划中的“孤儿作品”问题及其解决方案分析 [J]. 情报探索，2013 (6)：55-58.

④ 董正伟.Google数字图书馆所引发的著作权问题思考 [D]. 中国政法大学，2011.

图书馆所引发的著作权问题，Adam W. Sikich[①]、Alejandro Alterwain[②]等多是从合理使用角度探析谷歌图书馆计划所引起的冲突。在诉讼进程不断推进的现实背景下，从谷歌在多国被诉的情况来管窥国外数字出版法律法规存在的各项矛盾和冲突，而非仅仅只关注某一著作权问题，探索具有针对性的解决方案，具有十分重要的现实意义。

二、谷歌图书馆计划引起的法律冲突

表面看来，谷歌图书馆计划方便全世界各地的用户搜索图书，有利于知识的传播，是适应数字出版发展的创新性举措，但由于其采用"先使用后授权"的方式，未告知著作权人便擅自将图书全文扫描并纳入数据库，一开始便在世界多个国家遭受不断的论战和诉讼。

（一）被诉状况

从美国开始，世界范围内多个国家和地区的不同著作权人对谷歌发起了一系列的诉讼。

1. 美国

2005年，美国作家协会（Authors Guild）、美国出版商协会（American Association of Publishers）分别以谷歌图书馆计划构成侵害版权为由，对谷歌提起诉讼，前者要求谷歌赔偿并对谷歌颁布禁令[③]，后者则要求对谷歌颁布禁令[④]，从此开始漫长的诉讼过程。2008年10月，谷歌与上述两家组织达成和解协议（Settlement Agreement），协议包括支付补偿金、设立

---

① Adam W. Sikich. Fair or Foul—The Unanswered Fair Use Implications of the Google Library Project [J]. Landslide, 2009 (2): 24-29.

② Alejandro Alterwain. Google Books and Digitisation of Libraries: Fair Use or Extension of Copyright? [J]. Convergence, 2007 (12), Vol. 3: 146-154.

③ Authors Guild v. Google. Inc [EB/OL]. [2013-11-05]. http://www.authorsguild.org/wp-content/uploads/2008/10/Authors-Guild-v-Google-0920 2005.pdf.

④ Publishers Sue Google To Stop Scanning. [EB/OL]. [2013-11-14]. http://www.washingtonpost.com/wp-dyn/content/article/2005/10/19/AR2005101901463.html.

版权登记处、提供赔偿金、满足权利人的要求、向其他公共机构提供服务的要求等方面的内容①。2008 年 11 月，法院初步批准该和解协议。但是，和解协议遭到微软、亚马逊等多家公司和多方面的反对。为此，谷歌、美国作家协会和美国出版商协会修改了和解条件，并于 2009 年 11 月提交了和解协议修改书（Amended Settlement Agreement)，修改了对外国作品和孤儿作品的规定②。2011 年 3 月，纽约南区的联邦地区法院拒绝批准该修改书。

2012 年，谷歌与美国出版商协会达成和解协议。2013 年 11 月，谷歌与美国作家协会持续八年之久的图书扫描案终于落下帷幕，法官 Denny Chin 认为谷歌图书馆计划“为读者和研究者提供一种新的、有效的找到图书的方式”(Google Books provides a new and efficient way for readers and researchers to find books)、“极大推动‘数据挖掘’和‘文本挖掘’类研究”(Google Books greatly promotes a type of research referred to as “data mining” or “text mining”)、“拓宽对图书的获取渠道”(Google Books expands access to books)、“利于保护和利用图书”（Google Books helps to preserve books and give them new life)、“对作者和出版商有利”（Google Books benefits authors and publishers)，判决谷歌扫描图书为合理使用。③

谷歌与美国作家协会、美国出版商协会的诉讼纠缠多年，主要矛盾点在于合理使用和孤儿作品保护两个方面。美国《1976 年版权法》第 107 款规定了判定“合理使用”的四大要素：使用的目的和性质、享有版权的作品的性质、与享有版权

① Settlement Agreement. [EB/OL]. [2013-11-10]. http://www.authorsguild.org/wp-content/uploads/2008/10/Settlement-Agreement.pdf.

② Amended Settlement Agreement. [EB/OL]. [2013-12-01]. http://www.authorsguild.org/wp-content/uploads/2008/10/Amended-Settlement-Agreement.pdf.

③ Case 1: 05-cv-08136-DC Document 1088 [EB/OL]. [2013-12-03]. http://www.publishersweekly.com/binary-data/ARTICLE_ATTACHMENT/file/000/001/1887-2.pdf.

的作品整体相比所使用部分的数量和实质性、使用对享有版权的作品的潜在市场或价值的影响。原告的主张之一，便是Google的行为窃取了其以数字化方式复制、存储、搜索及向公众发布其作品的商业机会，这将对出版商版权作品的潜在市场造成实质性的负面影响；谷歌则坚称自己的行为属于合理使用范畴。而在孤儿作品的使用方面，由于谷歌采取的是“先使用后授权”的方式，实际上是未经授权就擅自扫描孤儿作品。在和解协议修改书中，谷歌提出“Opt-Out”条款（即版权人可向Google提供其不愿被纳入计划的版权作品列表），创建一个独立的非营利版权登记处搜寻孤儿作品的版权所有人，并为其保管收入。但基于美国作家协会、美国出版商协会无法代表众多孤儿作品版权所有人，纽约南区的联邦地区法院拒绝批准该修改书，孤儿作品保护依旧困难。

2. 法国

法国也较早开始针对谷歌图书馆计划进行维权诉讼。2006年，法国作家协会（SGDL）等团体起诉谷歌侵犯版权。2009年12月，法国法院判决谷歌侵权，裁定谷歌支付30万欧元赔偿金。① 2011年，加利马尔出版社（Editions Gallimard SA）、阿尔宾·米歇尔（Editions Albin Michel SA）和弗拉马里翁（Flammarion）等三家法国著名出版社向巴黎一家法院提起诉讼，控告谷歌非法扫描其出版作品并上载至谷歌图书搜索服务。② 2012年6月，谷歌与法国作家协会达成和解协议，后者撤回历时6年之久的版权诉讼。

谷歌在法国被诉的主要原因，同样集中于合理使用问题。尽管其以法国版权法“简短引用例外”的规定进行抗辩，但未经许可而完整复制作品并提供作品摘要的行为仍被裁定为

① France Slaps Google Over Book-scanning Plans. [EB/OL]. [2013-12-05]. http://www.foxnews.com/tech/2009/12/18/france-vs-google-book-scanning-plans/.

② 法国三大出版商状告谷歌侵权 [EB/OL]. [2013-12-05]. http://news.xinhuanet.com/world/2011-05/12/c_121407499.htm.

侵权。

3. 中国

在中国，谷歌数字图书馆未经授权将570位中国作家和17 922种作品非法扫描上网，此举引起了中国作家的公愤。2009年10月23日，中国作家棉棉对谷歌提起诉讼，11月18日中国作协向谷歌发出维权通告，12月30日谷歌公司代表在邮件中向中国作协表达歉意，2010年1月12日谷歌提交正式道歉声明。2013年1月15日，棉棉起诉谷歌美国侵权一审获得法院支持，判决要求谷歌立即停止侵权并赔偿棉棉经济损失5 000元人民币①。

4. 其他国家和地区

日本作协在2009年因谷歌在未经作者同意的情况下将图书数字化，曾强烈反对其擅自行为，如今接受谷歌建议进行协商。但是，日本出版巨头日本角川控股集团则宣称其出版物不作为电子书的检索对象。日本于2009年成立“日本书籍检索制度提案协商会”，致力于开发检索系统，直接目的便是对抗谷歌的数字图书馆。在文化保护意识强烈的背景下，谷歌图书馆计划在日本受到的反对表现为进展一直较为缓慢，日本合作方仅有庆应义塾大学图书馆等几家图书馆。

此外，在以色列、印度、欧盟等国家和地区，谷歌图书馆计划同样陆续遭到侵权指控和反对。

（二）数字出版法律法规的矛盾及解决思路

谷歌利用数字时代先进的技术以建立居于世界领先地位的图书数据库的图书馆计划，在全世界范围内遭到接连不断的起诉和抵制，最终不同的结果及反复的过程，反映出各国数字出版法律法规的矛盾与冲突，具体表现在合理使用、孤儿作品及文化保护三个方面。

---

① 王莘诉谷歌、北京谷翔侵犯著作权纠纷［EB/OL］.［2013-12-10］. http：//bjgy. chinacourt. org/paper/detail/2013/10/id/1230596. shtml.

1. 关于合理使用的不同界定

合理使用原则作为一种著作权限制制度，是国际版权法、英美普通法和大陆法国家版权法的一个共有的重要原则。关于合理使用的判断标准，目前国际社会的通常做法是采取《伯尔尼公约》和《与贸易有关的知识产权协议》（即 TRIPs 协议）规定的"三步检验法"。但实际上，即便是有着共同的普通法渊源，采用"合理使用"概念的英国、美国、菲律宾、澳大利亚、新西兰、加拿大等国家和中国香港地区的合理使用制度却有不小的差异①；而包括中国在内的其他国家的著作权法并没有"合理使用"的术语，而是将其统称为权利的"限制"或"例外"，中国著作权法第 22 条详细列举了属于合理使用的 12 种情况。

谷歌图书馆计划频繁被诉的一个重要理由，就是其不经著作权人同意而对其作品进行扫描的行为被认为是侵犯版权，而谷歌则坚称其扫描图书属于合理使用的范畴。谷歌在法国、中国、比利时等国都被判侵权，即便是在美国，也是在经历了长达 8 年的曲折之后才被判为合理使用且仍存在不少争议，这充分显示出各国合理使用制度方面的差异，尤其是在数字时代这一新的行业背景下，这种矛盾和冲突更加凸显。

要解决这一矛盾，最重要的是加强国际合作与协调。从已有国际版权保护公约的制定背景及作用来看，国际合作与协调在解决国际纠纷、促进产业规范发展等方面，确实起到了积极的作用。以发达国家为首，世界范围内正掀起数字版权保护浪潮：世界知识产权组织在 2011 年的全球论坛中，主要关注数字环境下版权问题；澳大利亚、加拿大、日本、韩国、摩洛哥、新西兰、新加坡和美国八国正式签署《反假冒贸易协定》，并于 2011 年 11 月 1 日正式生效；2012 年 6 月，《视听

---

① 王清．著作权限制制度比较研究［M］．北京：人民出版社，2007：184.

表演背景条约》正式签署，填补了视听表演领域全面版权保护国际条约的空白；2013年参与跨太平洋伙伴关系贸易协议的国家商讨引入严格的规则，打击知识产权领域的假冒和盗版产品；法国、德国的出版商及书商协会在2013年“欧洲图书的未来”双边论坛上共同发表声明，呼吁启动一个统一的欧盟图书政策。

目前国际社会版权保护主要运用的是《伯尔尼公约》、TRIPs协议、《世界知识产权组织版权条约》(WCT)、《世界知识产权组织表演和录音制品条约》(WPPT)等，但它们大多制定于传统出版时期，已渐渐不能适应数字出版产业的发展需要。在未来的发展中，出于产业发展的目的，各国、各地区应更加重视数字时代国际合作的重要性，加强合作立法与政策协商。

2. 孤儿作品的使用问题

纽约南区法院否决谷歌与美国作家协会、美国出版商协会的和解协议以及谷歌在HathiTrust案中被诉，针对的主要是孤儿作品保护问题。

目前，国际上对孤儿作品的保护还未形成共识，孤儿作品的版权问题一直是争论的热点之一：2012年10月，欧盟正式公布《孤儿作品指令》，对孤儿作品的范围、认定及其使用等进行了规定①；美国曾提出过《2006年孤儿作品法案》《2008年孤儿作品法案》，均未能获得通过，至今没有一个针对孤儿作品的法律；英国知识产权局于2011年的一份咨询报告中，提及“建立对孤儿作品进行许可的制度”；加拿大、韩国、日本、印度等国版权法中对孤儿作品采取的是非专有使用许可。而谷歌图书馆计划中扫描的图书涉及较多“尚在版权保护期

① Directive 2012/28/EU of the European Parliament and of the Council of 25 October 2012 on Certain Permitted Uses of Orphan Works [EB/OL]. [2013-06-10]. http://www.wipo.int/edocs/lexdocs/laws/en/eu/eu169en.pdf0.

内，但其权利所有人无法确定或经仔细查询仍无下落”① 的孤儿作品，在没有确切的、公认的相关法律法规的情况下，面临频繁起诉。这正反映出数字出版相关法律法规的缺失，尤其是在国际社会未达成一致意见的情况下，对数字出版产业发展造成不利影响。

现阶段世界上已形成完整的数字出版法律法规体系的国家还较少，大部分还处于摸索阶段，法律法规的缺失成为阻碍产业健康持续发展的不利因素。即便是英、美、德、日等已初步形成相对完整的数字出版法律法规体系的发达国家，也经历了频繁的相关法律法规的修订过程。因此，必须立足于本国现实的国情和数字出版产业发展的客观需要，制定和完善相关的法律法规。

完善数字出版法律法规，可采取两种路径。一是对原有的著作权法进行修订，以适应数字出版产业的发展。这也是目前各国普遍采取的做法。如 2013 年日本文化厅审议会提出再次修改现行著作权法，为电子书设立出版权，让出版社也能够申请对盗版书的禁令；西班牙则在 2013 年通过《刑法》改革，规定网站所有者提供未经授权材料的链接将会被判最高长达 6 年的监禁；印度在《2012 年版权（修正）法》中新增了“为了残疾人利益”的合理使用与强制许可。二是制定新的数字出版专门法律法规。美国的《禁止网络盗版法案》、英国的《数字经济法》、欧盟的《孤儿作品指令》便是近年出台的关于数字出版的专门法律；美国于 2013 年 2 月启动的“版权警告系统”及其采取的“六振警告”，英国于 2013 年 7 月正式上线的“版权枢纽”门户网，成为其保护数字版权的新举措。

3. 文化垄断与本国保护

① Orphan Works are Works Which are Still in Copyright but Whose Owners cannot be Identified or Located. Commission of the European Communities, Green Paper on Copyright in the Knowledge Economy [EB/OL]. [2013-12-23]. http://ec.europa.eu/internal_market/copyright/docs/copyright-infso/greenpaper_en.pdf.

《文化的重要作用》中把“文化”定义为“一个社会的知识、音乐、艺术和文学作品”，认为“对一个社会的成功起决定作用的是文化，而不是政治”①。出版是文化的重要组成部分。在技术不断发展的今天，信息网络技术越来越深入和广泛地用于出版物的开发和传播，出版物的产品形态和传播方式发生深刻变化，数字出版给文化的存在形态和发展方向带来前所未有的变化。

谷歌图书馆计划面临的另一主要质疑点在于文化垄断。数字图书馆在掌握大量的读者、作者资源后，能够衍生出许多服务模式（谷歌自2010年全面铺开的电子书商店就是极好的证明），因此，谷歌图书馆将关系到谁来主宰未来的数字图书馆，也就是谁来掌控全世界范围内巨大的文化资源，尤其是对弱势文化的不利影响更大。

为此，欧盟对谷歌图书馆计划的抵制最为激烈：在该项目推出不久，法国、德国、意大利、西班牙等国积极呼吁建立欧洲数字图书馆项目，以制衡谷歌图书馆计划，保护欧洲文化，该项目目前已开始服务。美国启动非营利性质的美国数字公共图书馆，由联合国教科文组织及32个合作的公共团体共同成立的世界数字图书馆已运营3年。②“小政府、大协会”的市场管理模式的韩国，通过设立泛政府性质的数字出版产业振兴协会，制定相关政策来保护本国数字出版产业的发展。英国则通过英国技术战略委员会（TSB）实施“知识转型网络”计划，计划在未来两年资助包括“未来数字内容体验”“未来数字内容分销”“新的数字创意工具”等在内的14个灯塔项目（Beacon Project），对纳入计划的项目给予1 000万到1亿英镑的财政支持③，助力本国数字出版产业发展。

① 塞缪尔·亨廷顿，劳伦斯·哈里森主编．文化的重要作用——价值观如何影响人类进步［M］．北京：新华出版社，2010：8.

② “谷歌图书馆”计划多国受挫［EB/OL］．［2014-02-20］．http：//www.bkpcn.com/Web/ArticleShow.aspx？artid=111467&cateid=A0501.

③ 魏玉山．英国出版业观察［J］．出版参考，2012（8）：1.

无论是在传统出版还是数字出版中，无论是美国基于先进的技术和强势的文化建立的扩张型文化安全策略，还是加拿大、韩国、法国等国基于保护本国传统文化建立的防御型文化安全战略，各个国家或地区在根本上还是倾向于保护本土文化与本国公众利益，文化扩张与文化安全问题在数字出版时代仍然存在且有愈演愈烈的趋势。数字出版法律法规作为规范和引导数字出版产业发展的国家力量，应成为维护文化安全的重要组成部分。一方面，要以繁荣民族文化为落脚点，通过法律法规确保民族文化的地位，鼓励和推动优秀数字出版物进入国际市场、参与国际竞争，提高文化影响力；另一方面，在数字出版法律法规的建立和完善过程中应注意贯穿文化安全保护长效机制，尽快出台有关出版安全的法律法规，将数字出版法律制度的构建纳入文化安全保障体系中，形成良好的数字出版法律环境。同时，国际社会应充分认识到丰富多样的文化的相互交融、相互促进能够推动人类的进步，加强合作与协商，推进世界各国文化交流与相互借鉴，维护文化多样性，反对文化垄断。

三、结论

与传统出版时代相比，数字出版时代出现的新问题是旧的出版法律法规难以解决和应对的：著作权人、传播者（主要是网络服务提供商）、社会公众的利益矛盾越来越突出，尤其是各种网络盗版愈演愈烈，未经著作权人许可进行非法网络传播的现象越来越普遍，数字出版中的合理使用问题、孤儿作品使用问题成为争论的焦点。谷歌图书馆计划在全球受阻，正是各国数字出版法律法规在国际社会中出现矛盾和冲突的一个缩影。在数字出版不断向前发展的今天，由于法律法规难以做到与产业发展同步，尤其是各国产业发展水平不一、法律环境不同，各类有关数字出版版权保护的法律纠纷和冲突不时涌现。为了营造良好的数字出版法律环境，寻求产业的健康发展、合作发展、持续发展，应不断加强国际合作与协调，完善相关法律法规，在保护文化安全的同时反对文化垄断。

第三节　我国数字出版法律制度对数字出版产业的影响

社会生产力的发展，决定了作为上层建筑的法律制度，反过来，法律制度也是调节社会发展的有力工具。在文化领域，法律制度是调节文化事业和文化产业行为的规范，是文化产业发展的政策保证。数字出版法律制度是数字出版产业发展环境的一部分，适应产业进步的法律制度能促进数字出版产业的发展，反之则会阻碍其前进步伐。

一、我国数字出版法律制度对出版产业的消极影响

我国数字出版法律制度还存在着体系欠完善、版权保护弱、管理较混乱等问题，严重地制约了其积极作用的发挥，阻碍了数字出版市场的有序竞争，给数字出版产业发展带来较大的消极影响。

（一）体系欠完善，制约了数字出版产业发展

我国数字出版法律制度存在体系结构不完善的问题，具体表现为：

第一，制定滞后，法阶偏低。数字出版法律法规的颁布常滞后于产业进展，一旦出现争端，往往只能进行事后补救式的法规建设，不利于长期管理。我国目前的数字出版专门法规，多为部门规章级别，政策、标准也缺乏国家强制力保证。法阶层级不高、法律效力偏低给数字出版执法、司法造成了困难。

第二，操作性不强。一是由于缺乏整体性的法规规划，制定修订仍停留在局部修补阶段，欠缺全局性的考虑，对一些基本问题也无法进行明确细致的界定，因此实用性较差。二是存在立法用语不规范、内容不完整、逻辑不严密的技术问题，也给实际操作带来了困难。

第三，内容监管体系欠缺。盗版、淫秽色情等数字内容方面的监管较少，对未成年人保护欠缺；仅依靠执法部门管理，行业自律和服务提供商监督缺位。滞后、低法阶的法规无法为数字出版产业

提供全面的保障；重指导、轻操作的法规政策给产业具体管理造成了障碍。

（二）版权保护弱，难以营造公平的竞争环境

首先，我国数字出版法律制度中有关侵权范围的界定较为模糊，赔偿缺乏统一标准且赔偿额普遍较低，从而造成违法成本低，维权成本高的怪象，不利于数字版权的保护和版权的有序管理；其次有关授权的规定滞后于产业发展，缺乏海量授权的有效机制，不利于繁荣我国数字出版内容市场，阻碍了版权合法交易，也不利于构建公平合理的竞争环境；最后，缺乏数字版权的刑法保护，缺乏威慑力，导致出现“数字出版热，版权纠纷多”的现象，侵权行为者通过版权交易成本的节省抢占市场，不利于公平竞争环境和有序市场秩序的形成。

（三）管理较混乱，不能提供有序的行为规范

我国数字出版产业的执法管理往往牵涉工商、公安等多个部门协调，头绪多、落实难，监管手段和技术的落后也造成无法对数字内容实施实时、动态、统一、有效的监控。而且，行业机制模糊使一些欠缺经营条件的企业浑水摸鱼，甚至危害我国文化安全，也造成市场混乱，不利于良性竞争。同时，行业协会功能缺位，没有形成对市场主体行为的有效规范。这三方面的管理混乱使我国数字出版法律制度难以对数字出版企业进行合理科学的管理，难以为数字出版产业发展提供有序的发展环境。

二、完善数字出版法律制度，发挥其积极作用

虽然我国数字出版法律制度还不够完善，对数字出版产业的发展造成了一定的负面影响，但仍取得了可喜的成绩。数字出版产业的飞速发展离不开数字出版法律制度为其创造的良好的发展环境。结合我国数字出版法律制度的建设情况和数字出版产业的发展状况，我们应进一步发挥数字出版法律制度的积极作用。

（一）进一步发挥数字出版法律制度的保障作用

数字出版法律制度为数字出版产业发展营造公平竞争的市场环境，构建资源共享、标准统一的交流平台，是数字出版产业发展的

坚实保障。

首先，保护与管理并重保障市场有序性。我国数字出版产业的发展和数字出版法律制度的建设仍在起步阶段，但国家十分重视数字出版产业在文化发展中的作用，因此我国陆续制定了一系列数字出版政策与法律法规，并把数字出版列为“十一五”“十二五”文化发展规划的重点，大大加快了我国数字出版业的发展。比如《关于加快我国数字出版产业发展的若干意见》，采取包括加强版权保护、加强网络监管和完善法规体系等十项措施保障数字出版业的发展。这些数字出版政策和法律法规，一是强化了版权保护意识，加大了对数字版权侵权盗版行为的打击力度，建立了司法、行政、技术和标准相结合的版权保护体系。二是建立了属地内出版、外宣、公安、通信、“扫黄打非”等部门的协调、沟通和信息共享机制，增强了网络出版突发事件的应对能力，全面提升了主动监管能力和技术保障水平，突出了数字内容规范管理。同时，这些政策、法律法规对版权保护和内容管理并行，为数字出版产业发展营造良好的发展环境，成为其腾飞的坚强保障。

其次，交流平台的搭建保障产业创新性。数字出版政策的颁布实施促使各重要会展、重要交流活动蓬勃开展，有利于技术交流与创新，有利于成功经验和模式的推广，保障了产业的创新进步。我国近来通过支持数字出版方面的重要会展（如中国数字出版博览会、中国数字出版年会、中国国际数码互动娱乐展览会、中国国际动漫创意产业交易会、中国国际漫画节等）搭建展示和交流平台，推动数字出版新技术、新经验、新模式的互动交流，不断激励产业创新。各数字出版企业和传统出版单位通过会展、交流会、国际会议等形式进行理论交流或实践探讨，分享新观点、新经验，交流新技术、新动态，探索可行的商业模型、盈利模式。这些数字出版政策、法律法规的精神推动了交流平台的构建，为产业创新提供了良好环境。

最后，统一标准的建设保障产业规范性。数字出版法律制度建构国内全行业统一标准，并提高标准制定的国际参与性，不仅能避免资源浪费，优化配置组合，而且有利于保障国家利益和文化安全。如 MPR 出版物国家标准发布，有利于规避出版业数字化转型中的风险；国际标准化组织（ISO）已正式批准《国际标准文档关联编码》（ISDL）国际标准的立项，成为首个由我国申请立项的国际出版领域的标准。全国新闻出版标准化技术委员会于 2012 年在 4 项数字出版格式标准、12 项电子书内容标准、手机出版系列标准等数字出版行业标准方面进一步加快了制定工作①。这些行业标准的进展意味着我国数字出版的规范化程度不断提高，保障数字出版业走向健康、可持续的发展轨道。

（二）进一步发挥数字出版法律制度的引导作用

数字出版产业是新兴产业，且对技术、资金、人才等要求较高，非常需要相关政策、法律法规的指导。我国数字出版法律制度通过产业基地和传统出版业数字化转型等的规定，为数字出版产业发展指明了道路，引导产业健康、可持续发展。

第一，产业基地建设引导行业发展方向。自 2008 年第一家数字出版产业基地成立至今，日益显现出其对整个出版产业的带头示范作用，引领了我国数字出版产业的健康发展，截至 2015 年，我国已成立了 14 家国家级数字出版基地，现已初步形成了以东部沿海为带动，以长三角流域为核心，以华北、中南、西北、西南为辐射的综合布局②。政府对基地制定相关规划，并综合实施税收、财政、人才等多项优惠政策，整合产业内资源，以推动其发展。如上海制定了包括投资融资、办公用房租赁等在内的共 42 条政策——《张江国家数字出版基地发展政策》。这些数字出版政策一是使各基地形成了特色优势，如上海张江国家数字出版基地的网络游戏和超算服务，中南国家数字出版基地的平台建设、手机阅读、手持阅读器等；二是有利于各基地发挥产业集群优势，带动全行业进步。数字出版基地一方面吸引众多企业入驻，提高了产业集中度，便于发挥集群优势，有利于上下游企业更好地分工协作，依托公共平台

① 程晓龙 . 2012 数字出版脉动［N］. 中国新闻出版报，2012-12-31.

② 宫丽颖 . 我国国家数字出版基地建设分析［J］. 中国出版，2013（10）.

共同发展；另一方面赢得各方支持和关注，且其成功经验也可推广至其他省市地区，促进全国数字出版产业的发展。

第二，政策引导传统出版业数字化转型。从数字出版产业发达国家的成功经验来看，数字出版业发展的核心竞争力在于内容，传统出版企业是数字出版业健康发展的重要支柱和核心力量。目前我国传统出版业数字化程度较低，未能发挥其应有的核心支柱作用，因此，我国政府通过制定数字出版政策、法律法规引导和推动传统出版业数字化转型。国家新闻出版广电总局以及各地新闻出版管理部门纷纷成立数字出版部门，甚至建立产业基地推进数字化进程。在此背景下，传统出版单位如中国出版集团公司、上海世纪出版集团、江苏凤凰出版传媒集团也陆续成立数字出版部、网络部、信息中心或创办网站以谋求更大的发展。这些先行者在相关政策的支持、引导下进行数字化转型的努力包括：或是探索新的出版方式，如以图书、互联网和 DVD-ROM 三种形式同步出版；或是出版电子图书，开发电子阅读器；抑或推出手机出版物、在线工具书，进行在线或远程教育出版。

（三）进一步发挥数字出版法律制度的激励作用

数字出版作为新型新闻出版业态，代表了出版业先进生产力的发展方向，因此，近年来各国纷纷出台数字出版优惠政策，以激励和扶持本国数字出版企业，促进数字出版产业的发展。

数字出版政策对产业发展的激励、扶持作用主要表现在两个方面，一是数字出版基地通过相关优惠政策激励引导和扶持带动了基地内外数字出版企业的发展；二是众多财政税收政策纷纷对数字出版企业、数字出版活动抛出橄榄枝，对产业发展起到了很好的激励、扶持作用。譬如重庆、西安、湖南等兴建数字出版基地，并投入巨额专项资金支持其运作。再如根据《中华人民共和国企业所得税法》及其实施条例等有关规定，数字出版企业的固定资产由于技术进步或者产品更新换代较快等原因，可按照国家有关规定，适当缩短固定资产折旧年限或采取加速折旧的方法。认定为国家高新技术企业的，减按 15%税率征收企业所得税。数字出版企业为开发新技术、新产品、新工艺发生的研究开发费用，未形成无形资产计入当期损益的，在按照规定据实扣除的基础上，按照研究开发费用的50%加计扣除；形成无形资产的，按照无形资产成本的150%扣除。类似的优惠政策还有财政部、国家税务总局《关于扶持动漫产业发展有关税收政策问题的通知》（财税［2009］65号）；2013年财政部、国家税务总局《关于延续宣传文化增值税和营业税优惠政策的通知》（财税［2013］87号）；《关于动漫产业增值税和营业税政策的通知》（财税［2013］98号）；财政部、海关总署、国家税务总局《关于继续实施支持文化企业发展若干税收政策的通知》（财税［2014］85号）；财政部、国家税务总局《关于支持文化服务出口等营业税政策的通知》（财税［2014］118号）；财政部、国家税务总局《关于影视等出口服务适用增值税零税率政策的通知》（财税［2015］118号）；财政部、国家税务总局《关于营业税改征增值税试点有关文化事业建设费政策及征收管理问题的通知》（财税［2016］25号）等。

事物往往具有两面性，只有正确认识才能趋利避害。正如数字出版法律制度对数字出版产业的发展确有保障、引导和激励等积极作用，但不可忽视的是在其发展与确立过程中对数字出版产业产生的负面影响，因此我们应该尽快完善数字出版法律制度，充分发挥其积极的一面，更好地推动数字出版产业健康、有序地发展。

第四节 我国数字出版法律制度实施效果分析

在我国，数字出版的发展离不开法律法规以及相关政策的引导和支持。完备的数字出版法律制度为数字出版产业长足的发展提供了良好的政策环境。政府如何通过政策有效合理地调控数字出版产业，直接关系到出版以及文化产业的未来。由于“五年计划”作为我国国民经济发展的重要规划方案已延续了六十余年，也形成了我国特有的经济发展周期，上一个五年计划的效果将直接影响到下一个五年计划的制定。因此，本节主要分析“十一五”与“十二五”期间，即近十年（2006—2014年）我国数字出版法律法规及其政策的实施效果，以总结过去，引导未来。

一、数字出版产业规模持续扩大，发展势头好

我们常常提到该如何分蛋糕，只有把蛋糕做大做好才能为如何分提供坚实的基础。2006 年 12 月 31 日，原新闻出版总署颁布《新闻出版业“十一五”发展规划》，明确提出大力发展数字出版，实施数字出版战略，“加快传统出版发行业向现代出版发行业的转换，积极发展电子书、手机报刊”；2009 年 9 月 26 日，国务院颁布《文化产业振兴规划》，标志着包括数字出版在内的重点文化产业和新兴文化业态正式进入国家产业调整与振兴规划序列；2010 年 8 月 16 日，原新闻出版总署发布《关于加快我国数字出版产业发展的若干意见》，明确了国内数字出版产业发展的主要任务和总体目标，包括到“十二五”末，我国数字出版总产值力争达到新闻出版产业总产值的 25%；2011 年 4 月 20 日，原新闻出版总署发布《新闻出版业“十二五”时期发展规划》，提出数字出版等战略性新兴产业领域的发展要在“十二五”末达到世界先进水平。

从“十一五”和“十二五”的具体规划中不难看出，文化产业尤其是以数字出版为代表的新兴文化形态受到了国家的高度重视，在利好的政策大环境中，我国数字出版行业抓住时机，整体规模正在不断扩大。

从国家新闻出版广电总局每年发布的中国出版业基本情况可以看出，2006 年我国数字出版总产值仅为 213. 0 亿元，到了 2010 年也就是“十一五”的最后一年，我国数字出版总产值已经成功地实现了跨越式增长，达到了1 051. 8亿元，突破千亿大关，涨幅高达 400%。并且在 2009 年底，数字出版总产值首次超过传统书报刊出版物总产值，在 2012 年，我国数字出版产值首次突破了出版产业总产值的 10%，达到1 935. 3亿元，2013 年又有新突破，达到2 540. 35亿元，2014 年我国数字出版产值增至3 387. 7亿元，2015 年继续保持良好趋势，总产值增至4 403. 85亿元。我国的数字出版行业在两个“五年计划”的不懈努力之下，不仅在产值的绝对数额上取得了傲人的成绩，其在整个大出版业中所占的比重以及增长态势也让人刮目相看。

数字出版作为出版业不可分割的一部分，同样遵循社会效益与经济效益共抓的原则，肩负着丰富人民精神文化生活的重任，在现如今的起步阶段最需要的就是技术、人才、资金等相关资源的大量积累和投入，只有国家层面给予高度的重视和政策倾斜，才能最大程度地促进数字出版的首次“原始积累”，并为日后的成熟打下坚实的基础。

二、结合地方特色，以数字出版基地为依托，各地区协调发展

由于历史原因以及自然环境因素的限制，我国的经济发展一直呈现出东、中、西依次递减的局面。在“中部崛起”“西部大开发”等有区域针对性的国家政策的引导之下，经济相对落后的中西部正在奋力直追，区域间的差异也正在日益缩小。

而对于数字出版产业而言，其对于技术、人才和资本的要求都相对较高，所以在大环境的影响之下，我国数字出版的发展从一开始就呈现出了东部强、中西部弱的发展不平衡状况。以动漫产业的发展为例，国家级的动漫基地基本集中在北京和上海两地，接近30余个，而西部地区则很少。① 想要扭转这种不平衡局面同样需要国家政策的引导和支持。

2006年9月13日，中共中央办公厅和国务院办公厅发布的《国家“十一五”时期文化发展规划纲要》指出，要优化文化产业布局和结构，建设一批文化产业强省、强市和区域性特色文化产业群，形成文化产业协调发展格局，鼓励东部地区率先发展，中部地区加快文化产业崛起，西部地区结合地方特色和资源优势，大力增强文化产业自我发展能力，着力形成东、中、西优势互补、良性互动的区域文化产业协调发展新格局。2009年9月26日，国务院发布《文化产业振兴规划》，提出要支持和加快发展有地域和民族特色的文化产业群。2010年元旦，原新闻出版总署公布《关于进一

---

① 黄先蓉，赵礼寿，刘玲武．数字技术环境下的出版产业政策调整［J］．编辑之友，2011（7）：15-18.

步推动新闻出版产业发展的指导意见》，强调要重点发展少数民族语言文字出版、数字出版、版权创意等产业园和基地，大力推进国家级产业园区和基地建设。

在强大的国家政策支持下，自 2008 年 7 月我国第一个国家数字出版基地——上海张江国家数字出版基地正式建立以来，已有重庆、杭州、中南、西安、天津、广东、湖北、江苏、安徽等共 14 家国家级数字出版基地得到批准成立。在区域分布上可以看出，在政府有意识的引导之下，国家级的数字出版基地已然形成了华北、华东、华中、华南、西北和西南全面开花的格局，从设立之初就避免出现东强西弱的局面。在 2011 年，国家级数字出版基地共实现营业收入 419. 71 亿元，占整个数字出版营业收入的 30. 5%，成绩斐然。①

在国家政策的引导下，地方上更加具体的鼓励政策更是出版基地昂首向前的直接动力。上海作为我国经济最发达地区和首个数字出版基地所在地，政府制定了包括税收、投融资、财政扶持、办公用房租赁、人才引进等方面在内共 42 条的《张江国家数字出版基地发展政策》。西安在 2009 年和 2010 年分别出台《西安高新区促进创意产业发展扶持政策》和《西安高新区关于轻资产企业融资方案》，规定专项资金扶持园区内文化创意产业发展。重庆市政府从 2009 年开始，每年投入5 000万元专项资金建设基地，推出入驻企业减免税收、返还税收、入驻奖励等优惠政策。杭州市政府于 2012 年出台《杭州市数字出版产业“十二五”发展规划》，从资金、财税政策、版权保护、人才培养等方面加大扶持力度，设立数字出版产业发展专项资金，免征新办数字出版企业的三年企业所得税等。②

相比国家政策，地方政策更加具体直接，在上下通力的政策支

① 韦文杰．国家数字出版基地发展现状分析［J］. 科技信息，2014(10)：14-16.

② 宫丽颖．我国国家数字出版基地建设分析［J］. 中国出版，2013(20)：36-38.

持下，数字出版基地的发展前途不可小觑。但正是因为大量利好政策的倾斜，尤其是在用地、资金保障、税收减免，人才引进等方面给予大量支持，再加上政策支持多有不完善之处，不乏好利之徒打着数字出版的旗号钻空子，出现“候鸟式”迁徙现象——哪个基地优惠多就上哪个基地，该基地优惠政策弱化后又流动到下一个基地。[①] 同时，由于数字出版基地涉及的产业相当多，包括文化产业、新闻出版行业、印刷行业、软件行业、通信行业，等等，每个行业又都有各自的主管部门，所以就算有大量扶持政策，但到底找谁又如何执行，往往让企业捉摸不清，政策虽好但缺乏系统性，在落实方面存在阻碍。

三、技术飞速发展，各种标准不断完善

不同于传统出版，数字出版是建立在计算机技术、通信技术、网络技术、流媒体技术、存储技术、显示技术等高新技术之上，融合并超越了传统出版内容而发展起来的信息出版产业，技术对于数字出版产业而言有着至关重要的意义。[②] 只有掌握了属于自己的关键技术，在数字出版的未来发展中，我国的企业才能掌握主动，形成竞争优势。

所以，从“十一五”计划的一开始，我国各个部门便相继出台了各种政策以壮大科研力量，促进技术的发展。2006 年 10 月 27 日，科技部出台《国家“十一五”科学技术发展规划》，要求在新闻出版行业开发一批应用支撑的共性关键技术。2007 年 7 月 13 日，文化部颁布《文化标准化中长期发展规划（2007—2020）》，要引导新兴科学技术和前沿科学技术在文化领域产、学、研各方面的广泛应用和集成创新或进化吸收再创新，推进我国具有自主知识产权的文化标准的研究制定。2008 年 12 月 31 日，新闻出版总署

① 王炎龙，黎娟．我国数字出版基地的困局及发展路径［J］．出版科学，2013（2）：81-84.

② 臧珏．发展数字出版技术 提高我国产业发展水平［J］．现代交际，2012（10）：141.

发布《关于认定新闻出版行业高新技术企业有关问题的通知》，到2013年年底国家税收在文化产业支撑技术等领域内需要重点扶持高新技术企业，减按15%的税率征收企业所得税，文化企业开发新技术、新产品、新工艺发生的研究开发费用，允许按规定在计算应纳税所得额时加计扣除。2009年3月25日，新闻出版总署发布《关于进一步推进新闻出版体制改革的指导意见》，强调制定和完善出版发行标准，积极鼓励和支持新闻出版单位运用高新技术和先进适用技术改造传统生产方式和基础设施。

首先，国家鼓励并且支持先进数字出版技术的研发和引进。在数字出版浪潮之下，我们必须承认在技术层面与发达国家相比，还存在很大差距，所以政策上，国家允许出版技术的引进，但是更加鼓励和支持本国企业对技术进行研发和创新，尤其是一些具有关键意义的技术。因为一味地学习和引进国外先进技术，始终都是跟着别人的发展脚步模仿，只有自己主动掌握了关键技术，我国的数字出版业才能在未来的发展道路上自主自强，甚至成为全球数字出版的领头羊。被列入国家“十一五”与“十二五”时期文化发展规划纲要的国家新闻出版广电总局新闻出版重大科技项目——数字版权保护技术研发工程，经过20多家单位5年时间的协同攻关，2016年12月顺利竣工。该工程共18个分包、26项课题，涵盖技术研究、系统开发、平台搭建、标准制定、总体集成、应用示范等多个方面，参与工程管理、研发和集成任务的单位24家。工程总目标是探索数字环境下的版权保护机制，为出版单位数字化转型提供政府主导的第三方公共服务平台，为数字出版产业发展提供一整套数字版权保护技术解决方案。该工程已经完成了全部预定任务，形成了综合性的数字版权保护技术管理与服务平台，现在已为多家数字出版企业批量注册了版权作品信息，同时也在网络文学侵权追踪中发挥了重要作用。同样，作为“十一五”重点工程的国家数字复合出版系统工程、中华字库工程和国家知识资源数据库工程也都完成了工程申报进入调研、攻关阶段，电子书包研发工程已在经济发达且有条件的地区开始试点。

其次，口号上的鼓励和支持往往显得很单薄，最实际有效的鼓励便是在财政措施上给予倾斜支持。减免部分税收能大大减少在技术研发过程中相关企业的经济压力，为它们带来相对宽松的发展环境。但是数字技术研发的前期工程需要投入大量人力和物力，且时间周期具有不确定性，单纯的税收减免对于小企业甚至是处于起步阶段的团队而言作用并不显著，增加有利于小型技术企业进行投融资的财政政策将更利于数字出版技术的研发。

最后，正所谓无规矩不成方圆，没有一定的标准进行约束，数字出版的发展局面将变得混乱不堪，正如现在电子书格式"百花齐放"，导致阅读设备兼容性受到考验，更限制了电子出版物的流通，大大阻碍了数字出版的商业模式的建立和发展。行业以及管理部门已经认识到制定标准是奠定数字出版繁荣的基石，正如磨刀不误砍柴工，标准的意义也不言而喻。据了解，《电子书版式标准》正在研发新一代自主知识产权的统一版式文档技术（CEBX），并已完成了 CEBX v1.0 版本的开发，而 CEBX 的一个子集 CEBX/A-1 已获得版式技术产业应用联盟通过，即将成为 DIAA 的归档格式标准。同时，《印刷技术术语第 8 部分：数字印刷术语》《数字印刷分类原则与方法》《数字印刷机印刷要求及测试方法》《数字印刷品质量要求及检验方法》《数字印刷纸张印刷适性及检验方法》《数字硬打样系统要求及测试方法》《数字印刷油墨要求及检验方法》已批准立项，正在逐步开展相关标准的研究和制定。由工信部推动的旨在促进手机出版发展的《移动阅读产业标准》也已在制定之中。

四、手机、动漫增长势头猛，引导发展是关键

据中国互联网络信息中心发布的《第 38 次中国互联网络发展状况统计报告》显示，截至 2016 年 6 月，我国手机网民规模已经达到 6.56 亿，全体网民中使用手机上网的人群占比由 2015 年底的 90.1%提升至 92.5%，即将进入平稳增长阶段。这标志着手机出版将继续成为数字出版的一大增长点，庞大的消费群体必将带来具有潜力的消费市场。

2009 年国务院发布《文化产业振兴规划》，将发展数字出版、

电子阅读提上重要日程，提出要积极发展有声读物、电子书、手机报等新兴出版发行业态。① 2010 年 5 月 12 日国家发展和改革委员会发布《关于当前推进高技术服务业发展有关工作的通知》，强调国家要引导数字文化产业创新发展，加强网络出版、3G 手机内容服务等领域关键技术开发和应用平台建设。

除了相关政策的支持和鼓励外，移动 3G 网络的普及和 4G 网络的逐步进入，无线网络大范围的覆盖，智能手机的市场价格逐步走低，电信运营商下调网络流量资费，都为手机出版市场的开拓添砖加瓦。2015 年我国手机出版的总收入为1 055. 9亿元，占国内数字出版产业整体收入规模的 23. 97%，远超过互联网期刊、电子书、数字报纸（不含手机报）、在线音乐等版块。② 另根据工信部公布的数据，2015 年我国智能手机的出货量达到 4. 57 亿部，全球贡献份额逼近 32%；2015 年 4G 用户保持高速增长，全国新增 4G 用户 2. 89 亿，总数达到 3. 86 亿户。2016 年 7 月，我国移动电话用户总数达到 13. 04 亿户，其中 4G 用户总数达到 6. 46 亿户；2017 年 4 月，4G 用户已经达到 7. 7 亿户，占全球 4G 用户的一半以上。多种数据表明，手机出版因其巨大的潜力必将成为日后数字出版新的爆发点。

与此同时，不可忽视的是手机出版带来的问题，如利益分成、版权保护等。因此国家制定相关优惠、扶持政策的同时，更应发挥协调和监管的作用：一方面制定政策平衡电信商、网络运营商和内容提供商三者关系，力求利益平衡，避免出现市场垄断；另一方面从法律角度对手机出版物予以明确的定义，对手机出版物的版权给予足够的保护，同时对手机出版物的内容进行合理的监管，只有这样才能在社会利益与经济利益中求得共生。

---

①　数字出版政策摘要［J］. 中国高新技术企业，2011（8）：48-49.

②　中国新闻出版研究院中国数字出版产业年度报告课题组 . 转型升级之年的中国数字出版——2013—2014 中国数字出版产业年度报告（摘要）［J］. 出版参考，2014（9）：5-9.

五、企业投入大，政策细化促发展

如果说行业是一个庞大的机器，那么企业则是决定机器能否运转的重要零件。由于历史原因，我国出版单位在进行转企改制的同时迎来了数字出版的大浪潮，一方面要面对单位性质的改变，另一方面传统业务受到挤压，在变革时期面对的挑战是前所未有的。

2009 年 3 月 25 日，原新闻出版总署发布《关于进一步推进新闻出版体制改革的指导意见》，要对大型跨地区骨干出版传媒企业在音像制品、电子出版、数字出版等出版资源配置上予以倾斜，鼓励其做大做强。[①] 2010 年 8 月 24 日，原新闻出版总署发布《关于加快我国数字出版产业发展的若干意见》，该意见提出到 2020 年，传统出版单位要基本完成数字化转型。2013 年 1 月 31 日，原新闻出版总署办公厅印发《2013 年新闻出版改革发展工作要点》，强调巩固出版发行单位的改革成果，推动出版企业建立现代企业制度，实施出版传媒企业集团化发展，打造骨干企业和战略投资者。

在政策的鼓励之下，出版集团纷纷出拳加紧对数字出版领域的探索。手机阅读方面，2010 年，浙江出版集团数字传媒公司与中国移动手机阅读基地达成战略合作，在内容和平台建设上展开合作项目，第一年的收入达到 120 万元，投资的日本手机小说《红线》上线的第一个星期点击量高达 40 多万次；教育出版数字化方面，江苏凤凰数字传媒公司建设的凤凰教育网、凤凰学习网已有 700 余万的收费会员，课程面覆盖小学、初中和高中的各个科目；平台建设方面，2011 年 1 月 19 日，中南出版传媒集团股份有限公司与华为技术有限公司签订战略合作协议，目标是打造一流的数字阅读与出版平台，在全球范围内开发、运营数字内容资源；2011 年 6 月 28 日，时代出版传媒股份有限公司与安徽教育网络出版公司打造的全媒体数字出版运营平台“时代 e 博”正式上线运营。

---

① 王运平．迎接新闻出版业改革和发展的春天——专访新闻出版总署出版产业发展司司长范卫平［J］．中国出版，2009（5）：25-30.

为进一步加快传统出版业向数字出版升级转型的步伐，促进数字出版产业快速发展，原新闻出版总署于2012年9月在新闻出版行业开展了传统出版单位数字出版转型示范工作，并确立首批“数字出版转型示范单位”，包括出版集团5家、图书出版社20家、报业集团5家、报社20家和期刊社20家，占全部申报单位的16.3%，占全国出版单位的0.56%。2016年2月，为推动传统出版单位数字出版转型升级工作向更大范围、更高层次发展，在第一批的基础上，新闻出版广电总局（原新闻出版总署）又开展了第二批“数字出版转型示范单位”，包括出版集团5家、图书出版社26家、报业集团10家、报社30家、期刊单位29家。入选的单位将获得优先扶持。

尽管政策在鼓励，企业在行动，上上下下都是动作不断，但是适合我国的数字出版道路依旧处在摸着石头过河的探索阶段，其中诸多原因来自于我国出版单位的历史遗留问题，例如现代企业制度的建设不完善、投融资困难、地域阻隔各自为政、民营单位作用难以发挥等。

总体而言，要促进出版企业在数字出版方面的发展，政策方面必须避免口号式的鼓励与支持，一定要在掌握实际情况后细化政策，具体到需要政府调节的各个环节。首先，从表面上看各地出版集团兼并重组风生水起，但绝大多数依旧是以地域划分为基础，也直接导致了在数字出版建设过程中，出版企业“画地为牢”，一方面无法真正做大做强，另一方面也造成出版资源的浪费。例如，陕西出版集团、海峡出版集团、浙江出版集团、江苏凤凰出版集团、安徽时代出版集团、贵州出版集团都在尝试开发专业数据库，同时很多出版集团也都在建立自己的电子书销售平台。数据库和平台建设在前期需要大量人力、财力的投入，单个出版企业能力有限，容易造成项目搁浅，造成出版资源的浪费。政府可以牵头给予政策鼓励出版产品相似的出版企业跨地域发展，形成有效的战略联盟，使资源得到有效配置，相关项目的建设也能得到多方意见和支持。其次，在资金运作上，已经上市的大型出版集团因为要对股民负责，在掌握大量的融资资金后不敢轻易投入数字出版这个尚不明确的市场之中，要么不动，要么投入回报率高的非出版行业。而对于小型出版企业，因为缺乏资金无法运作起来。所以，政府在制定引导出版企业发展数字出版的政策时，一方面需要考虑如何引导大型出版集团进行能促进本行业发展的资本运营，另一方面给予政策，开放小型数字出版相关企业的投融资平台，给予数字出版更多鲜活的力量。

第四章　国外数字出版法律制度研究

随着全球信息化进程的推进以及信息技术的不断完善，全球出版业正在经历数字化转型。在转型过程中制度建设非常关键。在我国数字出版产业发展进程中，如果不能根据技术特点适时调整管理体制，制定、完善相关法律法规，很可能造成产业发展制度性的落后。国外发达国家在出版业数字化转型和数字出版产业发展中高度重视法律制度建设，构建了相对完备的数字出版法律体系。本章对美国、英国、法国、德国、日本、韩国等主要发达国家数字出版法律制度进行研究。

第一节　美国数字出版法律制度

美国数字出版法律制度是以美国版权法为核心逐步建立起来的。美国版权法的正式名称是美国法典第 17 编，是国会根据美国宪法授权，于 1790 年制定。版权法自立法以来，历经多次修订，在一次重大的全面修订后，出台了《1976 年版权法》，成为当代版权法的基础①。如今，美国法典第 17 编的主体是 1998 年颁布的《千禧年数字版权法》（DMCA）。

① ［美］约翰·冈茨，杰克·罗切斯特. 数字时代，盗版无罪？［M］. 周晓琪，译. 北京：法律出版社，2008：83.

一、美国数字出版法律制度的现状

数字出版是现今出版业发展的潮流，是出版业最具潜力的发展方向，美国数字出版的发展在世界出版范围内独占鳌头。根据美国出版商协会的统计，2011 年 2 月，美国电子书的销售额达到 9 030 万美元，同比增长 202%，已超过纸质书 8 120 万美元的销售额①，而 2011 年全年美国国内的电子书收益以年均 127.7%的比例增长，达到 30.9 亿美元②，占总收益的 11.4%。2016 年 5 月 31 日，尼尔森公司（Nielsen）发表了《2015 年图书市场》(*Year in Books Review* 2015)，该报告指出，电子书在整个图书市场所占比重已由 2010 年的 9%增加到 2015 年的 24%。③ 美国数字出版的高速发展离不开数字出版法律制度的合理规制和保障。

美国数字出版法律制度经历了很长时间的发展演变，最终形成了今天较为系统完善的数字出版法律体系。从最初美国众议院关于《1976 年版权法》的说明（表演和展览的设备或程序，“包括所有种类的放大声音、形象的设备，所有种类的传输器械，所有类型的电子传送系统，以及其他所有的现在尚未使用甚至尚未发明的技术和系统”④）为网络版权的适用提供依据开始，美国的数字出版法律制度经历了《知识产权与国家信息基础设施》白皮书、《在线版权责任限制法》《澄清数字化版权与技术教育法》《千禧年数字版权法》和《数字消费者知情权法》等的发展，最终形成了较为系统完善的数字出版法律体系。如表 4-1 所示。

---

① Julianne Pepitone. E-Book Sales Top Paperbacks for First time [EB/OL]. [2012-06-10]. http://money.cnn.com/2011/04/15/technology/ebooks_beat_paperbacks/.

② Agata Kaczanowska. Open book: Demand for Traditional Books will Grow Modestly, Despite Strong Competition [R]. America: IBISWorld Inc., 2012: 29.

③ 尼尔森 2015 美国市场报告：五大社电子书份额下滑 12% [EB/OL]. [2016-06-07]. http://www.cbbr.com.cn/article/104506.html.

④ 李明德. 美国知识产权法 [M]. 北京：法律出版社，2003：240.

表 4-1　　美国数字出版法律制度

名称	时间	主要内容
《版权法》	1976 年	在表演和展览的设备或程序中包含了电子传送系统及尚未使用或尚未发明的系统，为网络版权的适用提供了依据
《知识产权和国家信息基础设施》	1995 年	白皮书扩大了发行权的范围，涵盖了数字环境下的信息传输，并论述了技术保护措施和版权管理信息与版权保护的关系，建议增设专门的立法
《在线版权责任限制法》和《澄清数字化版权与技术教育法》	1997 年	限制了互联网服务提供商（ISP）的侵权责任，要求版权人履行通知的程序，并为互联网服务提供商设置了“避风港”
《千禧年数字版权法》	1998 年	详细规定了技术保护措施及版权管理系统，并对互联网服务提供商的侵权责任进行限制，其核心是第 1201 条的反规避条款
《防止数字化侵权及强化版权补偿法》	2000 年	加强了针对侵犯版权人版权行为的民事处罚力度
《规范对等网络法》	2002 年	保护对等传输中享有版权的作品，对传输者的责任进行限制
《数字媒体消费者权利法》	2005 年	如果消费者不是以侵犯著作权为目的而绕过著作权保护技术，则不应受到禁止，另外在不侵犯著作权的前提下使用的硬件及软件的开发与发布应视为合法
《家庭娱乐与版权法》	2005 年	要求以刑事手段保护电影作品尤其是预览影片的版权
《数字消费者知情权法》	2009 年	要求对数字内容设有技术保护措施的生产者和发行者在销售之前向购买者披露技术保护措施的性质和有关情况

法律制定实施之后，必然会对行业产生影响。就其实施效果而言，美国这一系列数字出版法律制度在整体上适应了数字时代的发

展要求，在保护了版权人数字利益的同时，也促进了知识的共享与传播，维护了数字环境下的版权秩序，为美国数字出版的良好发展提供了健全的法律保障，并且为世界上其他国家数字出版法律制度的建设提供了范本。在 2001 年 5 月 22 日，欧盟参照《千禧年数字版权法》中技术保护和版权管理系统及 ISP 的限制责任的相关规定，通过了《欧盟版权指令》（EUCD），用以规制欧盟成员国的数字出版产业。

二、美国数字出版法律制度的特点

美国作为知识产权大国，历经发展演变而形成的数字出版法律制度，有其自身的特点。

（一）根据版权环境及技术的发展变化及时制定或修改数字出版法律制度

每当版权环境发生变化或者是技术发展，现有出版法律难以保护版权人的合法权益或公众利益受到损害，使版权保护失衡时，美国政府就会着手制定或修改版权法来适应改变、维护利益平衡。美国数字出版法律制度的兴起就是源于技术的发展变化，信息技术的发展给版权带来了不可预知的挑战。使个人可以轻松地将作品数字化并快速复制传播，用户可以轻易侵犯作品版权，破坏了版权法的平衡[①]。鉴于此，美国 1995 年颁布了《知识产权和国家信息基础设施》白皮书，以适应全球信息社会的需要，并维护现有版权平衡。然而白皮书的公布并未使版权环境发生改变，数字化环境下著作权人的权利还是受到了罕见的挑战。随着技术的进一步发展，美国政府于 1998 年制定并通过了《千禧年数字版权法》，以详细明确的条款保护数字出版环境下著作权人的合法权益，对现有法律作出了适时修改。[②]

① Intellectual Property and the Information Infrastructure，1995：17.

② The Digital Millennium Copyright Act of 1998，Pub. L. No. 105-304，§ 512，112 Stat. 2860（Oct. 28，1998）. 25.

（二）制定流程缜密，多部门协同参与，并经过多次的辩论验证

美国法律的制定过程是：现有国会议员提出立法草案，交由与此立法有关的委员会或小组委员会审议，经委员会或小组委员会仔细研究和辩论，重大问题还需要召开公共听证会，在这之后对其投票表决，得到委员会多数赞成通过的立法将被送到众议院，经众议院审议、辩论和投票、通过之后，法案将送交总统审核签字颁发，总统有权否决法案。同时，国会在通过法案前会将法案信息公布给公众，并允许公众讨论，允许各利益集团争辩抗议。每一项法案的制定都需要通过这一系列的流程，一旦中间某个环节没有通过审核，那么法案将被否决。此外，一部法案的制定可能涉及多个部门，需要多个部门协同合作才能通过，《知识产权和国家信息基础设施》白皮书的参与部门就涵盖了专利与商标局、版权局、商务部等 26 个国家部门和机构。

（三）美国数字出版法律制度在内容方面的特点

1. 强化对版权所有人利益的保护

数字时代的技术发展使得版权所有人的权利受到前所未有的挑战，尤其是网络技术的发展使得未经授权的个人可以随意篡改版权人的信息，并任意复制传播版权作品，版权人的精神权利和财产权利相继受到严重威胁。因而从《知识产权和国家信息基础设施》白皮书开始，美国的数字出版法律制度开始强化对版权所有人利益的保护，这一点在《千禧年数字版权法》中尤其明显，其中第二款技术保护和版权管理系统中，第 1201 条的反规避条款明确禁止以绕过作者技术保护措施的方式获取作品的行为，甚至还禁止某些规避设备的销售，用以控制非法的数字复制和传播，保护版权人的财产权利。更为严厉的是，为了防止版权人权利受损，《千禧年数字版权法》限制公民合理使用作品的权利，第 1201 条（c）（1）中明确规定：这一部分条款中的任何一点都不能影响权利、补救、限制或是侵权防护措施，包括合理使用。大卫·尼蒙（David Nimmer）认为这实际上意味着在对抗被控告侵犯第 1201 条款时没

有所谓的107条合理使用条款①。而第1202条保护版权信息的完整性规定保护了版权人的精神权利，遏制了网络传播时版权信息的恶意篡改和删除。

2. 详细规定了互联网服务提供商的著作权侵权责任限制

面对数字版权侵权，由于互联网信息的海量复杂，版权人很难找到真正的侵权责任人，此时互联网服务提供商很容易成为被告，因而美国的数字出版法律制度对互联网服务提供商的侵权责任进行了详细的界定。《千禧年数字版权法》规定了4种互联网服务提供商的侵权责任限制：暂时传播限制、系统存储限制、用户个人的系统或网络存储限制、信息定位工具限制。以上4种限制在有金钱损失时都适用，但是未满足任何一个条件不意味着对版权侵权负有责任。②这一限制解除了互联网服务提供商随时面临侵权的担忧，也维护了网络的发展。但是这并不意味着互联网服务提供商对任何侵权都不负有责任，《千禧年数字版权法》还规定了互联网服务提供商的过错责任归责原则，如果在接到著作权人的通知之后，互联网服务提供商仍不删除信息或采取措施阻止他人访问，互联网服务提供商就必须要承担侵权责任。

3. 内容更新迅速，随着版权环境和技术发展及时修订完善

美国的数字出版法律制度会依据时代发展而及时修订，增添或删改现有法律中的内容，维护版权法的作用。以《千禧年数字版权法》的制定与修改为例，美国版权办公室被委托保护在《千禧年数字版权法》下可能被禁止的合法使用，每三年它都会开展一个规则制定进程来决定哪些种类的作品应该排除在法律之外，即予以豁免③。版权办公室在2000年、2003年、2006年和2010年分

---

① David Nimmer. A Riff on Fair Use in the Digital Millennium Copyright Act [J]. University of Pennsylvania Law Review, 2000, 148 : 673-723.

② U. S. Copyright Office. The Digital Millennium Copyright Act of 1998 U. S. Copyright Office Summary [EB/OL]. [2012-06-10]. http://www.copyright.gov/legislation/dmca.pdf,1998-10-28/2012-04-06. 9.

③ The Digital Millennium Copyright Act of 1998, Pub. L. No. 105-304, §1201 (a) (1) (c), 112 Stat. 2860 (Oct. 28, 1998) .5.

别豁免了2、4、6、6项内容，这也就是《千禧年数字版权法》所经历的4次修改过程。而且在《千禧年数字版权法》显现出争议之后，国会也通过了相关法律来解决《千禧年数字版权法》的缺陷：《数字媒体消费者权利法》的通过部分解决了《千禧年数字版权法》对合理使用的限制，保障了公民合理使用数字作品的权利；《数字消费者知情权法》的通过则很好地消除了技术保护措施的采用给消费者带来的不利影响①。这些法律的修改及制定使得美国数字出版法律不断完善。

4. 可持续性强

美国数字出版法律制度的制定具有较强的可持续性。每一部法律的制定都会参考前一部法律中的内容，将前一部法律的内容细致完善后加入到新制定的法律中。《知识产权和国家信息基础设施》白皮书在第四部分的建议中提到了数字时代的技术保护措施和版权管理信息建设，但是只给出了其与版权保护的关系并建议设立专门的法律进行规范。《千禧年数字版权法》继承了这一条款，详细地规定了技术保护措施和版权管理信息的内容，并对其进行完善，这就保证了美国数字出版法律制度的延续性。

三、美国数字出版法律制度发展的制约因素

（一）传统软件娱乐产业力量过于强大，为维护自身利益限制数字出版法律制度发展

数字时代，传统软件娱乐产业为了维护自身的利益，积极投入到数字出版法律的制定过程中，企图通过法律的制定来维护自身利益，抵抗数字出版的发展。《千禧年数字版权法》的支持者就是那些传统的软件和娱乐业者，他们通过对国会的游说，与科学家、图书馆员和学者们进行争论，最终让国会通过了《千禧年数字版权

① Steve P. Calandrillo, Ewa M. Davison. The Dangers of the Digital Millennium Copyright Act: Much Ado about Nothing? [J]. William and Mary Law Review, 2008, 5 (2): 383-389.

法》，维护了版权所有人的利益，限制了公众合理使用的权利①。在最新提案《禁止网络盗版法》（SOPA）中，传统软件娱乐产业也试图与新兴互联网公司对抗，他们投入 2.8 亿美元的游说费用，力求通过该项法案以让互联网服务提供商对服务对象的侵权行为负责，并以此限制互联网的信息共享。

（二）很少有组织代表公众的利益，在法律的制定过程中公众的意见甚少被注意

法律的制定主要通过国会来进行，在国会中进行辩论，而国会中的议员大多有自己所代表的利益集团，他们提出法案多是为维护本阶级利益，谋求自身发展。在对法案进行辩论时，考虑的也都是自身利益集团的利益，而不是民众的利益。即便是国会颁布法案前会向公众发布草案，允许公众讨论和利益集团争辩，此阶段国会看重的仍是各利益集团的意见，而非普通民众的意见。由于民众在国会中没有代表，讨论也不被重视，所以他们的意见难以被采纳，也就不能影响到法律的制定，法律的制定与他们无关，民众只能在法律出台后遵守这些法律。

（三）版权归属正由艺术家或者创作者身上转移至生产、制造、销售这些作品的企业②，作者的利益得不到维护

美国宪法第八款规定版权法制定是为了维护著作权人的合法权益，同时促进科学文化的发展。在版权法创立之初，维护的的确是作者的利益，但是现在随着版权的归属由力量薄弱的作者转移到力量强大的企业，版权法的发展就受到了强力的挑战。版权归于个人时，个人所能获得的利益有限，其力量也较单薄，不会过多地干预版权法的制定修改。而当版权归属于企业时，一家企业可能拥有多个作者的作品的版权，这些版权带来的是丰厚的群体利益，这些利

---

① Robert Burnett, P. David Marshall. Mauricio Espana. The Fallacy that Fair Use and Information Should be Provided for Free: An Analysis of the Responses to the DMCA's Section 1201 [J]. Fordham Urban Law Journal, 2003, 31 (1): 135-170.

② ［美］约翰·冈茨，杰克·罗切斯特．数字时代，盗版无罪？［M］．周晓琪，译．北京：法律出版社，2008：82.

益对企业来说具有巨大的诱惑力，企业往往会为了维护这些利益而阻碍版权法的制定修改。此外，企业比个人更具影响力，他们对版权法的干预能力比个人要大得多。因而当版权归属转移到企业后，版权法再想维持版权的平衡就很困难。而且在企业的利益得到维护的时候，作品创作者的权益并不一定得到维护，他们没有了版权，势单力薄，难以与企业抗衡，只能享有企业所给的一点点佣金，创作激情会受打击，就很难有好的作品问世。

（四）公众版权意识薄弱

数字出版时代，公众的版权意识薄弱似乎是一个全球性的话题，大家都习惯了互联网创立之初的免费使用，而不愿意针对网上内容付费，甚至人们都意识不到网络上的资源其实是受版权保护的。有时即使知道作品是享有版权的，也会因为互联网的复制传播而存在侥幸心理，认为自己个人的下载复制不会影响版权人的利益，不会被发现受到法律的制裁而继续侵权。公众的不关心、不作为很大程度上破坏了法律的实施，制约了数字出版法律制度的发展。

四、美国数字出版法律制度的发展趋势

（一）更倾向于保护版权所有人的利益，而非公众利益

美国的数字出版法律制度更倾向于保护版权所有人的利益，并不断强化其利益。在对《千禧年数字版权法》进行立法时，国会面临两种选择，一种是过度保护，风险是毁了互联网最大的贡献——信息的自由流通传播；另一种是保护不足，风险是荒废掉版权保护。在这两种选择之间，国会选择了过度保护①，牺牲了互联网的信息自由流通。《千禧年数字版权法》的核心条款——第1201条反规避条款也体现了这一点，为了维护版权人的数字版权，不惜限制公众合理使用作品的权利，同时限制了科研和创新，阻碍了技

① Glynn S. Lunney Jr. . The Death of Copyright：Digital Technology，Private Copying，and the Digital Millennium Copyright Act [J]. Virginia Law Review，2001，8（75）：813-820.

术的发展。而且美国1998年的《索尼·波诺版权期限延长法》将版权的保护期由作者死后50年延长到了70年，进一步强化了版权所有人的利益，延后了作品进入公共流通领域的时间，抑制了科学文化的发展。

（二）保护力度不断加强，保护范围不断扩展

通过近些年数字出版法律制度的制定，美国不断加强其对数字出版的保护力度并不断扩展其保护范围。通过《防止数字化侵权及强化版权补偿法》的制定，美国加大了对数字侵权的惩罚力度，增加了罚金的额度。这项法律加强了针对侵犯版权所有人版权行为的民事处罚力度，针对被侵权的每一件作品，这一法律将最高民事赔偿金额由10万美元提升到了15万美元①。此外，美国对数字版权的保护范围也在不断扩大，版权法保护表达但不保护思想是美国版权法的准则，但在《千禧年数字版权法》第五部分增加了对原创性设计的保护，保护那些“有用的作品”设计中的创新思想，拓展了数字出版法的保护范围。

（三）法律更多的是针对作品的技术措施，而非作品的内容

以前的版权法，关注的多是对作品内容的保护，详细地规定受版权法保护的作品和不受版权法保护的内容，分门别类地列举作者针对其作品内容所享有的各项权利。而在数字出版时代，版权法则更多地关注作品的技术措施，而不再特意针对作品的内容。《千禧年数字版权法》的核心是第1201条的反规避条款，针对的就是绕过作品技术保护措施的行为，它详细全面地规定了技术保护措施的内容并列出了保留条款和例外的内容。其后颁布的《数字媒体消费者权利法》和《数字消费者知情权法》等各项补充法律的内容大多也是针对作品的技术保护措施，要求限制其技术保护措施的范围。这和技术的发展密不可分，同样，也与出版商们更多地关注技

① 张恒山．美国网络管制的内容及手段［J］．红旗文稿，2010（9）：35.

术竞争、网络环境而非内容的提供有关①。

论内容，美国的数字出版业拥有丰富的享有版权保护的作品；论技术，美国的数字出版技术居于世界领先地位。如果能善加利用这些优势，配以更加细致完善的数字出版法律制度，让法律起到更好的规制作用，那么美国数字出版的发展必将前景无限。

实证分析

从 SOPA 的博弈看美国数字出版利益平衡②

《版权法》调整的核心是围绕作品所产生的利益关系，它实际上是一部分配作品权益的知识产权法。③《版权法》体现了“在授予创造者的权利和留存公众的权利之间的平衡”④。这种利益平衡是知识产权制度的理论基础，是各国版权法的立法基准。数字时代，版权法的利益平衡成为各国立法的难点。美国作为全球数字出版的引领者，其合理的利益平衡机制功不可没。而 SOPA 立法过程中的博弈恰恰最能体现美国立法中的平衡博弈。

一、SOPA 及其博弈各方

SOPA（Stop Online Piracy Act）是“禁止网络盗版法”的简称。该法目的是为了增强美国在打击网络盗版和假冒商品上的执法力度，保护和鼓励创新，促进经济繁荣。但该法公布后引发了巨大的争议，争议主要集中在该法 102-04 条款的内容。

---

① Pamela Samuelson. Toward a New Politics Intellectual Property [J]. Communications of the ACM，2001，44（3）：99.

② 原文载于《现代出版》2012 年第 6 期，是教育部人文社会科学重点研究基地重大项目“中外数字出版法律制度研究”（项目编号：11JJD820005）的研究成果之一，作者黄先蓉、李魏娟。

③ 冯晓青 . 著作权法的利益平衡理论研究［J］. 湖南大学学报（社会科学版），2008（22）.

④ James D. White. Misuse or Fair Use：That is the Software Copyright Question［J］. Berkeley Technology Law Journal，1997（12）.

这些条款要求网站所有者对网站上的全部内容负责，防止盗版和侵权内容的传播，甚至授予了美国政府屏蔽提供盗版内容的国外网站的权力。该法一经推出，就遭到了部分新兴互联网公司的强烈抗议。在该法的立法过程中，由于来自社会各界的反对声音太过强大，各方达不成一致的意见，该法最终在众议院推迟表决，法案至今搁浅。

在SOPA立法中，支持SOPA的主要是好莱坞、唱片公司等传统娱乐行业和微软、戴尔这样的传统IT公司，反对SOPA的力量则是以谷歌、Facebook、维基百科、雅虎为代表的新兴互联网公司，它们是SOPA立法中主要的博弈双方，并决定了SOPA的命运走向。除此之外，美国的创作者团体、普通民众、白宫政府也在此法的立法过程中扮演了重要的角色。

二、SOPA立法在美国的博弈过程

根据SOPA立法过程的时间脉络进行梳理，SOPA立法博弈的过程可分为三个阶段。

（一）博弈准备阶段（2011年10月26日—2011年11月16日）

2011年10月26日，美国国会议员拉马尔·史密斯（Lamar Smith）向国会提出SOPA立法草案，交由相关立法委员会审议，由委员会进行研究辩论，SOPA正式面世。2011年11月16日，众议院司法委员会就SOPA举行听证会。委员们对SOPA进行了投票，22∶12的投票数表明委员们对此法案的强烈支持。然而，就是这场听证会拉开了SOPA利益双方博弈的序幕。

此次听证会最大的争议就是听证会成员们的资格问题。美国市场研究机构莫卡特斯中心（Mercatus Center）高级研究员亚当·西艾奥（Adam Thierer）表示：国会在技术方面的无知得到了充分的展示，一个接一个的听证会成员承认他们不知道SOPA的常规条款对DNS域名系统和在线安全等事项会产生哪些影响。美国消费电子产品协会的CEO盖瑞·夏培罗（Gary Shapiro）也发表了自己的看法：关注SOPA的人士包括电脑科学家、人权倡导者、风险资本家、法学教授、独立音乐人等，不幸的是他们没有参加此次听证会。听证会引发了SOPA反对者们的强烈不满，他们开始用行动与支持者们进行博弈。

（二）博弈正式交锋阶段（2011年11月16日—2012年1月20日）

自众议院的听证会开始，围绕SOPA博弈的主要力量——传统娱乐行业和新兴互联网行业，分别投入了2.8亿美元和3 000万美元的游说费用来表明自己的观点。同时，创作者团体、民众以及白宫政府也参与到了这场博弈之中。

1. SOPA的主要支持者——传统娱乐行业的态度

传统娱乐行业认为SOPA是十分必要和急迫的。因为网络盗版使他们损失巨大，并且现有的美国版权法并不涵盖国外的网站，国外网站的侵权对美国造成了巨大的损失。为了保护知识产权及相关行业，增加工作机会和税收，有必要通过这项法案。传统娱乐行业代表了美国经济的重要部分，这一行业由电影业、录音业、软件业及电子游戏业四大部分构成。电影行业表示，盗版每年会让他们损失61亿美元，其中38%源于网络盗版，这就意味着电影行业每年会因网络盗版损失23亿美元。①

2. SOPA的主要反对者——新兴互联网行业的立场

新兴互联网行业强烈反对SOPA，他们认为此法堪称是一部“恶法”。在新兴互联网行业看来，SOPA允许法律实施者在出现侵权内容时关闭整个网站，威胁了言论自由及创新，违反了宪法第一修正案；其次他们认为SOPA绕过了DMCA所确立的“避风港”原则，使网络相关业务受到影响，使图书馆等公共机构很容易处于被告地位；最后，他们认为法案阻碍了互联网的发展，破坏了互联网的实质——信息共享，会在世界

① Stephen E. Siwek. The True Cost of Motion Picture Piracy to the U. S. Economy [EB/OL]. [2012-06-10]. Institute for Policy Innovation. http://www.ipi.org.

范围内带来不良影响。

针对传统娱乐业给出的经济数据，新兴互联网力量也给出了自己的数据分析。他们表示，互联网行业对美国经济也非常重要，在过去五年里，互联网行业对美国 GDP 增长做出了15%的贡献，单 Google 一家就贡献了 640 亿美元。此外，新兴互联网行业还提出了一个强有力的证据来反驳传统娱乐行业的数据。根据国会研究处（CRS）2011 年 9 月 9 日的报告：电影业和录音业从 1995 年到 2009 年的附加值占 GDP 的比例仍旧是0.4%，没有改变；电影业和录音业的总收入由 1995 年的 528 亿美元增长到了 2009 年的1 044亿美元；全球票房的收入增长快于美国本土。① 这些数据表明，相对于美国经济整体而言，侵权并未伤害这些产业，电影业抱怨伪冒和盗版给它们带来巨大的伤害是夸大了的，而且国外侵权问题明显被夸大。

除了理论上和数据上的较量，新兴互联网行业还以实际行动反抗 SOPA。2012 年 1 月 18 日，新兴互联网行业发起了"互联网管制日"活动，有超过7 000家网站关闭服务以抗议SOPA，其中最为著名的是 Wikipedia 的参与。在这一天，维基百科关闭了其大部分的英文服务，并把人们熟悉的白色和首页设计图案换成黑色首页，主页上除了"抗议 SOPA"几行字之外一片漆黑。Google 虽然没参与这项活动，但是也在午夜时间将美国主页的标志大部分打上了黑框，并加上一个链接，请求用户告诉美国国会"请不要对网络进行审查"。

3. 力量薄弱的反对者——创作者团体的声音

2012 年 1 月 18 日，作家尼尔·盖曼（Neil Gaiman）和歌手特伦特·雷诺（Trent Reznor）领衔由 18 名艺术家、作者和音乐人组成的团体发出《艺术家和创作者们致华盛顿的公开信》，声明盗版给他们带来了影响，但同时表示，他们和社会

① Mike Masnick. Congressional Research Service Shows Hollywood is Thriving [EB/OL]. [2011-12-12]. http://www.techdirt.com/articles/20111212/02244817037/congressional-research-service-shows-hollywood-is-thriving.shtml.

上其他人一样，从自由和开放的网络中获取了很多。这一团体认为，艺术家和创作者都会受到这一法案带来的附带伤害：网络盗版是有害的，需要解决，但是不能以审查创新、阻碍创造、阻止新事物的产生和合法的数字分销形式为代价。

4. 力量最薄弱的反对者——民众的行动

通常，在美国的数字版权立法中，民众的力量甚少被考虑。而此次之所以有民众的声音发出，也是因为 SOPA 的主要反对者——新兴互联网力量的推动。2012 年 1 月 18 日，Google 开展了一项“停止盗版，而非自由”的请愿活动，仅仅在第一天，Google 就收到了 450 万个民众签名，这表明美国民众对 SOPA 也是持反对态度的。

5. 博弈中的中立者——白宫政府的关切

2012 年 1 月 14 日，白宫发表了一份声明表示对立法中某些条款的关切。声明表示，国外网站侵权的确是一个很严重的问题，需要严肃立法对待，但是白宫不会支持含有互联网审查制度、抑制创新、降低互联网安全性条款的立法，并且白宫鼓励所有各方协商一致，通过对双方都适合的法律来对抗网络盗版 。

（三）博弈暂时中止阶段（2012 年 1 月 20 日至今）

在 2012 年 1 月 18 日互联网上各种抗议活动之后，拉马·史密斯就声称众议院司法委员会将会考虑延迟立法，直至可以达成更广泛的协议。同一天，众议院议长、俄亥俄州共和党人约翰博纳也表示，这项立法还未做好投票准备。

2012 年 1 月 20 日，众议院司法委员会主席宣布推迟 SOPA。他表示：司法委员会仍在寻找可以保护美国知识产权和创新的网络盗版解决方案，司法委员会将延迟考虑 SOPA 的立法直至有更广泛同意的解决方案达成。至此，SOPA 未获通过。

目前，SOPA 立法的搁浅只是暂时的，传统娱乐行业与新兴互联网行业的博弈仍将继续进行，直至达成一个大家都能认同的协议。美国数字出版法律制度的利益平衡也将处于一种动态的平衡中，不断地发展变化，各方力量此消彼长，直至最终的妥协。

三、SOPA 立法中美国与其他国家的博弈

美国众议院议员古德拉特（Goodlatte）曾表示，知识产权是美国在国际市场的主要竞争优势，但是鉴于现在的形势，美国的发明者、创作者及企业只能站在一旁眼睁睁地看着国外盗版者们盗用他们的作品。美国提出 SOPA，授予政府屏蔽提供盗版内容的国外网站的权利，不单单会对美国的数字出版产生影响，同样会对其他国家尤其是美国的合作伙伴产生影响。

鉴于美国在知识产权领域的主导地位，其他国家在与美国博弈时并不占上风，只能唯美国马首是瞻，难以对法案产生实质性的影响。尽管如此，一些国家还是对 SOPA 做出了回应。

加拿大与美国相邻，加拿大人依赖以美国为根基的网站来获取信息、娱乐、社交，就像大多数美国人一样。2011 年，英属哥伦比亚大学新闻学研究院的阿尔弗雷德·埃米达（Alfred Hermida）教授的研究发现，有1 500万加拿大人固定浏览社交网站，而这些网站都在美国的管辖范围内。这就意味着一旦有网站涉嫌侵权，加拿大人就无法搜索链接到该网站，即使该网站是加拿大人创立的。因此，加拿大对美国的 SOPA 并不支持。

欧盟在很多时候都和美国保持高度的一致，但是在 SOPA 立法上，欧盟并不支持。2011 年 11 月 18 日，欧盟委员会以高票通过了一项决议，强调了保护全球互联网完整性和沟通自由的需要，这一需要将通过避免采取单方面撤销 IP 地址和域名来实现，实际上就是反对 SOPA 对互联网的大加干预。

2012 年 1 月 20 日，在 SOPA 宣布延迟投票之后，欧盟委员会副主席、欧盟中负责数字议程的委员尼利·科罗斯（Neelie Kroes）表示，她很高兴看到 SOPA 的立法趋势变了。她解释道，应该认识到开放性网络的好处，而不是设立一个“坏的法律”，“超速是违法的，但是也不要在高速公路上设立减速路障”。

四、从 SOPA 看数字版权立法的平衡点

传统版权法中，利益平衡需要在版权所有者和社会公众之间实现，传播者的地位没那么凸显。然而到了数字出版时代，传播者的地位上升，与公众共同组成社会公共利益。数字出版法律的制定就需要在这二者间达成平衡，这是各国数字出版立法面临的新问题。

从 SOPA 立法过程中的博弈可以看出，目前的版权平衡偏向版权所有人一方，而社会公共利益则受到限制。因此，根据实际情况，提出以下几点建议：

（一）扩大著作权人的权利范围，缩短权利保护期限

网络空间下，版权所有人的权利正在迅速蔓延至整个网络，随着新的信息技术的发展，版权所有人拥有了信息网络传播权、技术措施权、权利信息管理权、电子数据库保护权等各项权利，他们的权利范围在不断扩大，只要有新技术产生，他们就能拥有新的技术措施权。

既然版权所有人权利扩张是不可逆的，那就遵从这一趋势，从著作权限制制度的角度来限制版权所有人的权利，即缩短其保护期限，使作品加速进入公共流通领域。而且本着促进科学和艺术进步的目的，加速作品进入公共流通领域也未尝不是件好事。至于缩短到多少，就得依靠科学地计算收益与成本的边际收益了。

（二）调整合理使用的范围

版权保护期限只是著作权限制制度的一种，为了更好地平衡版权所有人与社会公共利益之间的关系，还可以从合理使用的范围上作出调整，适当增加合理使用的范围，扩大公众合理使用的空间，比如可以适当扩大为教学、科研、新闻报道、批评评论之类的合理使用的范围，保证公众可以享用到这些成果，促进科学文化的传播。

五、结语

从古至今，版权的利益平衡已经历了 300 多年的发展，利益平衡是版权保护亘古不变的精髓。数字时代是一个技术迅速

发展变化的时代，版权的利益平衡也处于一种动态平衡中，不断推进着知识产权向前发展。美国的数字版权利益平衡有其独特性的一面，但也有其普适性的一面，我们应根据其普适性的一面，寻找适合自己的数字版权平衡点。

第二节 英国数字出版法律制度

在英国，影响数字出版产业的法律大体上可以分为四类：针对行业专门性的法律，如《版权法》《通信法》等；普遍适用性的法律，如《公共秩序法》《竞争法》等；保护性的法律，如《数据保护法》《青少年保护法》等；惩罚性和限制性的法律，如《诽谤法》《淫秽出版物法》等。与大多数国家一样，英国没有统一的《出版法》，也没有专门针对数字出版的立法，有关数字出版的立法内容分散在上述四类法律中。

一、英国数字出版法律制度的现状

近年来英国的经济发展陷入衰退，传统出版市场出现萎缩，但数字出版领域的增长态势颇为强劲。据英国出版商协会发布的数据年报，2015 年英国出版商从纸质书、电子书以及期刊销售获得的总收入共计约 44 亿英镑，较 2014 年同比增长了 1%，其中数字出版占 17%。英国数字出版产业之所以能保持较高的增长速度，得益于成功的数字化转型以及转型过程中的数字出版法律制度建设，相对完善的数字出版法律体系为数字出版产业的发展提供了法律保障。

（一）有关数字出版行业准入的法律规定

在英国，数字出版和传统出版并不对立，而是统一的。数字出版行业巨头大多由传统出版企业经数字化转型发展而来，它们同时开展数字出版和传统出版业务。如全球最大的出版企业之一培生集团高度重视数字出版业务的发展，过去 5 年对数字化内容采集的长期投资高达40亿英镑①。因此，要考察英国数字出版业的行业准入，首先要了解出版业准入机制。英国对出版业实行注册登记制，个人、团体或机构都可以申请创办出版企业，开展传统出版和数字出版业务。英国政府在伦敦设有出版登记所（Companies House），隶属于财政部，负责全国出版公司的登记工作。在英国，创办一家出版企业无须通过政府审批或许可，但是需要到出版登记所登记注册，注册时必须提供相应的出版计划、出版规模、经营方式、注册资金等信息，而且所有出版企业都必须定期如实向该所上报经营情况和出版情况，否则将被重罚②。政府不直接干预出版活动，出版活动完全是商业行为，出版企业在法律允许的范围内自由开展出版经营活动。英国实行资本开放政策，各种资本都可以投资出版业。

（二）有关数字出版的政府监管和行业自律

英国没有专门的数字出版管理机构，其职能由一些政府部门共同承担。如文化委员会（British Council）可以对英国出版业（包含数字出版业务）进行指导，负责制定相关政策、印发宣传品和资助英国出版物出口。英国贸易与产业部（Department of Trade and Industry，DTI）曾指出，对在线出版的儿童色情等非法网络内容可以依据刑法进行规范。

2003年7月17日，英国议会通过新的《通信法》（Communications Act），将原有的五家电信和广播电视管制机构——电信办公室（Office of Telecommunications，OF TEL）、独立电视委员会（Independent Television Commission，ITC）、广播标准委员会（The Broadcasting Standard Commission，BSC）、广播局（The Radio Authority，RA）和无线电通信局（The Radio Communication Authority，RCA）合并为统一的通信办公室（Office of Communications，OFCOM）。OFCOM是英国的通信管制机构，负

① 培生集团数字化转型秘诀［EB/OL］.［2012-06-10］. http://www.dajianet.com/digital/2012/0217/181137.shtm.

② 余敏．国外出版业宏观管理体系研究［M］．北京：中国书籍出版社，2004：69-70.

责全面监管电信、广播电视和无线电行业，也包括媒体内容等①。它直接对议会专门委员会负责，并不是英国政府的组成部门，也不是民间组织，英国政府无权干涉 OFCOM 的监管工作。

英国对数字出版业的监管更多地借助行业自律实现。主要的行业协会有出版商协会（Publishers Association，PA）和在线出版商协会（Association of Online Publishers，AOP）。其中，PA 是代表英国图书、杂志和电子出版商利益的民间组织。使命是保证出版业在英国、欧洲以及国际领域的利益，巩固英国出版商的贸易环境；为出版商提供信息交流平台；通过技术和其他变革为行业提供支持和指导等②。AOP 是代表英国数字出版公司的行业协会组织。其核心工作是进行数字出版业的行业调研并出版相关读物；举办论坛、研讨会、评奖等活动，加强会员之间的联系和信息共享；促进和保护英国数字出版商的利益等。协会目前拥有约 160 家出版公司会员，包括报社、杂志出版商、电视和广播公司以及纯在线媒体③。另外，为了更好地管理和监督数字内容，在政府的鼓励下，1996 年英国网络服务商自发成立了互联网监督基金会（Internet Watch Foundation，IWF，其前身为安全网络基金会）。这是一个半官方性质的行业自律组织，主要负责搜寻非法网络信息内容，并将发布这些信息的网站通报给网络服务商，以便其采取措施阻止网民访问。该组织在打击网络色情方面做出了突出贡献④。

（三）有关数字出版内容的法律规定

1. 相关法律规定

英国没有统一的出版法，也没有专门针对数字出版内容的立

---

① What is OFCOM? [EB/OL]. [2012-06-10]. http：//www. ofcom. org. uk/about/what-is-ofcom.

② About the PA [EB/OL]. [2012-06-10]. http://www. publishers. org. uk/index. php? option = com _ content&view = category&layout = blog&id = 2&Itemid = 1343.

③ About the Association of Online Publishers (AOP) [EB/OL]. [2012-06-10]. http：//www. ukaop. org. uk/aboutus. html.

④ About Us [EB/OL]. [2012-06-10]. http：//www. iwf. org. uk/about-iwf.

法，对数字出版内容的管理一直秉持“监督而非监控”的理念。2000 年 12 月，英国政府发布的《通信白皮书》(*Communication White Paper*) 指出：通过向网络用户提供过滤和分级软件工具，由用户自己控制他们及子女在网上浏览的内容，这种处理用户和网络之间关系的方式胜于任何第三方的管辖。英国政府将网络媒体视为出版物的一种，通过沿用已有的相关法律规定来对数字出版内容进行规范。这些法律有《刑法》《诽谤法》《青少年保护法》《公共秩序法》《淫秽出版物法》《防止滥用电脑法》《数据保护法》《隐私和电子通信条例》《通信法》等①。如表 4-2 所示。

表 4-2　　　　**英国有关数字出版内容的法律规定**

名 称	时间	相关规定
《刑法》(*Criminal Justice*)	2003 年	对诽谤性出版、淫秽出版以及煽动诽谤政府等罪行都有相关规定
《诽谤法》(*Definition Law*)	1996 年	该法第一部分即是关于“出版责任”的规定。作者、编辑、出版者故意出版的出版物中含有诽谤性文字，并且存在明确的诋毁名誉的意图，即有可能构成诽谤罪
《青少年保护法》(*Protection of Children Act*)	1999 年	本法适用于虚拟儿童色情。虚拟儿童色情是互联网技术发展的产物，指通过合成技术制作虚拟儿童，再以此为客体制作色情材料。该法禁止拥有、传播、演出或者出版虚拟儿童参与性行为的色情物品
《公共秩序法》(*Public Order Act*)	1996 年	关于网上言论问题。该法认为意图煽动种族、宗教仇恨的侮辱性言辞和表演犯罪化即是违反了本法。该法能够对恐怖分子通过网络传播恐怖思想和美化粉饰恐怖行为进行制裁

① Search All Legislation [EB/OL]. [2012-06-10]. http://www.legislation.gov.uk.

续表

名称	时间	相关规定
《淫秽出版物法》(*Obscene Publications Act*)	1964 年	该法认定的淫秽物品是指“一份材料所包含的内容在任何情况下对于听、读或者观看的人有使其堕落和腐蚀的作用”。可视化的淫秽电子信息也包含在淫秽内容之中。如果一个人出版或者为出版而拥有淫秽物品就违反了该法
《防止滥用电脑法》(*Computer Misuse Act*)	1990 年	该法规定了三种计算机犯罪：①非法侵入计算机罪；②有其他犯罪企图的非法侵入计算机罪；③非法修改计算机程序或数据罪
《数据保护法》(*Data Protection Act*)	1998 年	该法加强并延伸了 1984 年《数据保护法》中规定的数据保护机制，就取得、持有、使用或揭露有关个人数据处理过程等方面提供规范
《隐私和电子通信条例》(*Privacy and Electronic Communications* (*EC Directive*) *Regulations*)	2003 年	该法针对垃圾邮件传递恶意代码、非法传递恶意信息、钓鱼软件攻击等对网络用户存在安全威胁的行为进行惩治。对网络安全的维护和监管有利于保证数字内容的安全
《通信法》(*Communications Act*)	2003 年	规定 *OFCOM* 要为保护广大受众不受冒犯性或有害内容侵害实施足够保护，同时要保护广大观众不受不公平或破坏隐私的内容侵扰
《版权、设计和专利法 1988 》(*Copyright*, *Designs and Patents Act* 1988)	1988 年颁布，2014 年修订	应对数字环境的需求，作出了 10 项不同立法层面的修订，其中包括多项著作权限制与例外的改革举措
《新知识产权法》	2014 年	该法内容涉及多方面的革新，包括对外观设计和专利的相关规定进行了修改，涉及《注册外观设计法》（1949）、《专利法》（1977）及《著作权、外观设计和专利法》（1988）

2. 行业规范

除了通过制定相关法律来对数字出版内容进行监管外，英国政府更多地依靠一些行业协会的行业自律规范来控制网上的有害信息。1996 年 9 月，DTI 组织国内主要的网络服务提供商、城市警察署（Metropolitan Police）、内政部（Home Office）和安全网络基金会（Safety-net Foundation）四方面的代表共同讨论管理网络内容的有效措施。同月，互联网服务提供商协会（The Internet Services Providers' Association，ISPA）、伦敦网络协会（London Internet Exchange，简称 LINX）和安全网络基金会三家民间组织在讨论基础上，制定并公布了英国第一个网络内容监管方面的行业性规范《R3 安全网络：分级·检举·责任》[①]。"R3"分别代表分级（Rating）、检举（Report）和责任（Responsibility），它很好地概括了控制网上不良信息的三种基本方法：首先，各个数字内容提供者有责任对自己提供的信息进行审查，并根据相应的法规对那些不适合青少年的色情内容等进行分级标注；随后，网络用户如果发现不良内容可以向 IWF 网站进行举报和投诉；最后，基金会会对举报内容进行调查和评估，如果认定是非法内容，会通知相应的数字内容提供者将内容从服务器上删除，如果不予合作就将详情移交国家刑事情报局，不良信息提供者将会依法承担责任。

后来，IWF 又以《R3 安全网络：分级·检举·责任》为基础，拟定了《从业人员行为守则》（*Code of Practice*），在鼓励使用新技术的同时要求网络提供者承担起确保内容合法的责任。基金会确立了两个基本的管理指导思想：一是对其他媒介适用的法律，对互联网同样适用。世界任何地方的儿童色情、在英国国内违法的内容和煽动种族仇恨的内容都是互联网上的非法内容。二是对不违法但可能引起用户反感的内容进行分级和标注，由用户自愿选择接受

---

① 郝振省．中外互联网及手机出版法律制度研究[M].北京：中国书籍出版社，2008：45-46.

还是拒绝①。

（四）有关数字版权的法律规定

英国出版业之所以能成为全球翘楚，与其拥有完善的版权保护法律体系密切相关。然而英国数字出版业也深受非法下载之苦。英国出版商协会数据显示，有 700 多万英国人非法下载，这使得数字出版物的销售额损失 1/3。数字出版物的版权构成极为复杂，一份数字出版物可能涉及多个版权所有者：拥有文字版权的作者、拥有排版版权的出版商、拥有软件版权的电脑企业、拥有视频及音频版权的其他各方等。数字出版物的版权保护涉及多方利益博弈②。目前,英国版权法沿用的是《1988 年版权、设计和专利法》(*Copyright*, *Design and Patent Act* 1988)，相关版权法还有如 1997 年出台的《数据库版权与权利条例》(*Copyright and Rights in Database Regulations* 1997)、2003 年出台的《版权与相关权条例》(*Copyright and Related Rights Regulations* 2003）等。2010 年 4 月英国国会通过了《数字经济法》（*The Digital Economy Act* 2010)，以此来应对网上非法文件分享的急剧增加。2014 年 6 月 1 日，修改版权法相关规则，对包括私人复制例外、教育使用例外、文本和数据挖掘例外及公共管理例外等在内的著作权例外规则进行了全面修订。2014 年 10 月，英国知识产权局实施具有开创意义的“著作权许可新制度”，旨在开放9 100项孤儿作品的使用权。③ 这里主要介绍《1988 年版权、设计和专利法》（以下称“英国版权法”），《数字经济法》在后文中有专门论述。

英国版权法保护“具有原创性的文学、戏剧、音乐或艺术作品”“录音、影片、广播或有线节目”，还有“版本之版面安排”。其中，将计算机软件视为“文字作品”而给予版权保护，并扩大出租权的范围，以防止软件租赁业对软件生产者造成利益损害。

---

① Code of Practice [EB/OL]. [2012-09-16]. http://www.iwf.org.uk/members/funding-council/code-of-practice.

② 王涛．英国数字出版 版权保护为根本 [N]. 经济日报，2011-11-12.

③ 英国知识产权局新发展战略及行动计划述评 [EB/OL]. [2015-06-03]. http://www.nipso.cn/onews.asp? id=26282.

“有线节目服务”是指为公众接收之目的，全部或主要地通过电信系统而非无线电系统传输客观影像、声音或其他信息的服务。相较于之前的版权法，现行版权法保护的作品范围扩大了。

英国版权法第16~21条对禁止的各种行为作出明确规定。关于网络侵权，英国版权法第24条（2）规定：“未经版权所有人许可，明知或有理由相信侵权复制品将会在联合王国或其他地方通过接收传播而被制作，依然通过电信系统（而不是通过向公众）传播作品，构成对版权之侵犯。”

尽管1988年的英国版权法有很强的预见性，至今仍是裁定网络版权侵权行为的法律依据，但是“网络空间不仅改变了复制的技术，更重要的是，它还改变了法律对非法复制的遏制效果。这两种改变是同时发生的，也是迅速发生的。网络不仅实现了几乎不需要任何成本就能对数字化作品进行高质量的复制，而且使法律的实施成为了一项几乎无法完成的任务。……对版权人来说，网络空间是两种特征的最差组合：复制的能力好得不能再好了，法律的保护弱得不能再弱了”。① 因此，很有必要对版权法进行顺应技术条件发展的修订、完善，或者出台新的网络版权法，2010年英国颁行的《数字经济法》就是顺应这一发展趋势而酝酿的新法。

二、英国《数字经济法》的相关情况

2010年4月，英国议会通过《数字经济法》，试图通过该法减少网络盗版的发生，保护文化创意产业，实现“数字英国”的目标，建立“英国强大的未来”。该法是英国在数字版权立法方面一次很好的尝试，对于保护数字版权、防止在线侵权有一定作用，但同时该法存在很多争议，部分条款推迟至2014年执行。

（一）《数字经济法》概述

随着点对点文件分享（P2P）技术的发展，网络上未经权利人许可而进行文件分享的数字盗版现象正在全球迅速蔓延，英国也不

---

① ［美］劳伦斯·莱斯格．代码［M］．南京：南京大学出版社，2001：3.

例外。2008 年，英国政府、英国六大网络服务提供商和英国唱片业协会、英国电影协会共同签署了一项谅解备忘录，旨在 2~3 年内将网络用户通过 P2P 的方式非法交换或共享文件的行为降至最低程度，同时改变网络用户对侵犯数字化版权行为的态度。此举在一定程度上强化了英国政府以立法方式解决数字版权侵权问题的决心。

同时，为帮助英国走出国际金融危机的困境，促进经济复苏和发展，提高英国数字竞争力，避免英国在信息时代落后于其他国家，使公众享受数字革命带来的最大利益，英国商业、创新和技能部（Department for Business，Innovation and Skills，BIS）与文化媒体和体育部（Department of Culture，Media and Sport，DCMS）于 2009 年 6 月联合发布了《数字英国》（*Digital Britain*）白皮书。白皮书提出要让英国所有人都享受到数字英国的好处。《数字英国》第 9 章提到，数字英国的实现需要在立法领域寻求突破，其中，在知识产权保护上，为应对非法的文件共享行为，要引入版权许可的标准以阻止在线的盗版侵权，同时也提出了一些应对在线盗版侵权的措施和建议。

为落实《数字英国》提出的措施和建议，DCMS 和 BIS 起草了《数字经济法草案》（*Digital Economy Bill*）提交议会审议，英国议会于 2009 年 11 月 19 日公开向社会各界征求意见。2010 年 4 月 8 日，在换届大选之前，英国议会仓促通过了《数字经济法》（*Digital Economy Act*），并经女王签署正式发布。《数字经济法》正文 48 条，另有两个附件，共涵盖了 11 个主题（topic）。其中，部分条款在发布后开始实施，部分条款在发布后两个月开始生效，另外一些条款需要英国通信管制机构 OFCOM（Office of Communications）等立法中涉及的机构另行制定实施细则后实施。

（二）《数字经济法》关于数字版权保护的主要内容

《数字经济法》的主要内容包括：英国通信管制机构 OFCOM 的新增职能——将管制范围由传统媒体扩大到互联网等新媒体（第 1~2 条）、在线版权侵权（第 3~18 条）、与互联网域名注册相关的权利（第 19~21 条），其他内容（第 22~43 条）是对英国公共广播机构第四频道电视公司（The Channel Four Television Corporation）、英国独立电视业务、独立广播业务、移动网络运营商等的规定，另外第 44～48 条为一般条款。第 44 条规定了修改《数字经济法》的主体和方式。第 45 条规定废除附录 2 中所列与本法冲突或已过时的法律的相关内容。第 46 条规定了法律的适用范围包括英格兰、威尔士、苏格兰和北爱尔兰，但有一些专门针对具体地区的条款仅适用于当地。第 47 条规定生效时间。第 48 条规定本法可以被引用为《2010 年数字经济法》。

关于数字版权保护的内容主要是《数字经济法》的网络版权侵权部分，体现在第 3～18 条的规定，主要规定了音乐、媒体、游戏等网络内容的版权保护，主要增加了网络服务提供商（ISP）和通信管制机构（OFCOM）的一些新义务。

1. 网络服务提供商的初始义务

《数字经济法》第 3 条和第 4 条分别规定了网络服务提供商要承担用户通知侵权报告的义务和向版权人提供侵权清单的义务。具体来说，如果版权人认为网络接入服务用户出现了在线侵权行为，权利人可以在一个月内向提供网络接入服务的网络服务提供商发送版权侵权报告，侵权报告中要包括对明显侵权的描述，包括表明用户的 IP 地址以及证据取得时间的明显侵权证据，网络服务提供商要在收到版权人侵权报告之后的一个月内向侵权用户发出通知。另外，若版权人请求提供一定时期内的重复侵权清单时，网络服务提供商应向版权人提供这份清单，但根据这份清单并不足以确定用户的身份，也就是说网络服务提供商只能匿名提供涉嫌侵犯版权的 IP 地址列表。只有版权人获得法院允许得到这些 IP 地址用户的个人信息的允许令后，才可以对列表中的人员采取行动。目前这两个条文只是提供了一个指导性的框架，具体的执行措施还要按照 OFCOM 批准或制定的初始义务守则来执行。

2. 初始义务守则的批准和制定

《数字经济法》第 5 条规定了初始义务守则的批准：如果 OFCOM 认为已经存在为初始义务的目的制定的守则并且目的适当，OFCOM 可以下达批准该守则的法令，并自法令指定的日期生效。

但同时第6条也规定了如果相关行业对守则无法达成共识，则OFCOM必须自己制定初始义务守则。第7条就详细规定了初始义务守则的内容。第8条规定了自初始义务守则生效之日起，OFCOM每12个月都要向国务大臣提交关于网络接入服务用户的著作权侵权进展报告，使国务大臣能够掌握网络版权侵权的整体现状，从而考察网络服务提供商提供的通知和报告义务对打击网络版权侵权发挥的实际作用，以便能够对实施效果进行评估并适时调整。

3. 限制网络接入义务的规定

《数字经济法》第9~12条对限制网络接入的义务进行了详细规定，主要包括限制网络接入的评定和准备、限制网络接入义务的法令、通信办公室制定限制网络接入义务的守则以及限制网络接入义务的内容。限制网络接入这一技术守则是在上述初始义务守则无法达到减少网络盗版的情况下才得以引入的。《数字经济法》第9条规定的限制网络接入，指的是通过限制用户的网络速度或其他网络服务功能，或阻止用户访问某一信息材料，或终止向某用户提供网络服务等网络接入的技术措施。技术措施义务的增加，需要OFCOM制定技术义务守则，并由国务大臣颁布。

4. 其他规定

《数字经济法》还对用户申诉、义务履行以及成本分担等作了详细规定。为保护用户权益，法律设定了救济程序，如果用户对网络服务提供商采取的技术措施不服，可以向独立于OFCOM的一级裁判所提起申诉，申诉期间不可以实施技术措施。该法还规定了实施这套机制的资金来源于利益相关方设立的基金。如果网络服务提供商没有履行初始的通知和报告义务，或者没有施加技术措施，就可能面对最高额达25万英镑的罚款，而且，若国务大臣认为必要，可以发布决议提高罚款数额，此决议需要经过议会上下两院的批准。在成本分担的问题上，国务大臣可以对因版权侵权条款产生的成本分担作出明确的规定，并以法令的形式成为初始义务细则或者技术义务细则的一部分，成本主要由版权人和网络服务提供商分担。

（三）《数字经济法》面临的挑战

《数字经济法》的相关规定之所以会推迟到 2014 年才执行，是因为其制定的过程比较仓促，而且相关条款也存在着很大的争议，面临着一些挑战与冲突，具体体现在以下几个方面。

1. 尚不构成欧盟《技术标准指令》规定的技术法规

《数字经济法》在本质上只是为防止在线版权侵权提供了一个指导性的框架，并不是一项技术法规。首席法官肯尼斯·帕克认为根据欧盟《技术标准指令》（*Technical Standards Directive*），《数字经济法》存在如下问题：（1）其规定尚未对任何人强制执行；（2）这些细则的效果依照正式法律的颁布和执行而定；（3）初始义务细则尚未充分具体以至于具有强制力，因为这些义务并没有在法案上具体清楚地体现。他认为《数字经济法》规定的措施并不足以明确侵权用户的身份，此法并没有达到技术法规的水平，而且在该法规定的生效日期之前，网络服务提供商并不负有该法规定的发出通知的义务。

2. 与欧盟《电子商务指令》的冲突

欧盟《电子商务指令》（*E-commerce Directive*）第 12 条规定了“纯粹管道豁免”（mere conduit immunity）原则，这一条款规定了互联网接入提供者并不需要对其提供的网络所传输的信息承担责任，但各成员国可以采取措施要求网络服务提供商停止和防止侵权。这一措施需要网络服务提供商提供“监控”服务，检查其传输的信息是否符合社会规范，这种“监控”是主动的，而不是被动的。《电子商务指令》充分考量了版权人和网络服务提供商之间的利益平衡。而英国《数字经济法》中，网络服务提供商的责任并不能被描述为“监视”，因为他们的角色很大程度上是被动的反应，包括接收版权人的侵权报告和传递侵权名单等。因此该法与欧盟的《电子商务指令》之间存在着一定程度的冲突。

3. 与欧盟《授权指令》的冲突

《数字经济法》违反了欧盟的《授权指令》（*Authorisation Directive*）。欧盟《授权指令》第 12 条规定，任何行政成本只涉及管理、控制和一般授权的执行的行政费用。而《数字经济法》规定网络服务提供商必须承担三种成本：(1)“管理成本”指的是通信办公室因处理版权侵权而产生的管理成本，网络服务提供商要承担这部分成本的25%；(2)“相关成本”是在处理著作权侵权时必须执行的内部成本，网络服务提供商要承担此部分的25%；(3)“案例费用”是上诉成本，相关网络服务提供者也不得不承担此部分成本的25%。帕克法官认为该法的成本分担办法在OFCOM的正常管理成本之外，要求网络服务提供商支付因处理版权侵权报告和提供著作权清单而产生的部分成本，违反了欧盟的《授权指令》，成本分担办法把分担OFCOM因执行数字经济法而增加的成本这一义务部分强加给网络服务提供商是不合法的，应当作出修改。

4. 对公民言论自由、通信自由等人权的挑战

欧盟《电子通信网络和服务共同管制框架指令》规定：“针对终端用户访问或使用依靠电子传播网络的服务或应用软件，成员国所采取的措施应该尊重自然人的基本权利和自由，正如《欧洲保护人权与基本自由公约》和欧共体法律的一般原则所保障的，如果关于终端用户访问或使用依靠电子传播网络的服务或应用软件的任何措施，可能限制这些基本权利或自由，则它们被采用的情形只能是，它们在一个民主社会中是合适的、相称的和必要的，且它们的实施应受限于足够的程序保障，符合《欧洲保护人权与基本自由公约》和欧共体法律的一般原则，其中包括有效的司法保护和法定正当程序。”《数字经济法》中限制网络连接措施的做法是十分激进的，同其他发达国家在数字版权立法上的“三振条款”一样，该法对于侵权用户的确定依赖于确认其IP地址，但无线网络经常会被盗用，造成实际侵权人并非是网络用户的情况，而不加区别地断网处罚势必会伤及无辜。同样，对于家庭使用者，一个IP地址可能对应多个家庭成员，如果一个家庭成员被限制家庭宽带的使用，也会使其他家庭成员受到不应有的惩罚。除此之外，公众还可以通过多种方式匿名上网，如何标识非法下载者也成了一大难题。在无法明确非法下载用户的情况下采取的断网措施会使无辜受害者的通信自由受到侵犯，断网使公民无法在网络上表达自己的思想意见，从而侵害了公民的言论自由。因此《数字经济法》的

“三振条款”也面临着侵犯人权的挑战。

三、英国数字出版法律制度的发展趋势

英国政府将“数字英国”作为未来的发展目标，因此在数字版权方面的保护力度和保护范围将逐渐加强，主要表现在以下方面：

（一）版权人方面

逐渐强化对版权人的权利保护，同时也强调其版权保护的责任。从《数字经济法》可以看出，英国在逐渐强化对版权所有人的权利保护，以立法的形式将惩罚之手延伸至网络用户，以便有效地保护版权所有人的利益。从之前主要打击商业侵权活动延伸到打击每一个重复下载、非法共享的网络用户——公众，绕开了传统版权监管体制下繁冗的行政、司法程序。而实际上在网络环境下合理使用的范围非常有限，这样使得版权保护的天平偏向了版权所有人。另外，英国在加大保护力度的同时要求版权人为打击侵权盗版付出成本，强调其在维权过程中承担一定责任，这样避免网络服务提供商承担过重的责任，也是一种加强版权保护的手段。

（二）网络服务提供商方面

更加明确网络服务提供商的责任，强化技术保护措施。目前，类似“三振出局”的法律逐渐在全球主要发达国家成为现实，除了英国以外，美国、法国、德国、韩国等国家都有“三振出局”条款，其中以法国最为激进。所谓“三振出局”，主要是指版权管制机构与网络服务提供商合作，对非法重复下载的用户发出通知、警告，若继续侵权，则断开用户网络服务。但这一技术限制保护模式，对无辜用户的隐私权和言论自由、通信自由的侵害是显而易见的，因此民众的反抗呼声也越来越激烈。同时，网络服务提供者可能会由于分担过多成本而消极合作。在此消彼长的博弈中，对“三振出局”可能会进行缓和性调整，但是依赖技术保护措施打击在线侵权的趋势应该不会发生变化。

（三）社会公众方面

合理兼顾公众利益，注重公众权利保护。在全球范围内，发达

国家的版权法无一例外地倾向于过度保护版权所有人的利益，但利益保护不能凌驾于人权之上。在崇尚人权保护的英国，《数字经济法》之所以部分内容要推迟，主要是因为其保护条款已经伤害到网络用户的权利和自由。可以预见，今后围绕网络环境下新的权利利益平衡机制的建立必将发生更为激烈的争斗，因此英国的数字版权保护也可能会合理兼顾公众利益，注重公众权利的保护。

实证分析

对英国 Newzbin 和海盗湾在线版权侵权案的思考①

英国的创意文化产业正蒙受着数字盗版的困扰。一项关于盗版的研究发现，在英国每 6 个月就有 3.45 亿首歌曲被非法下载②。英国为打击网络盗版侵权作了一系列努力，2010 年 4 月，英国议会通过了针对数字版权保护的《数字经济法》；2011 年 10 月，英国高等法院判令英国电信（BT）切断用户对文件共享网站 Newzbin 的链接；2012 年 5 月，高等法院在裁定海盗湾（The Pirate Bay）支持其用户进行版权侵权之后，包括 Sky、O2、Virgin Media、Everything Everywhere 和 Talk Talk 等英国互联网服务提供商被勒令封锁对海盗湾的访问③。尤其是 Newzbin 案件成为英国审理类似网络版权侵权案件的一个判例。

一、Newzbin 案、海盗湾案简介

（一）Newzbin 案

Newzbin 是在英国司法管辖权之外的塞舌尔群岛

---

① 原文载于《中国版权》，2013 年第 2 期，作者黄先蓉、冯博。

② 16cnBeta. COM. 每半年英国就有 3.45 亿首歌曲遭盗版非法下载 [EB/OL] . [2012-09-21]. http: //www. ipr. gov. cn/guojiiprarticle/guojiipr/guobiehj/gbhjnews/201209/1697977_ 1. html.

③ 中国保护知识产权网 . 海盗湾敦促英国用户绕过 ISP 的封锁 [EB/OL] . [2012-09-21]. http: //www. ipr. gov. cn/guojiiprarticle/guojiipr/guobiehj/gbhjnews/201205/1292068_1. html.

（Seychelles，位于印度洋西部的群岛）注册的，提供 Usenet 资源下载的搜索网站①，该网站并没有存放 Usenet 网络上的任何文件内容，但是可以为其会员提供 Usenet 文件的搜索服务，其会员可以在 Usenet 上任意下载版权共享文件②。早在 2010 年 3 月，Newzbin 就因侵犯版权而被英国高等法院勒令删除违规的内容。后来该网站为了逃避罚款，在完成整改之后，又以 Newzbin2 的名义重新开始运营。2011 年 7 月，一个代表多家电影公司（包括迪士尼、福克斯、华纳兄弟等）利益的组织——电影协会（MPA，The Motion Picture Association）取得高等法院禁令，要求英国电信执行对 Newzbin 网站的封锁。但英国电信与其他网络接入服务商（IAP，Internet Access Provider）反对对一批被电影音乐界列入所谓黑名单的侵权网站实行封锁，并强调不应由网络服务商担当此类互联网“警察工作”。英国电信就此要求提出法律质疑，并呈请高等法院就封锁行动涉及的费用问题作出裁决。英国高等法院法官 Justice Arnold 最终作出裁决要求英国电信必须在 14 天之内将 Newzbin 封锁。同时，英国电信必须承担提出此一诉讼的双方法律费用的绝大部分（大约几十万镑），以及承担执行封锁的有关费用③。

（二）海盗湾案

海盗湾是一个专门储存、分类及搜寻 BT 种子的网站，并自称“世界最大的 BT 种子服务器（Bit Torrenttracker）”，提供的 BT 种子除了自由版权作品外，也有不少拥有版权的音频、视频、电脑应用软件与电子游戏等，为网络分享与下载的

① 百度百科. Usenet [EB/OL]. [2012-10-21]. http://baike.baidu.com/view/137121.htm.

② Wikipedia. Newzbin [EB/OL]. [2012-10-21]. http://en.wikipedia.org/wiki/Newzbin.

③ 何巨华. 英国高等法院首次强令英国电信封锁侵权网站 [EB/OL]. [2012-10-21]. http://www.feja.org.tw/modules/news007/article.php?storyid=855.

重镇之一①。

因为协助侵权盗版，海盗湾曾多次被瑞典警方调查并强行关闭。2009年4月，瑞典一家法院就国际唱片业协会（IFPI，International Federation of the Phonographic Industry）诉海盗湾一案作出判决，对4名创始人判处各1年的监禁，并处以约3 000万瑞典克朗的罚金。一些西欧国家包括丹麦、爱尔兰、意大利、比利时及芬兰，也都曾通过法律程序，令网络接入服务商对海盗湾进行封锁。2012年2月，英国唱片业协会（BPI，British Phonographic Industry）向法院控告海盗湾，BPI称该网站2011年10月份的广告创收达300万美元，约370万英国人是海盗湾的用户。2012年4月，法院作出回应，裁定海盗湾支持其用户进行版权侵权，并下达裁决要求英国六大ISP封锁海盗湾。

二、对Newzbin案和海盗湾案中相关责任人的侵权责任分析

信息时代的个人大多以虚拟名称或IP地址在网络上实施侵权行为，使得直接侵权人的身份难以确定，而且在BT下载等技术背景下，受版权保护的作品在网络上很容易检索并下载。因此版权人和代表版权人利益的相关组织通常并不直接指向直接侵权人，而是指控诸如Newzbin和海盗湾等用户使用十分频繁的文件共享网站，甚至通过寻求网络接入服务商的合作，来封锁这类非法盗版网站。这两个案件涉及的责任承担者除了Newzbin和海盗湾之外，还有英国电信等网络接入服务商，下面分析这两大责任主体的侵权责任。

（一）对Newzbin和海盗湾协助侵权的认定

Newzbin和海盗湾允许用户通过搜索并提供链接来获得版权保护作品的行为，没有尽到合理注意的义务，构成了协助侵权。协助侵权是间接侵权的一种，它是指即使行为人并未直接

---

① 百度百科. 海盗湾［EB/OL］.［2012-10-21］. http：//baike. baidu. com/view/1172201. htm.

实施受专有权利控制的行为，如果其行为与他人的“直接侵权”行为之间存在特定关系，也可以界定为侵权行为。构成“间接侵权”的各种行为必须以行为人具有主观过错为构成要件①。

依据间接侵权理论，判断这两个案件是否进行了间接侵权可以从三个层面进行：第一层面是Newzbin和海盗湾的用户是否构成直接侵权；第二层面是这两个网站是否有帮助、引诱直接侵权人的行为；第三层面是这两个网站有无免责的事由。

英国《版权法》规定：非经版权所有人许可而实施或授权他人实施任何版权禁止之行为者即构成侵犯版权。据此，Newzbin、海盗湾网站的用户任意下载享有版权的作品就可以认定为直接侵权。在这两个网站的用户直接侵权行为存在的前提下，这两个网站作为网络服务提供者，对其所能提供链接的资源内容进行了分门别类的整理，便于用户检索。虽然这两个网站都是供用户彼此共享内容的网络，其本身并不存在版权内容，也就是说这两个网站并没有直接侵犯版权，但这两个网站实质上是供用户搜索文件资源的搜索引擎，是信息定位服务者，帮助并诱导用户完成直接侵权行为的意图是十分明显的。Newzbin通过提供优质的版权作品的Usenet资源，吸引用户注册，并收取用户费用，据悉Newzbin在2009年的营收额就达到了100万英镑，而且在2010年被伦敦最高法院判决有罪的情况下，为逃避罚款，又重新以Newzbin2的名义运营②。而海盗湾则是全球最大、运营时间最长的共享网站之一，为全球3 000多万用户提供400多万份音乐及电影拷贝，2011年10月的广告营收为300万美元③。这两个网站的真实目的就是通过

① 王迁．网络版权法［M］．北京：中国人民大学出版社，2009：132.

② CNBeta编译．Newzbin因提供Usenet盗版文件搜索服务而被英国高院判罪［EB/OL］．［2012-10-21］．http：//www. cnbeta，com/articles/107467. htm.

③ 中国保护知识产权网．英国法院判决之后海盗湾面临禁令［EB/OL］．［2012-10-21］．http：//www. ipr. gov. cn/guojiiprarticle/guojiipr/guobiehj/gbhjnews/201202/1280342_1. html.

吸引用户注册，鼓励用户共享、下载版权内容来获得高额的收益，带有明显的商业目的。据此，这两个网站构成了间接侵权。

此外，虽然在国际上处理此类案件时公认可以用“避风港”原则来豁免侵权责任，但对于上述两个网站来说，此原则并不适用。“避风港”原则是指只要提供信息定位服务的网络服务提供商不知道链接指向的特定对象是侵犯版权的内容，并且在得知被链接的内容侵权，或在收到权利人的通知后迅速断开链接，就可以免于承担协助侵权责任①。但据欧盟《电子商务指令》，即使无法证明网络服务提供商“明知”链接的对象侵权，只要网络服务提供商意识到了能够明显从中推断出被链接的内容侵权的事实或情况而不采取相应措施，就应当为损害后果承担责任。显然这两个网站在明知其为用户提供的链接内容存在侵权的前提下，人为地设置音乐、电影、软件等的分类检索，通过提供此种服务谋取商业利益，而且在接到侵权通知后，既不提供用户信息，也不删除资源链接，因此这两个网站不能援引“避风港”原则作为免责事由。

（二）对英国电信等网络接入服务商（IAP）责任的认定

英国伦敦高院依法裁定 Newzbin 和海盗湾负有不可推卸的协助侵权甚至共同侵权的责任，这一点毫无疑义。但是这两个案件还对并不提供网络内容而只是提供网络接入服务的电信公司作出了裁决。在 Newzbin 案中，英国法院首次强令英国电信必须阻拦其客户连接上 Newzbin 侵权网站。在海盗湾案件中，包括 Sky、O2、Virgin Media、Everything Everywhere 和 Talk Talk 等英国互联网服务提供商被勒令封锁对海盗湾的访问。

认定英国电信等网络接入服务商是否进行了协助侵权，首先要明确其身份。网络接入服务商，即通过自己的硬件设施向用户提供以电话线、光缆或微波方式接入互联网的服务。客户

① 王迁．走向“帮助侵权”规则——评“步升诉百度案”［J］．中国版权，2005（6）．

接入互联网之后，服务提供商的硬件设施仅仅成为信息的“传输通道”，服务提供商并不控制信息的内容。网络接入服务商在一般情况下不因第三人利用其提供的传输通道传输版权侵权信息而承担版权侵权责任，而是由传输侵权信息之直接侵权人自行承担责任。这是因为网络接入服务商所具有的信息传输通道的功能特征和其技术性中介地位决定了其客观上不具备对互联网上庞杂的信息进行甄选和控制的能力，更不具备对互联网上传输信息的版权归属进行鉴别的能力①。但如果出现网络接入服务商在第三人实施网络版权侵权行为过程中主动参与或明知侵权行为存在而放任为之的情形，则此时网络接入服务商的行为构成间接侵权，应为此承担间接侵权责任。英国电信等网络接入服务商在版权保护组织向其提出封锁侵权网站的要求时，认为不应对电影唱片行业列入的侵权网站实行封锁，并强调不应由他们而是网络内容服务商来进行版权内容的过滤，并要求通过司法审查程序来进行。最后法院判定接入服务商断开使用者和侵权网站的链接，英国电信公司甚至还要承担双方法律费用的绝大部分，并自行负担执行封锁的费用。从判决结果来看，基本上认定了英国电信等服务商是进行了协助侵权。

三、Newzbin 案和海盗湾案裁决结果的意义和局限

（一）依法追究 Newzbin、海盗湾间接侵权责任的意义

在网络环境下，版权人和版权保护组织直接起诉诸如为非法下载提供便利甚至鼓励非法下载的 Newzbin 和海盗湾等网络信息定位服务者，是十分必要的，而且有着事半功倍的效果。随着 P2P 文件共享技术的发展，网络上千千万万的用户都有可能成为非法文件的下载者，这些下载者往往用极低的成本，匿名分享盗版材料，而且以极快的速度继续传播，最后导致享有版权的作品可以瞬间在全球范围内被非法复制。在这样的情况下，权利人和版权保护组织直接起诉终端用户不但成本高，

① 赵铭宇．“避风港原则”在 ISP 版权侵权责任制度中适用问题研究［D］．北京：北京工商大学，2010.

而且效率极低。网络终端用户是盗版者也是消费者，如果直接起诉他们，将会激怒公众。对 Newzbin 和海盗湾的侵权判决，不仅能使盗版内容和盗版链接被删除，对其罚款也可以弥补相关产业因盗版造成的损失，同时也能对其他侵权盗版网站起到一定的威慑警示作用。

（二）追究网络接入服务商责任的意义和局限

仅仅依靠制裁侵权网站的协助侵权行为来打击网络盗版，在 Newzbin 和海盗湾这两个案例中都没有取得很好的效果，因此，通过和网络接入服务商合作，对在受到法律制裁后仍未收敛的侵权盗版网站实施全面封锁，从源头上堵住盗版信息的泛滥，是一个很好的司法尝试。在 Newzbin 和海盗湾案件中，法院对电信服务公司发出强制命令，要求对侵权网站进行全面的封锁，使所有用户都无法通过正常途径进入侵权网站，从而达到打击盗版侵权的目的。除此之外，通过追究网络接入服务商责任来减少盗版的做法在一些国家的法律中也得到了体现，如美国、法国等国家相继出台了包含“三振条款”的法律，就是网络服务提供商发现网络侵权行为后，对用户至多发出三次警告，若用户仍然不停止侵权行为，则停止其网络接入服务的规定。

但是，对网络接入服务商课以严厉的责任虽然能改善互联网版权侵权状况，但从长远来看，并不利于实现利益平衡。首先，诸如海盗湾之类的盗版网站会教用户如何绕过电信公司的封锁，或者一些掌握了“翻墙”技术的用户也能够很巧妙地躲避封锁。其次，网络接入服务商只是给用户提供了一个上网的通道，如果对其课以预先过滤、控制、甄别传输信息的重任，就会使得互联网便捷、高效的特性优势丧失，从而阻碍信息流通的广泛性和迅捷性，并且加重过滤的成本。最后，从实质上讲，要求电信公司封锁盗版网站其实是一种变相的审查制度，在一向标榜自由民主的西方国家，将版权保护的天平过多地倾向于唱片业、影视业等行业龙头，保护他们的垄断利益，不利于实现各个利益主体之间的利益平衡。

总之，这两个案件不仅追究侵权网站的间接侵权责任，而且还指向网络服务接入商。这充分体现了包括英国在内的大部分国家对版权保护的司法实践经历了一个从追究直接侵权人——网络用户，到寻找替代责任人的过程，而替代责任人又从网络内容服务提供商延伸到了提供网络接入服务的提供商，最后将会通过网络服务提供商直接定位到终端用户。

英国数字版权立法实际上也将顺应这一趋势。

第三节　德国数字出版法律制度

德国是世界上出版图书最多的国家之一，出版业在德国文化产业中占据着重要的地位。当前全球出版业正经历新一轮技术革命，数字出版已成为世界出版大国、强国参与国际竞争的战略选择，各国都在积极制定相关法律法规来保障数字出版的发展。德国也不例外，德国法律中涉及数字出版的内容非常多，而且各项法律规定都非常细致。

一、德国数字出版法律制度的现状

像其他主要发达国家一样，数字出版在德国发展很快。德国政府出台了一系列法律对其进行调节。这些法律的颁布、实施对德国数字出版产业的健康、有序发展起到了基础性的规范和保障作用。但目前许多潜力在德国还没有充分发挥出来，如在电子书领域，2014 年大众图书市场（不含教材和专业书籍）中电子书的市场比重由 2013 年的 3.9%升至 4.3%，全年共售出电子书2 480万册，销售额上升了 15%①。德国现阶段并没有用于调节数字出版的专门法律，现行有关数字出版的法律主要是从对国家法律的修改和补偿而来。下面是根据德国涉及数字出版的法律发布的时间顺序而做的统

① 德国书业协会发布《德国 2015 图书产业数据报告》[EB/OL].[2016-01-28]. http://www.chinairn.com/news/20160128/162436951.shtml.

计（见表4-3）。

表4-3　　德国有关数字出版的法律规定

名称	时间	相关规定
《关于著作权及相关权益的法律（著作权法）》	1965年颁布，2007年第二次修订	著作权、著作权相关权益，针对电影的特别规定，针对著作权及相关权益的总体规定，法律的应用范围，过渡条款及终结性条款。部分解决了信息社会新技术发展给著作权法提出的问题，如个人复制、图书馆、博物馆对作品的使用，对未知作品类型的使用等
《著作权法实施法》	1965年	主要通过调整著作权集体管理组织的内部关系及该组织与著作权人、使用人的关系来保障由集体管理组织所确定的各种权利的实现
《反盗版法》	1990年	加大对盗版侵权行为的打击力度，延长表演者邻接权保护期限至70年
《电信服务法》	1997年	旨在为电子信息与通信服务中各种使用的可能性确立统一的、经济上的规范，确立了网络服务提供商（ISP）的内容分类责任制度
《电信服务数据保护法》	1997年	为了保护使用者在使用电信服务过程中提供给个人的数据而专门制定，通过法律对个人数据实行有效保护
《数字签名法》	1997年	为在公开的法律交往及经济活动中安全地使用数字签名而确立的法律，为安全数字签名的签署和管理构筑了一个官方框架
《危害青少年道德的出版物和其他媒体传播的法律》	1997年修订	明确规定ISP应遵守有关保护未成年人的法定义务，规定ISP可以通过选聘青少年特派员或者选择加强自律的方式来履行保护未成年人的义务

续表

名称	时间	相关规定
《广播电视和电信媒体中人格保护和少年保护国家合同》	2002 年	详细列出在广播电视和网络媒体中十项不允许向青少年提供的有害信息
《限定图书价格法》	2002 年	规定德国出版社统一为自己的图书定价，书店严禁打折。目前这一规定已经延伸到电子图书领域，即电子书与纸质图书售价一样
《电信法》	2007 年	规定网上商店、邮件服务、搜索引擎、门户网站、博客和私人网站等服务中的基本问题；对网络社区内容发布者法律责任的限制；关于邮件广告发布的规定（反垃圾邮件）；关于用户和网络供应商的合作者在法律争端中的隐私权保护问题等

二、德国数字出版法律制度的特点

尽管德国现阶段没有专门用于调节数字出版的专门法，但作为世界三大图书出版市场之一，其数字出版法律制度在发展过程中也在多方面形成了自身的特点。

（一）立法、司法、执法方面

1. 立法方面

合作立法，鼓励多方利益团体参与立法，充分听取代表不同利益的声音，同时将法律草案等文书公开，保证作为社会最基本成员的民众可以全程追踪立法的全过程。如《著作权法》的修订就体现了公开、合作的基本原则。德国联邦司法部主持修订全过程，就重点问题组织召开听证会。参与其中的有著作权人协会代表、消费者代表、作品使用人代表、设备及存储设备产业代表、著作权集体管理组织代表、学术界和联邦州的专业人士等，并定期将最新的立法动向和讨论结果向社会公众公布，供全民进行立法追踪并提出草案异议的上书①。

2. 司法方面

由于法律颁布后各方总会存在对具体规定理解上的差异，德国法院通过对具体案件作出谨慎而且符合成文法精神的公正判决，为立法给出统一的解释并确定法律的适用范围和方式。如在《著作权法》司法实践中，德国政府就不断地将司法判例中确认的著作权受保护对象的新类型，如数据库以及新的权利人及其新的请求权等吸纳到法律中②。

3. 执法方面

德国政府对于网上的违法犯罪活动采取实名制和网上警察策略。实名制即德国人接入互联网时应向网络运营商提供必要的个人信息；网上警察即德国联邦内政部总体负责网络内容监管，下设名为“数据网络无嫌疑调查中心”的调查机构ZARD，俗称“网上警察”③，内政部下属的联邦刑侦局24小时系统跟踪网上内容的发布情况。《电信服务法》要求网络运营商保留用户上网数据一段时间，警方和安全部门可以经过一定的法律程序向其索取有关用户的网上信息。

（二）数字版权保护方面

在数字版权保护方面主要体现在以下三个方面：

1. 过度保护著作权人权益

在公共利益和著作权人合法权益的制衡中，德国《著作权法》选择了更多地维护著作权人的利益，表现在以下几个方面。一是图书馆的“合理使用”权利受到极大限制。文献传递必然涉及复制权、信息网络传播权等数字版权问题，文献传递版权侵权的风险也会增大。因此德国规定图书馆电子文献传递不再被允许，如《著

① 史楠．德国著作权法修改及实施研究［D］．北京：中国政法大学，2011.

② 史楠．德国著作权法修改及实施研究［D］．北京：中国政法大学，2011.

③ 德国依法打击网络违法行为［EB/OL］．［2012-04-20］．http://news.eastday.com/w/20110420/u1a5849788.html.

作权法》第 53 条 a 规定："本法允许通过预订，由公立图书馆复制、并以邮寄或传真传送在报纸、杂志上已发表的作品或已出版作品的小部分。"同时规定："网络传播权的例外不适用于图书馆，图书馆向读者在线提供作品，必须向版权人征得授权或缴纳版权使用费。"① 这可能导致作为社会基本成员的普通民众将不易获得相关信息，电子文献传递的社会公益性和资源共享将受到损害，公立图书馆作为社会信息来源的公共功能被削弱。二是对私人复制进行非常严格的限定。如《著作权法》第 53 条 a 还规定："其他电子形式的复制和传送仅限于图片格式，仅为了教学目的或科学研究，不以营利为目的。"② 虽然不需付费，只要得到权利人同意即可复制，但只限于图片格式的复制，而且权利人可以因复制行为可能导致著作权市场变小、损害其经济利益而不同意复制。这一规定可能带来教育科研成本上升，对德国学术研究的长远发展是不利的。

2. 著作权集体管理组织发挥重要作用

数字化使私人复制变得更加容易，《著作权法》第 54 条至 54h 条对私人复制版权补偿金制度进行了规定。第 54 条第 1 款规定："报酬请求权只能由著作权集体管理组织完成，著作权权利人或其首要使用人不能以自己的名义向复制设备及存储载体生产商请求支付报酬。"③ 现行《著作权法》取消了德国一直以来沿用的法定设

---

① 德国《著作权法》第 53 条 a：本法允许通过预订，由公立图书馆复制、并以邮寄或传真传送在报纸、杂志上已发表的作品或已出版作品的小部分，只要根据第 53 条预订者允许使用该作品。其他电子形式的复制和传送仅限于图片格式，并仅为了教学目的或是科学研究，并不以营利为目的。除此之外的电子形式的复制和传送只有在社会公众不能在自己选择的时间、地点，依据合同协议以合理的条件取得作品或已出版作品的部分时才被允许。

② 德国《著作权法》第 53 条 a：本法允许通过预订，由公立图书馆复制、并以邮寄或传真传送在报纸、杂志上已发表的作品或已出版作品的小部分，只要根据第 53 条预订者允许使用该作品。其他电子形式的复制和传送仅限于图片格式，并仅为了教学目的或是科学研究，并不以营利为目的。除此之外的电子形式的复制和传送只有在社会公众不能在自己选择的时间、地点，依据合同协议以合理的条件取得作品或已出版作品的部分时才被允许。

③ 史楠．德国著作权法修改及实施研究［D］．北京：中国政法大学，2011.

备税额度制度，并在《著作权法实施法》中规定了制定设备税额度的新程序："在制定复制设备和存储设备税额度时，由著作权集体管理组织和相关生产商协会就合理的额度和签订共同合同进行协商，如果协商失败，著作权集体管理组织有权在提供经验性调查结果的前提下制定额度。"① 设备税额制度和版权补偿金制度是协调版权专有和公众获取作品之间利益平衡的重要条款，著作权集体管理组织在其中被赋予如此重要的权利，充分体现了其在版权保护中的重要作用。

3. 版权保护多边化、国际化

数字时代技术的不断发展和进步打破了国家之间文化和信息交流的地理界限，数字版权也呈现全球化保护的状况。从德国著作权保护的历程来看，是一个积极应对科学技术发展的过程，是不断多边化、多元化、国际化的过程。作为文化输出大国，德国版权保护以全球一体化观念为指导，致力于推动和建立国际版权保护秩序，除了积极在全球范围内签订双边和多边协定，还通过主动参与国际版权保护规则的制定，力争以国内法影响和引导国际规则的建立，以便在国际版权保护规则中充分反映本国意志，以维护本国的文化和经济利益。如《保护文学艺术作品伯尔尼公约》就是德国和其他几个国家为了实现每个缔约国都保障缔约国国民和本国国民在版权上享有同样的权利而决定通过的。此外，德国著作权法的重要渊源除了起着重要作用的欧盟指令（如《欧盟信息社会版权与相关权利协调指令》）之外，还包括国际公约，特别是《世界版权公约》《与贸易有关的知识产权协议》（TRIPs 协定）、《保护表演者、唱片制作者与播放者罗马公约》等。

（三）未成年人保护方面

德国政府十分重视在数字环境下对未成年人的保护。《危害青少年道德的出版物和其他媒体传播的法律》明确规定："音像载体、数据存储设备、图片和其他表现形式等同于文字作品"，"ISP

① 史楠．德国著作权法修改及实施研究［D］．北京：中国政法大学，2011.

可以通过选聘一位保护青少年特派员或者选择加强自律的方式来履行保护未成年人的义务，两者必选其一。如果ISP没有选择两者中任何一个，根据该法规定，被视为违反了行政法规，需要承担法律责任”①。为了既保证数字环境下的言论出版自由又能够有效保护未成年人，德国《多媒体法》根据所传播内容的潜在危害程度将有关保护未成年人的规定创造性地分成三个步骤：第一步，修正《刑法典》和《违反治安条例》的相关条款，将出版物概念扩大到电子网络，谁提供了危害青少年健康的不法内容，谁就要受到刑事追究；第二步，由联邦有害青少年出版物检察署将有害健康的内容记录在案，这些内容只有当通过技术手段确保未成年人无法获得时方可传播；第三步，ISP有义务接受政府委派的青少年保护特派员对其进行业务指导，特派员参与ISP服务计划的制订以及制定使用特定服务的条件限制②。

（四）数字内容管理方面

1. 网络服务提供商分类责任制度

ISP应该如何对其平台上发表和传播的网络内容负责？德国的做法是对ISP应承担的法律责任采取分层次处理的规定。《电信服务法》确立分类责任制度。这也是该法最具创造性的内容，即：首先，网络服务提供商对其所提供的网上信息内容负全部责任；其次，网络服务提供商对其所提供的来自第三方的网上信息内容，只有在不违背《电信服务法》有关保守电信秘密规定的情况下，在技术上有可能阻止且进行阻止不超过其承受能力，按普通法律有阻止义务的情况下，才对内容负有责任；最后，网络服务提供商对那些只是通过他们促成使用的源自第三方的网上信息不承担责任。同时，《电信服务法》也规定，大众传播媒介的服务，如以电视节目形式出现的电视购物、电子报刊信息或者电视图文服务归属于

---

① 郝振省．中外互联网及手机出版法律制度研究［M］．北京：中国书籍出版社，2008.

② 唐绪军．破旧与立新并举，自由与义务并重：德国“多媒体法”评介［J］．新闻与传播研究，1997（9）：55-61.

《大众媒介服务洲际协议》的管辖范围①。

2. 数字内容管辖效力延伸至域外

跨国性和全球性是数字出版内容传播的一个重要特点，由此导致国家司法管辖权的冲突。为了消除来自境外的侵害，德国将本国法律对网络内容的管辖效力延伸至域外，即德国刑法条款适用于德国用户能够通过互联网接收到的任何内容，只要其触犯了刑法，那么不管该内容的提供者是否是德国公民，置身何处，从理论上说都要接受德国法律的制裁②。这在德国联邦最高刑事法院 2000 年 12 月对“托宾案”的裁定中得到了确认。当然，这不仅要解决在境外执法这一难题，而且涉及诸如“一个国家的法律能否超越边界，适用于其国境之外的外国人”等问题，实际上“托宾案”在当年就因此招致许多批评。由此看来，司法管辖权冲突由于全球数字内容的瞬时流动变得相当复杂和棘手，需要国际协调和合作。

三、德国数字出版法律制度的发展趋势

德国数字出版法律制度体现了典型的大陆法系的特点。随着数字技术的发展和数字出版产业的进一步发展，德国数字出版法律制度在未来的发展预计将会呈现以下趋势。

（一）继续侧重保护传统出版商的利益

德国法律更侧重于保护传统出版商的利益。根据《限定图书价格法》，德国一直实行书价统一制度。这一规定已延伸至电子书领域，即：所有上架新书一律统一标价，无论是在大型书店、小型书店还是网上书店，新书发行的前 18 个月价格统一，电子书的价格与该书精装本的价格相同③。这样的规定强调图书的内容价值，可以有效避免电子书行业的价格混战和国外企业的市场垄断，并保

① 郝振省．中外互联网及手机出版法律制度研究［M］．北京：中国书籍出版社，2008.

② 郝振省．中外互联网及手机出版法律制度研究［M］．北京：中国书籍出版社，2008.

③ 欧洲大国抢占数字出版时代新商机［EB/OL］．［2012-05-18］．http：//www.keyin.cn/plus/view.php？aid=911747&pageno=2&type=.

护国内中小书店免受大书店恶性竞争的挤压①。从执行后果来看，这一方面保护了德国传统出版发行企业的利益和本土文化的多样性；但是从另一方面来看，该规定在一定程度上违背了市场规律，从长远来看并不利于德国文化出版的国际竞争。

此外，德国电子书与纸质书最大的区别在于两者消费增值税率不同：电子书为19%，而纸质书仅为7%，因此只有降低电子书的增值税才能使德国电子书产业进一步发展。然而问题在于欧盟明确禁止成员国降低电子书增值税。法国是欧盟第一个选择降低电子书增值税率的国家，由于违反了欧盟禁止降税的规定，目前正在接受欧盟委员会的调查。因此未来一段时间内德国在这方面的法律基本上不会有所改变。

由上述两方面的情况推测，德国法律将继续侧重保护传统出版商的利益。

（二）解禁图书馆电子文献传递，适当放松合理使用权

德国对图书馆电子文献传递的有关限制性规定产生了很大争议，使得图书馆“合理使用”举步维艰，为此图书馆界也在努力争取修改此项规定。目前，德国法律不接受图书馆用户公平利用免费文献信息数据库资源的权利，使得图书馆文献传递服务陷于停顿状态。

版权法中合理使用的最大特点是保护公共利益，推动科技和文化进步。公共利益是判断合理使用的重要原则。数字时代的特点就是追求信息资源共享，不能因为在数字文献传递过程中可能涉及侵权问题就终止图书馆的文献传递。因此，德国著作权法将进一步在信息技术与文献传递等用户需求上寻求平衡点，加强图书馆文献传递服务与著作权人利益保护的平衡。

（三）适当限制著作权集体管理组织的权利

德国法律赋予了著作权集体管理组织诸多权利，使其在数字版

① 德国电子书市场持续增长[EB/OL].[2012-05-09].http://www.bookdao.com/article/4707/.

权保护方面发挥了非常重要的作用。在近几年的发展中，著作权集体管理组织已经在相关领域拥有垄断性地位或存在垄断性行为，如阻止一名作家从一个收费协会转至另一个收费协会，阻止一个收费协会向本土之外的商业使用者进行许可等。目前这已引起各方注意。欧盟在《2001 版权指令》中明确指出："尤其是在数字环境情况下，有必要确保收费团体在遵守竞争规则方面实现更高水平的合理性和透明度。"[①] 作为欧盟重要成员的德国必须遵守欧盟指令，因此拒绝著作权集体管理组织在某个领域的垄断性地位或者依靠其垄断性地位制定不合理、不透明的规定，将是进行德国信息社会著作权法第三阶段修改需要考虑的问题。

第四节　法国数字出版法律制度

作为世界出版强国，数字出版对法国国民的阅读习惯和整个出版产业的发展产生了重要的影响。据统计，2015 年法国出版业营业收入达 26.67 亿欧元[②]，与 2014 年相比出版业营业收入增加 1.8%，销量增加 1.2%[③]。尽管如此，法国数字图书产值却达到4 000万欧元，同比增长 110%。法国数字出版能在金融危机和全球出版低迷的状态之下迅速发展，并占据越来越重要的地位，有赖于法国政府的大力支持，以及法国数字出版法律制度提供的政策保障。

一、法国数字出版法律制度建设现状

相比其他的文化产业，数字出版在法国的发展要晚一些，其产值在出版业所占比例较小，仅有 1.1%，但是得益于法国对文化产

① 史楠．德国著作权法修改及实施研究［D］．北京：中国政法大学，2011.

② 法国出版商协会发布 2015 书业数据［EB/OL］．［2016-08-23］．http：//mt. sohu. com/20160823/n465570506. shtml.

③ 李艺萌．2015 法国出版扭转颓势重拾希望［N］．中国出版传媒商报，2016-08-23.

业的重视和相关制度的支持，发展速度很快。法国现阶段虽然没有用于调节数字出版的专门法律，但是可以通过对国家相关法律作出适时的修改和补充，为数字出版的发展保驾护航（见表4-4）。

表4-4　　**法国有关数字出版的法律规定**

名称	时间	相关规定
《刑法典》（*Code pénal*）	1998年（修订版）	从严从重处罚利用网络毒害未成年人的行为
《未成年人保护法》（*Loi sur la protection des mineurs*）	2000年（修订版）	明确定义了利用网络向青少年进行犯罪的活动，或者对犯罪地点位于学习、教育场所的给予重罚
《数字经济信任法》（*Loi n° 2004-575 du 21 juin 2004 pour la confiance dans l'économie numérique*）	2004年	该法要求网络供应商在广告中标明“盗版损害艺术创作”的字样
《信息社会中的著作权与相邻权法》（*Loi n° 2006-961 du 1 août 2006 relative au droit d'auteur et aux droits voisins dans la société de l'information*）	2006年	该法规定作品如果刊登在互联网上或通过其他途径商业化，权利所有人可以制定相关细则和措施，控制他人对该作品的接触、使用和传播
《经济现代化法》（*LOI n° 2008-776 du 4 août 2008 de modernisation de l'économie*）	2008年	该法第21条对企业的付款期限进行了调整，规定包括出版社、发行机构和书店在内的各类企业需在45天至60天的时间内完成交易的付款流程
《促进互联网创造保护及传播法》（*LOI n° 2009-669 du 12 juin 2009 favorisant la diffusion et la protection de la création sur internet*）	2009年	该法提出设立名为“互联网作品传播及权利保护高级公署”的独立机构，负责保护作品网络信息传播权，促进受版权或邻接权保护的作品在互联网上合法提供，对相关技术措施及权利人信息进行监管，并对非法下载用户给予警告、断网、罚款等处罚

续表

名称	时间	相关规定
《打击网络非法下载行为法》（*HADOPI*）（*Haute Autorité pour la diffusion des œuvres et la protection des droits sur internet*）	2009 年	互联网知识产权保护法，致力于互联网上的知识产权的保护
《关于互联网文学和艺术产权的刑事保护法》（*LOI n°* 2009-1311 *du* 28 *octobre* 2009 *relative à la protection pénale de la propriété littéraire et artistique sur internet*）	2009 年	若在访问在线大众传播服务上出现过错，允许非法下载受版权保护的作品，将罚暂停访问大众传播服务一个月
《关于向网络传播作品提供水印服务，规制技术保护措施，以及确认作品等受版权法保护的客体法》（*Décret n°* 2010-1366 *du* 10 *novembre* 2010 *relatif à la labellisation des offres des services de communication au public en ligne etàla régulation des mesures techniques de protection et d'identification des oeuvres et des objets protégés par le droit d'auteur*）	2010 年	根据知识产权法典第 *L.* 331-23 条的规定，本法令规定了 *HADOPI* 在网络传播作品提供水印服务的条件，该服务使得用户能清晰定位权利人的身份 根据知识产权法典第 *L.* 331-13 条的规定，本法令还规定了最高机构监管技术保护措施，以保护作品和其他受版权法保护的客体
《电子书统一售价法》（*LOI n°*2011-590 *du* 26 *mai* 2011 *relative au prix du livre numérique*）	2011 年	该法规定电子书的价格按照统一固定价格进行销售，新的电子书销售的折扣不得超过 5%

除此之外，法国政府还出台了一系列法律法规和资助政策，促进数字出版的发展。如法国国家图书中心（Le Centre Nationale du Livre）一方面继续扶持法国国家图书馆（Bibliothèque Nationale de France）对印刷书籍制作电子版的工程，另一方面开始部署对版权未到期的馆藏图书进行数字化处理的计划，以及支持受到认可的电子发行商将其在线发行。①具体政策如表4-5所示。

表4-5 **法国推进数字出版发展的相关政策**

名称	时间	相关规定
《面向中小学教育和高等教育的数字资源》（*Programme Ressources numériquespour l'enseignement scolaire et supérieur*）	2003年	支持生产和传播面向全体中小学生、大学生和教师的高质量的数字教学内容
《2010年图书规划》（*Livre* 2010）	2008年	进一步扩大法国国家图书中心的援助领域，将在保护知识产权前提下进行的文本数字化项目、地方团体进行的基于保护国家文化遗产的数字化原创纳入援助范围
《2012年法兰西数字计划》（*Plan numérique France* 2012）	2008年	通过不同行业专家间的沟通，确定内容数字化所依托的环境；通过全局性的思考来确定市场调节机制，尤其是数字内容的定价；在欧洲范围内进行降低数字化图书增值税的讨论，同时可以考虑给予数字图书出版以物质支持；改善公共图书馆进入、使用和保存数字化图书资源的环境

① 郝振省．国际出版业发展报告（2010版）［M］．北京：中国书籍出版社，2012.

续表

名称	时间	相关规定
《2020年数字法兰西计划》(*Plan numérique France* 2020)	2012年	该计划的三大主题之一就是推广数字化应用和服务
税收优惠政策	2012年	2012年起，电子书可以同纸质图书一样享受5.5%的优惠税率
价格政策	2014年	2014年年初，法国议会通过一项提案，免除运费或邮寄费的做法被禁止。根据这项法律，在线销售商可以降低送货费用，但其额度不得超过图书价格的5%

二、法国数字出版法律制度的特点

法国属大陆法系，其法律理念崇尚理性主义，有成文法的传统。法国历来注重保护自己的本国文化，“文化例外”一直是其文化发展坚持的首要原则，出版业在整个文化产业中具有特殊的地位，其发展关系到民族兴衰和文化认同。作为世界出版大国，法国的数字出版法律制度呈现出的特点，可从以下几个方面进行分析。

（一）调整机构结构，适应数字出版发展

法国是发达国家中为数不多的设立专门管理出版业机构的国家之一。在法国，管理出版业的政府机构是设在文化部（Minisery de la Culture et de la Communication）的图书与阅览司（Direction du Livre et de la Lecture），主管法国商业出版社和书商以及国家的图书馆（教育部主管的大学图书馆除外），并且通过国家图书中心来实现对出版业在税收、投资、补贴等方面的支持。

2008年4月，法国文化部对其内部结构进行了大规模的调整，将原有的10个司整合为3个，原图书与阅览司和媒体发展司合并为文化经济与媒体发展司（Direction générale des médias et des industries culturelles)，负责图书、报纸、期刊等文化产业领域的管理。① 管理机构的合并延续了原来的政策导向，如合并前的图书与阅览司所主张的数字出版政策，负责落实对出版业支持政策的国家出版中心也将继续保留。

法国文化部在调整前后虽然都没有设立专门管理数字出版的机构，但从调整后的机构名称可以看出，法国有意将图书阅览司和媒体发展司整合为一个司，着意于发展媒介融合下的出版产业。

为保障互联网正常运行，预防、监督、打击侵权活动，法国国会已批准成立了专门管理网络传播作品及保护知识产权的最高权力机构——网络著作传播与权利保护高级机构，也被称为“网络著作传播与权利保护高级公署（HADOP）”，该机构由行政、立法、司法3个部门人员组成。从2010年春季起，这个机构专门负责在网络上监视经常下载、上传盗版共享文件的用户，并对其侵权行为进行发出通知、警告、建立侵权档案、向法院申诉、检查执行结果等相关处理。②

（二）法律和行政手段双管齐下，促进电子书产业发展

2011年5月26日，法国颁布了《电子书统一售价法》，法令延续了自1981年开始实行的实体书统一定价规则，即规定在法国市场的所有出版商必须制定电子书零售的单一价格，尽管电子书的销售渠道多样，但是不同渠道的经销商必须维持出版者的统一售价。新的电子书销售的折扣不得超过5%，即使从法国本土以外引进的电子书也需要遵循本规定。电子书统一售价旨在建立相对公平的竞争环境，避免图书经销商自我竞争，也有助于减少盗版情况。

虽然该法的颁布在法国国内以及欧盟都引起了争议，但并没有影响法国对于电子书定价的坚决态度。由此可见，法国在促进本国文化，保护本国文化多样性，以及促进数字出版的发展上所表现出

① 郝振省．国际出版业发展报告（2010版）［M］．北京：中国书籍出版社，2012.

② 法国专门护法机构HADOPI成立，严控网络侵权［EB/OL］．［2010-07-09］．http：//www.nipso.cn/onews.asp？id=9825.

的决心。

除了通过法律手段来保障数字出版产业的发展，法国政府还通过降低税率、资金补贴、投资优惠等其他方式资助数字出版。法国政府通过降低电子书增值税税率的行政手段，为电子书的发展减负。法国对纸质图书一直采取税率优惠，增值税率为5.5%，而电子书的增值税率高达19.6%。从2012年开始，电子书可以同纸质图书一样享受5.5%的优惠税率。在政府的大力支持下，目前法国共有12万种各类电子书进入销售渠道。数据显示，2014年法国电子书销售额占书商总盈利的4%左右。[①]

相对于纸质图书的发展，电子书的发展还处于起步的阶段。法国出版商协会数据显示，2011年初，法国电子书销售额为1 300万欧元，其市场份额仅占整个图书市场的0.5%，[②] 2013年的电子书销售额达到1.05亿欧元，占整个图书销售的4.1%。[③] 为推动电子书的发展，法国于2008年颁布了“2012年法兰西数字计划”，试图通过国家干预推动数字技术的发展，该计划明确提出：“确定全局性的思考来确定市场调节机制，尤其是对数字内容的定价提出措施；在欧洲范围内进行数字化图书降低增值税的讨论，同时可以考虑给予数字图书出版以物质支持。”

（三）通过政策手段，多方保护数字出版版权

版权保护是世界各国出版业在推动数字出版发展中遇到的首要问题之一，为此法国政府积极出台和修订相关法律法规，如《知识产权法典》《数字经济信任法》《促进互联网创造保护及传播法》等，以保护数字出版环境下的版权所有者的利益。

法国通过修订《知识产权法典》中某些条款来适应数字技术环境下的版权保护，例如通过规定版权技术保护措施来制止未经版

---

① 五味杂陈：2014年的法国出版业［EB/OL］.［2015-01-20］. http://www.360doc.com/content/15/0209/08/17132703_447376709.shtml.

② 林晓芳，赵红娜．法国电子书市场聚焦［EB/OL］．中国出版网，2014-11-03.

③ 渠竞帆．法国纸质教材与电子书市场冰火两重天［N］．中国出版传媒商报，2014-07-11.

权人许可发生的侵权行为。《知识产权法典》第 L331-5 条规定，有效的技术措施是指用于阻止或限制那些未经著作权所有人允许而使用除软件以外的著作、表演、录音、录像或者节目的著作权或邻接权的措施。如果侵犯该权利，就会被认定为侵害有效技术措施罪，同时还规定，如果有该项罪名，将受到“处3 750欧元罚金”到“处六个月有期徒刑和 3 万欧元的罚金”不等的处罚。该规定的设立增加了破坏版权保护措施的成本，有效地保护了版权。

法国政府于 2004 年颁布了《数字经济信任法》。该法要求网络供应商在广告中标明“盗版损害艺术创作”的字样，且明确提出要保障网上信息传播、通信、电子交易的安全。此外，法国政府还意图通过与网络服务提供商（ISP）的合作寻求保护版权的模式。2009 年历尽艰难出台的打击网络非法下载行为的法律，即互联网知识产权保护法或称“三振出局”法，就是一个很好的证明。该法要求成立一个独立的行政机构——互联网作品传播及权利保护高级公署，该机构的任务是对网络用户进行监管，对非法下载的网络用户提出警告或行政处罚，以达到保护版权的目的。

（四）在发展数字出版的同时重视对未成年人的保护和引导

法国政府十分重视在数字出版环境下对未成年人的保护，在多个颁布和修订的法律中，都对网络对未成年人造成的伤害作出了“从重处罚”的规定。

与此同时，也通过政策引导未成年人对数字出版物的阅读和使用。从 1949 年到 1981 年，先后颁布五项法律（《1949 年 7 月 16 日法》《1955 年 11 月 28 日法》《1965 年 9 月 28 日法》《1980 年 12 月 23 日法》《1981 年 7 月 29 日法》）来规范青少年读物内容，禁止不利于青少年健康成长的出版物出版。此外，法国专门成立了一个负责管理青少年读物的特别委员会——审读委员会①，来为青少年读物的内容把关。另外，2014 年 12 月出炉的法国 2015 年文化预算与 2012 年至 2014 年的预算紧缩相比，不降反增，其中文化

① 余敏．国外出版业宏观管理体系研究［M］．北京：中国书籍出版社，2004.

预算进一步向文化艺术教育事业予以倾斜，特别是通过增加补贴强化青少年的文化教育。

（五）限制网络运营商，保护内容提供者的合法权益

网络媒体的普及和应用，给数字出版的版权保护带来了巨大挑战。法国政府也在法律政策制定中体现出对内容提供者的保护，限制网络运营商对数字版权的侵权行为。2009 年，法国文化部成立泽尔尼克委员会，负责调查网上提供的文化内容，并在一年之后，建议政府向谷歌等企业的在线广告业务以及互联网服务提供商征税。这些在网络经济价值链上游的企业取得了在线广告市场的重要份额，但是并没有支付给内容提供商应有的报酬。这一建议被称为“谷歌税”，征税目标是谷歌、亚马逊等网络运营商。2014 年，法国文化部长 Fleur Pellerin 呼吁对电子书订阅服务的合法性进行调查，起诉 Kindle Unlimited 订阅服务由亚马逊自行定价，价格不受出版商控制，法律不允许多个供应商提供订阅服务，只允许一个编辑提供订阅服务并且负责控制价格。

三、法国数字出版法律制度的发展趋势

在数字出版发展如此迅速的情况下，法国政府依然能在“文化多样性”的原则下保护本国出版业的持续发展，并适时地出台相关法律法规、政策推进数字化的进展，未来法国数字出版法律制度的发展将呈现以下趋势。

（一）在数字出版环境下继续保护和发展本国文化

法国是一个注重保护本民族文化纯洁性和延续性的国家，从“文化例外”原则到“文化多样性”原则，政府积极采用各种手段保护本国文化的健康发展。在传统图书的出版与国际推广中，法国政府通过税率、补贴、贷款发展本国文化产业，通过设立专门推广本土优秀图书的机构来传播本国文化，同时支持本国出版机构将法语图书翻译成其他各种语言，还鼓励并支持国外出版机构翻译法国图书，向世界各地传播。为确保一系列措施的实施，法国政府通过法律制度的形式加以巩固。随着数字出版的发展，法国为继续保护本国文化，推进“文化多样性”原则的实施，法国政府陆续出台

一系列的法律法规及政策，例如 2008 年法国制定的“2012 年法兰西数字计划”明确提出国家干预数字技术的发展；2011 年颁布了《电子书统一售价法》；2012 年实行电子书与纸质图书享受同样的优惠税率等，这一系列的行动在国内以及欧盟引起了不小的争议。一方面，这些规定可以保护刚刚起步的电子书产业的发展和本国文化的多样性，但从另一方面来看，这些规定在一定程度上违背了价值规律，从长远看并不利于法国数字出版的国际竞争。从“三振出局”法的通过以及电子书统一售价法执行的坚决态度来看，法国在发展数字出版的同时依然注重保护和发展本国文化。

（二）平衡数字出版环境下版权所有者与公众权益

随着网络的发展，信息的传播越来越快，版权所有者的利益更容易受到侵犯。为了进一步维护版权所有者的利益，法国政府近几年来颁布了较多与网络作品有关的法律。例如，《促进互联网创造保护及传播法》《关于互联网文学和艺术产权的刑事保护法》和《关于向网络传播作品提供水印服务、规制技术保护措施，以及确认作品等受版权法保护的客体法》，以更好地保护版权所有者的利益。其中，“三振出局”法引起了人们的广泛关注。该法规定将成立的互联网作品传播及权利保护高级公署作为独立机构，负责保护作品网络信息传播权，对相关技术措施及权利人信息进行监管，对于那些非法下载者，机构将发出邮件、挂号信对其进行警告。如果两次警告均无效，就可以实施对网民的断网惩罚，断网时间从 2 个月到 1 年不等①。

在公共利益与版权所有者的博弈中，为了更好地保护网络作品在互联网上的版权，法国政府更加偏重对版权所有者利益的保护，未来，法国需要采取相关的措施来平衡版权所有者权益与公共利益。

（三）网络书店和实体书店共谋发展

实体书店是城市的文化地标，也是文化多样性的体现。网络

---

① 彭桂兵．法国著作权法修正案争论的背后［J］．中国出版，2010（8）：60-62.

书店的发展、读者阅读习惯的改变，导致实体书店经营困难。为了保护实体书店，法国政府在2007年创立了“样板独立书店”标示制度，为小众需求的高雅文化和学术书籍发行市场提供保护，提供优惠的税率和政府特别补贴。法国的亚马逊网站凭借其雄厚的实力，在减价5%的基础上推出免运费服务，给实体书店带来了巨大冲击。为了能够在网络书店和实体书店的发展中求得平衡，2014年初，法国议会通过一项提案，免除运费或邮寄费的做法被禁止①。对数字出版的发展和对传统出版业的保护，在网络书店和实体书店的交锋中得到体现，未来的走向也应是共谋发展，取得双赢。

第五节　日本数字出版法律制度

日本数字出版起步较早，2000年就出现了本国第一部手机小说。不管是出版商还是技术提供商都对数字出版有着浓厚的兴趣，并致力于推动数字出版的发展。2009年日本数字出版实现了23.7%的增长速度，数字出版市场规模达574亿日元。2014年数字出版的市场规模推定为1 266亿日元，2015年上升至1 600亿日元，有专家预计到2020年东京奥运会时，日本数字出版的市场规模将达到3 400亿日元。可以预见数字出版的发展对扭转日本出版业不景气的状况将起到很大的作用②。日本数字出版的高速发展，很大程度上依赖其先进的法律制度提供的良好出版法治环境。

一、日本数字出版法律制度概述

日本作为全球数字内容产业发展的先行者，对产业的发展规律有较为清醒的认识。它不断修改法律法规，在数字出版法律制度方

① 王眉．法国图书出版业稳中有进［N］．中国文化报，2014-05-29.

② 日本数字出版有待发展[EB/OL].[2016-08-23].http://bisenet.com/article/201608/161687.htm.

面力图与世界发达国家同步，以适应数字出版的发展要求。比如，日本的著作权法是修订频率最高的，自制定后已经修订过36次。由此可见，日本数字出版法律体系的完备是逐渐积累的过程。日本与数字出版有关的主要法律法规有《著作权法》《著作权与邻接权管理事务法》《反不正当竞争法》《提供商责任限制法》《内容促进法》《防止盗录电影法》《关于特定电信服务提供者的损害赔偿责任限制及向服务提供者请求提供传输信息的法律》等。这些法律分别从不同方面对数字出版的发展予以规范，共同构成了日本相对完备的数字出版法律体系（见表4-6）。

表4-6　　**日本有关数字出版的法律规定**

名称	时间	相关规定
《著作权法》	1970年颁布，之后频繁修订	规定有关作品以及表演、录音制品、播放和有线播放的作者权利及其邻接权，在注重这些文化财产合理使用的同时保护作者等的权利，以促进文化发展
《著作权与邻接权管理事务法》	2000年	日本酝酿多年的著作权法律制度数字化进程中的产物之一，涉及的作品门类扩展到所有种类的作品和表演，确保管理事务公平运转，巩固有关著作权管理中新生事务的规则，以适应日益广泛和复杂的著作权保护作品的开发利用
《反不正当竞争法》	1993年颁布，2016年进行第七次修订	针对数字时代规避技术保护措施的辅助行为有相关规定，对受版权保护的商品进行销售、翻录等行为都将追究法律责任
《提供商责任限制法》	2001年	网络服务提供商有义务向侵权受害者提供信息发布者的姓名、IP地址、电子邮箱等信息，有责任删除侵害权益的信息

续表

名称	时间	相关规定
《内容促进法》	2004 年	鉴于互联网等传播媒体的多样性对知识产权保护带来的冲击，提出必须谋求有效保护内容作品相关的知识产权，采取对内容作品的适当使用，调整权利内容等措施。政府有义务在相关方面完善内容产品的流通基础，如促进互联网认证技术、促进保护性技术手段的开发和使用，建立数据库保护知识产权所有者的权利等①
《防止盗录电影法》	2007 年	对盗录电影，不适用日本著作权法第 30 条为私人使用而复制的规定；盗录不适用首次在日本国内收费上映已超过 8 个月的电影

日本通过上述有关数字出版法律的制定和修改，从版权、出版、技术措施、在线提供商等角度规范数字出版，并将内容的定义依照数字技术的进步相应地扩大，使得数字内容产业有法可依。法律体系是否完善，是体现一个国家是否重视依靠法律管理和治理出版行业的重要标志。完善、先进的法律体系能够为政府或者协会提供可靠、科学、有效的主体法律依据，使出版业管理形成以法律为核心、以各方面管理力量为主体的管理系统。日本数字出版法律制度的进一步完备，为日本数字出版的发展提供了良好的法制环境，并为亚洲各国数字出版法律制度建设提供了有意义的借鉴。

二、日本数字出版法律制度的特点

日本数字出版法律制度是循序渐进形成的，其特点主要表现在以下几个方面。

---

① 日本推动内容产业发展的成功经验对中国的启示［EB/OL］.［2011-12-27］. http：//www. lawtime. cn/info/zscq/zscqlw/20111027114476. html.

（一）适应数字化趋势，推动文化产业发展

日本数字出版法律制度建设既是为了推动文化产业的发展，也是为了适应数字时代的背景，并力图与世界其他发达国家保持同步。日本自2000年年初开始注重数字内容产业建设，为提高数字内容产业的国际竞争力，还将数字内容课题与建言纳入《实现世界最尖端的数字内容产业大国》报告书中①。日本在《e-Japan战略》中指出，要通过各项扶持政策促使数字内容产业合理发展。2003年7月推出的《e-Japan战略Ⅱ》把数字内容产业列为优先发展领域之一②。

目前日本涉及出版的基本法律有16部，涵盖出版业的各个方面。同时，随着数字出版技术的实现，旧法都及时获得了修订③。据统计，2003年以后日本修订著作权法的概况为：2003年3次、2004年4次、2005年1次、2006年2次、2008年1次、2009年2次、2010年1次、2011年1次，2012年1次，最新一次是2015年1月正式实行的著作权法修订案。此外，著作权集体管理法的修改为：2004年3次、2008年1次④。近年来，根据出版产业数字化发展的新形势，日本又制定了多部新的法律，如《IT基本法》《知识产权基本法》《文化艺术振兴基本法》等⑤。日本数字出版法律修订频繁，很大程度上是为了适应数字出版的发展趋势，更新法律以规范和解决数字出版领域出现的新问题。

（二）政府介入补偿金制度和强制许可制度

日本对于数字版权的使用适用补偿金制度，规定文化厅长官可

---

① 黄孝章，张志林，陈丹．数字出版产业发展研究［M］．北京：知识产权出版社，2010：61.

② 杨梅．发达国家内容产业发展概要［J］．中国信息界，2010（1-2）：102-104.

③ 日本韩国出版业考察报告（上）［J］．出版发行研究，2004（3）：16.

④ 杨和义．日本著作权法律的新变化及其特征［J］．海峡法学，2010（3）：37.

⑤ 黄孝章，张志林，陈丹．数字出版产业发展研究［M］．北京：知识产权出版社，2010：65.

以确定补偿金额度，明确了征收对象、收费金额。以这一制度应对数字版权作品的使用，能够使数字版权授权模式更加清晰，减少版权纠纷。日本著作权权利限制制度中的强制许可制度的最大特点在于政府“授权”。与合理使用和法定许可制度相比，这种权利限制的构成条件最为严苛，利用程序也最为繁琐，但对于作者权利的限制和“牺牲”却是较小的①，因此能够更好地平衡版权人及公众的利益。

（三）版权制度更新与《世界知识产权组织版权条约》和《世界知识产权组织表演和录音制品条约》同步

数字技术的产生与发展，使得包括各种作品在内的信息内容的使用方式也全面更新，这就将版权制度置于一片新大陆面前。要规范数字出版层出不穷的新情况、新问题，版权制度也必须随之更新。

为应对数字技术对著作权的挑战，世界知识产权组织（WIPO）于1996年12月通过了《世界知识产权组织版权条约》（WCT）和《世界知识产权组织表演和录音制品条约》（WPPT）。之后，世界知识产权组织积极致力于两个条约的不断完善。欧盟、美国、日本等知识产权制度比较发达的国家和地区为推动上述两个国际条约的适用，各自在国内法中通过了实施该条约的相关法律②。其中，日本国会于1997年6月10日修订了《著作权法》。在数字版权精神权利保护方面，日本加强对权利范围和水平的保护力度，将精神权利的保护扩展到表演者身上，赋予表演者姓名表示权及保护表演完整权（第90条之2、3）。对于数字版权中的经济权利，日本立法和WCT及WPPT一致，都增加了数字版权人的传播可能化权、技术措施权、权利管理信息权、网络邻接权等多项数字出版所特有的权利类型。在数字版权的权利限制方面，日本在著作权限制一节中把各种特定的复制行为规定为不受作者复制权调整

① 陶云峰．中日著作权法律制度比较研究［D］．武汉：中南民族大学，2010.

② 国际环境下的网络版权若干问题研究［EB/OL］．［2011-04-15］．http：//www.jcrb.com/zhuanti/fzzt/djzscq/zf/201104/t20110415_530231.html.

的例外情况。对于数字版权侵权的刑事救济，日本著作权法第113、120条规定了有关规避技术措施、破坏权利管理信息的刑事责任，完全符合WCT及WPPT加大网络版权侵权刑事责任的精神。此外，2009年修改后的新《著作权法》在违法作品的流通抑制方面新增了两项具体措施。对于这些措施，日本北海道大学田村善之教授认为，其修改背景在于权利人对强化其知识产权保护的要求①。

日本著作权法经过1999年的修订，已基本与WIPO的两个条约保持同步，从而适应了数字环境下版权保护的迫切要求。2000年的修订则是对前述修改后有关问题的补充。

（四）著作权法与国际条约和其他法律协同调整

日本著作权法第5条规定了国际条约的效力，如果国际条约对作者权利以及邻接权有特别规定，按照国际条约的规定处理。特殊规定是，行政机关长官、独立行政法人、地方公共团体机关或者地方独立行政法人等，按照行政机关信息公开法、独立行政法人等信息公开法或者信息公开条例的规定，出于向公众提供或者提示作品的目的，在必要限度内可以使用作品，并不侵犯版权人和邻接权人的发表权及姓名表示权。

日本著作权法不仅通过多次修法符合了WCT、WPPT的要求，还与其他各种法律共同调整版权制度，是一种较为科学合理的立法体系。

三、日本数字出版法律制度的发展趋势

日本数字出版法律制度虽然相对完善，但是对于数字出版这一新生事物出现的新问题，相关法律还需进行相应更新及推进，以更好地规范数字出版的发展。未来几年，日本数字出版法律制度在对权利人的保护、对公众利益的关照、著作财产权等方面将出现新的发展趋势。

① 国际环境下的网络版权若干问题研究［EB/OL］．［2011-04-15］．http：//www.jcrb.com/zhuanti/fzzt/djzscq/zf/201104/t20110415_530231.html.

（一）加强对权利人权利的保护

日本在制定、修改著作权法时，从扩大权利保护范围和提高保护力度方面来增强人们创作、传播作品的积极性，促进数字内容产业的商业化进程。日本对网络传播权的修改模式是在不改变原有版权权利保护体系的前提下，赋予版权人控制作品网络传播的新权利，如传播可能化权、技术措施保护权、权利管理信息的保护权以及网络邻接权，扩大了版权保护范围。

面对日渐增多、日趋严重的知识产权侵权案件，日本设计了侵权赔偿推定制度和刑事处罚制度，提高了刑期和罚款额度的上限，还规定了在线服务提供商的权利义务来更好地实现版权人的传播可能化权。如《专利法》第 102 条规定了损害赔偿额的确定原则，推定权利人因侵权行为所受损失、侵权人因侵权行为所获利益或通常的专利使用费为损害赔偿额①。《著作权法》第 119 条以及第 120 条之 2 规定了对侵害权利管理信息和规避技术保护措施的民事及刑事救济。《提供商责任限制法》规定网络服务提供商有义务向侵权受害者提供信息发布者的姓名、IP 地址、电子邮箱等信息，有责任删除侵害权益的信息。另外，《著作权法》第 114 条针对侵权行为人界定了构成侵权行为的公众传播行为，导入了新的损害额计算制度。在第 114 条之 2 中规定了侵权行为人的说明义务，减轻了著作权人的举证责任，使得权利人能够更方便地得到权利救济。《著作权法》还在第 2 条 20 款、第 30 条中，作出了禁止“直接规避行为的准备行为”和“直接规避行为”的规定。在《反不正当竞争法》中也规定了技术型管理体制的法律保护制度，即对制造和销售规避链接、复制管理技术装置之行为设置了民事请求权（第 2 条第 1 款第 10、11 项）。

2009 年政府公布的著作权法把非法网络下载认定为侵权行为，没有设定罚则。但是 2012 年 6 月 20 日最新通过的著作权法修订案规定，从网络下载未经授权的音乐和影像文件，可能面临两年以下

---

① 冯楚建．建立面向 21 世纪的知识产权制度：日本现代知识产权政策与战略研究［J］．中国软科学，1998（4）．

拘役或 200 万日元以下罚款。法律通过后舆论对此存在很大争议。

（二）合理关照公众利益

为解决因各种原因导致的利用作品机会和能力的鸿沟，日本著作权法对权利人的权利进行了一定限制，力图实现权利人和公众之间的利益合理平衡。2010 年 1 月 1 日起实行的著作权法对“视障听障类”残疾人的权益给予关注，将一些便于他们利用版权作品的方式认定为“合理使用”，比如将作品做成大字书，将一些图片作品或者音像制品加手语或者字幕等①。

另外，日本著作权法在保护版权人利益的同时对公众的使用设置了例外，比如对于教育目的、图书馆的使用、美术或者摄影作品、搜索引擎对侵权作品的缓存、信息检索服务经营者、电子计算机进行作品信息分析等传播可能化权的合理使用。同时，在著作权人或者著作邻接权人下落不明时，提存文化厅长官规定数额的担保金后，在裁定结果出来之前，可以按照申请裁定的使用方法使用该作品。

（三）高度重视著作财产权

如果将著作权和著作邻接权按照权利内容分为财产权和人身权，那么，日本在 2003 年、2004 年、2006 年、2009 年历次修法中，主要内容是修订有关财产权的规定，加强对财产权的保护，对于人身权的规定很少，只是增加了表演者的姓名表示权和保护表演完整权。其原因在于日本是在知识产权立国战略之下审视、修订著作权法等法律的，因此将有关著作权的法律作为实施日本知识产权立国战略、振兴日本经济、提高日本产业国际竞争力系列法律的一部分②。

日本曾提出“数字内容立国”的发展目标，把内容产业定位为“积极振兴的新型产业”。数字出版法律的制定以及修改是在相

① 日本著作权法修改的背景介绍：IPRCN 专访田村善之教授[EB/OL].[2011-05-11].http://www.iprcn.com/IL_Xsjt_Show.aspx?News_PI=3376.

② 杨和义．日本著作权法律的新变化及其特征［J］．海峡法学，2010(3)：37.

关利益人的呼吁和推动下才逐步改进的。出版业能更明确地反映出量化的经济效益，相关利益人的着眼点也就放在著作财产权上。

（四）力图确认出版社在数字化进程中的法律地位

越来越多的人呼吁要促使出版社获得属于知识传播者权利的著作邻接权，完善以出版社为主体的推进图书数字化的体制，确立出版社既是纸媒体也是电子媒体传播者的法律地位。为进一步推动电子书籍的普及，日本于2012年公布了著作权法修正案草案，目标是通过立法赋予出版社“著作邻接权”，更好地保护出版社利益。该修正案一经提出立即引起业界的强烈反响，出版商、作家和学者围绕是否应该赋予出版社“著作邻接权”展开了激烈争论[①]。

日本的数字出版法律制度还在不断地探索更新。只有真正了解数字内容产业的发展现状及趋势，立法过程中找到相关利益人之间的平衡点，才能科学、超前地制定数字出版法律制度及预防数字出版发展过程中的新问题。

第六节 韩国数字出版法律制度

韩国百济艺术大学教授金贞淑说：“韩国数字出版市场2007年后就处于原地踏步状态，但随着亚马逊 Kindle 的成功，局面开始发生变化。2010年，数字出版规模增至1 975亿韩元。”[②] 韩国数字出版产业规模不断扩张，离不开先进的法律制度的规制。韩国在出版方面的法律非常完备，并随着数字出版技术的实现及时对旧法进行了修订。

一、韩国数字出版管理制度概述

韩国是世界上信息技术发展最快也是互联网普及率最高的国家

---

① 日本向出版社开放“著作邻接权”推动电子书普及［EB/OL］.［2012-05-30］. http：//culture. people. com. cn/BIG5/172318/18029383. html.

② 廖小珊 . 数字出版遭遇成长烦恼：中韩业者共议出版业数字化转型前景［EB/OL］.［2011-09-20］.http：//news. xinhuanet. com/newmedia/2011-09/20/c_122062387. htm.

之一。在互联网规制中，韩国以立法为基础，以技术过滤为依托，以分级审查为辅助，呈现出具有国情特色的管理格局。

（一）三级版权行政管理体系

目前，韩国初步建立了相对行之有效的互联网三级版权行政管理体系，在维护数字版权方面起到重要作用。由韩国文化体育观光部、韩国著作权委员会、韩国版权团体联合会（版权保护中心）共同管理互联网版权事务（见表4-7）。

表4-7　　**韩国数字版权管理机构及其职能**

机构名称	主要职能
文化体育观光部	负责制定及执行针对版权保护的综合计划，监管版权领域的运营，实施特别司法警察对网络侵权进行的调查活动，对特殊类型的网络服务提供者处以罚金，发出纠正命令等工作
著作权委员会	依照大韩民国著作权法成立的唯一政府机构，履行关于著作权的调查研究、教育培训、著作权登记、委托管理审议、纠纷调停、著作权信息管理体系开发等职能，是国内著作权信息中心的功能和作用团体
版权团体联合会	接受著作权人委托，对网络服务提供者提出终止及删除要求，搜集针对特殊类型网络服务提供者处以罚金的证据资料，取缔盗版物的离线供应及流通

（二）“小政府、大协会”的市场管理模式

韩国的出版管理体系属于“小政府、大协会”的市场管理模式，协会分担了政府大部分管理职能。政府官办协会中，韩国复写传送权管理中心负责协商处理有关各种出版邻接权问题，韩国刊行物伦理协会内设审核室和个别审核委员会，审核室负责审核图书、定期出版物、漫画、电子出版物和广告等不同审查领域①。此外，与数字出版有关的协会主要有电子出版内容管理中心、电子图书协

① 余敏．国外出版行业协会研究［M］．北京：中国书籍出版社，2005：212.

会、Electronic-BookKorea、Booktopia、韩国出版物伦理委员会、韩国电子出版协会、泛在出版振兴中心等。另外，韩国民间自发组织成立了不少于140个社团，如“游戏制作者协同社团”“出版协同社团”等，增强了文化产业各个行业的自律①。

（三）数字出版法律体系

为适应数字时代文化产业发展的需要，近几年韩国政府陆续对《出版及印刷振兴法》《影像振兴基本法》《著作权法》《电影振兴法》《演出法》《广播法》《唱片录像带暨游戏制品法》等作了部分或全面修订，废止或修改的内容在70%左右（见表4-8）②。

表4-8　　**韩国有关数字出版的法律规定**

名称	时间	相关规定
《计算机程序保护法》	1957年	制定后曾进行多次修订。2006年10月4日修订时将原来规定的可处3年有期徒刑或5 000万韩元罚金提升至可处5年有期徒刑或5 000万韩元罚金，惯犯可处7年有期徒刑或7 000万韩元罚金
《著作权法》	1986年	先后进行过21次修改，其中2006年和2009年完成了两次重要修改。与数字出版的发展同步，不断更新法律内容
《出版及印刷振兴法》	2002年	该法设立了对网络书店进行限制的条款。第22条第2项规定：出版物销售者依据《关于垄断限制及公平交易的法律》第29条第2项规定，其销售的出版物属于作品时，必须按照定价销售。在使用情报通信网销售这类出版物时，可以在原定10%的范围内打折销售

① 李沂霖．韩国文化产业发展探究［D］．长春：吉林大学东北亚研究院，2011：19.

② 陶丹．数字化时代韩国出版产业特色［J］．中国编辑，2005（6）：95.

续表

名称	时间	相关规定
《网络数字内容产业发展法》	2002 年	具体的促进事项包括促进网络数字内容产业的基础形成，强化其竞争力
《游戏产业振兴法》	2006 年	2004 出台“游戏产业振兴法（草案）”，2006 年正式立法，2007 年之后多次修正该法，为网络游戏产业保驾护航
《电子出版产业育成法》	2010 年	根据该法，韩国政府将在 5 年内向电子书市场投 635 亿韩元，使电子书市场规模扩大到现在的 5 倍①

韩国通过制定和修改一系列相关法律，形成了较为完备的数字出版法律体系，将网络出版物、电子书、电子游戏、网络多媒体等各种形式的数字出版物纳入了法律规制范围。

二、韩国数字出版法律制度的特点

韩国先进的出版行政管理与法律规制形成了独具特色的数字出版法律制度，其特点主要表现在以下几个方面。

（一）把扶持数字内容产业发展作为振兴经济的国策

随着数字技术的发展，现有法律已很难解决互联网上的著作权问题。为此，韩国陆续对旧的出版法律法规作了部分或全面修订，并推出新的法律如《网络数字内容产业发展法》《电子出版产业育成法》等。同时，韩国是较早把发展文化产业上升到国家战略的国家。韩国政府视数字内容产业为韩国未来高成长性的重点产业，把扶持数字内容产业特别是游戏产业作为振兴经济的国策之一。1999 年 4 月 8 日韩国政府作出对所有电子出版物零税收的特殊规定，从政策上大力支持数字内容产业的发展②。另外，韩国政府给

① 韩国投入 635 亿韩元做大电子书市场[EB/OL].[2010-10-02].http://book.ifeng.com/gundong/detail_2010_10/02/2694627_0.shtml.

② ［韩］金才允．韩国的出版政策及其沿革［J］．金菊贤，译．出版发行研究，2000（12）：137.

了电子游戏合法的地位，并且注重培育工作，快速发展数字娱乐业。2010 年至 2011 年，韩国政府制定扶持政策，成立相关机构，培养紧缺人才，加快电子出版产业的发展①。韩国数字出版法律制度的建设，既是适应数字出版产业近年来高速发展趋势的结果，也是政府把数字内容产业作为振兴经济的国策的结果。

（二）法律手段与行政手段双管齐下

韩国数字出版管理制度建设既有相对完备的法律体系，也有成熟的行政管理体系，以此共同规范数字出版的发展。韩国有关数字出版的法律制度针对各种形式的数字产品作出详细的规定，能够更好地解决数字时代产生的新问题。韩国三级版权行政管理体系及“小政府、大协会”的出版物市场管理模式，有效地对数字时代互联网版权侵权行为进行管理。把数字出版物纳入市场管理范畴，能够起到合理配置资源，推动数字出版产业良性发展的作用。

（三）政府官办协会发挥重要职能

韩国官办协会由政府授权并全额资助，它们代替政府行使一定的职能，有效地打击盗版及审查出版物内容，杜绝盗版及有害出版物的流通。在韩国由复写传送权管理中心集中管理出版物的著作权，由出版物伦理委员会负责对出版物内容进行审查。韩国复写传送权管理中心的主要任务有两个：一是接受版权所有者的委托，对著作权和传送权进行集中管理；二是杜绝盗版出版物的流通。在打击盗版方面，该协会采取与政府执法人员联合协作的方式②。韩国出版物伦理委员会的任务包括审查图书、杂志、漫画、专业报纸、电子出版物等出版物是否存在有害性，审查广告内容及其他不当表示等，开展包括电子出版物在内的外国出版物的引进推荐、审查其是否存在有害性、下达配发停止命令等③。

---

① 甄西．韩国电子图书出版的回顾与展望［J］．出版参考，2012（2）：40.

② 卫朝峰，陈磊，范卫平，等．日本韩国出版业考察报告（下）［J］．出版发行研究，2004（4）.

③ 甄西．韩国的出版团体：出版物伦理委员会［J］．出版参考，2008（12）：38.

（四）数字出版法律内容方面的特点

1. 法律规制范围广，涵盖多种形式

目前韩国数字出版法律体系包括有关出版与印刷、网络多媒体、电子游戏、影像、音乐、电子出版产业等方面的法律，几乎各种形式的数字出版物都有专门的法律加以规范，法律规制范围更广、更具体、更具针对性，能够更好地满足多种形态数字出版物的发展要求。

2. 明确在线服务提供者的权利义务

韩国《著作权法》明确规定了在线服务提供者的权利义务，既规定其享有临时复制等合理使用的权利，也赋予版权人求偿权，要求在线服务提供者必须采用技术措施保护拥有数字版权的作品的在线传播并对权利管理信息进行保护。韩国《著作权法》第 103 条规定在线服务提供商要履行通告义务，第 142 条规定当权利人提出要求时在线服务提供者有义务采取阻断相关盗版物等非法传送的技术性措施①。

3. 权利管理信息和技术保护措施的保护

依据韩国《著作权法》第 124 条的规定，在电子形式的作品中故意删除、修改、伪造版权管理信息，明知电子形式的权利管理信息已经被删除、修改或伪造，却从事发行、公开表演、公开传输或是进口原始作品或复制件等行为，都被认为是侵权行为。另外韩国《著作权法》还规定了任何未经授权的能使技术保护措施无效的技术、服务、产品、装置等都是违法的，任何提供、制造、进口、转让、租借及互动传播上述技术和服务等的行为也被视为对著作权的侵害。

三、韩国数字出版法律制度的发展趋势

近年来，数字出版正以产品形态和传播渠道数字化、网络化为特征和发展方向，在这样的背景下，韩国数字出版法律制度在秉承

---

① 魏红 . 韩国修订著作权法加强网络监管［EB/OL］.［2010-12-02］. http：//www. cnii. com. cn/internet/content/2010-12/02/con-tent_ 815923. htm.

自身发展特点的基础上呈现出加强对著作权人的保护、维护公众利益、强化政府管理、明确电子书定价等方面的趋势。

（一）加强对著作权人的保护

在韩国，著作权案件分为亲告罪和非亲告罪两种。近年来韩国著作权诉讼把著作权侵权行为列为非亲告罪，即任何人都可以起诉侵犯著作权的犯罪行为，这就扩大了著作权诉讼中的公诉范围，加强了对著作权人的保护。

韩国《著作权法》第31条规定基于公众使用目的，图书馆复制或互动传播的作品，允许同一时间使用者的数量不能超过图书馆（或是授权给拥有著作权或其他权利保护的作者）拥有的作品复制件的数量。图书馆可以复制或互动传播作品等以供其他图书馆的使用者通过计算机获取，但是在作品的一部分被出版销售的情况下，从出版之日起五年内不允许被复制和互动传播。上述情形，如果作品正在以数字化形式出售，图书馆不得以数字化形式复制作品。同时规定图书馆将图书复制或数字化应向权利人支付补偿金。这样的制度安排更有利于保护版权人的权利。

（二）兼顾公众利益，适当维护在线服务商的利益

在限制版权人财产权方面，韩国《著作权法》第25条规定，为了学校教育的目的，不可避免地对已经公开发表的作品的部分内容进行互动传播是被允许的，也没有缴纳补偿金的义务，但是必须实行政府法令规定的必要的保护措施，防止著作权及相关权受到侵害。

韩国《著作权法》第133条第3项规定，对网络侵权行为采用纠正劝告制度，由韩国著作权委员会采取纠正劝告等措施。这种制度给了在线服务提供者主动改正的机会。

（三）强化政府部门的权力

韩国《著作权法》第103条规定，韩国版权团体联合会接受著作权人委托，对网络服务提供者提出终止及删除要求；取缔盗版物的离线供应及流通，如没收或废弃或删除。第133条第2款规定，在经过韩国著作权委员会审议之后，韩国文化体育观光部部长针对3种情形向在线服务提供者发出纠正命令：网络上传送非法复制文件的复制者、传送者；复制非法复制文件的复制者、传送者；3次以上接受删除或停止传送命令的公告板。第133条第3项规定，由韩国著作权委员会对网络侵权行为采取纠正劝告等措施。

按照韩国有关促进信息通信网的利用及信息保护的法律规定，韩国文化体育观光部可向广播通信委员会提出关闭侵权网站的要求，韩国广播通信委员会向网络服务提供商提出处理、停止、限制等要求①。

（四）明确电子书定价制

随着电子技术的发展，电子书的制作环境日益改善，电子书阅读装置逐渐普及。但是由于流通商之间的竞争日益激烈，读者要求降价的声音越来越多，电子书的价格由流通商还是出版社来定没有明确的法律规定，呈现出混乱的状态。韩国出版人会议坚持主张图书定价制也应适用于电子书，目前《出版文化产业振兴法》中有关图书定价制条款的修订案已提交国会。从2013年上半年起电子书和纸质书一样能够由出版社来决定价格②。

法律制度要适应不断进步的技术发展，才能为数字出版的发展营造良好的环境。在韩国数字出版产业发展过程中形成的先进的法律制度为新形态出版物的发展提供了行政及法律依据。

① 魏红．韩国修订著作权法加强网络监管［EB/OL］．［2012-12-02］．http://www.cnii.com.cn/internet/content/2010-12/02/con-tent_815923.htm.

② 韩性峰．数字出版韩国的探索与实践告诉我们什么［EB/OL］．［2012-02-22］．http://www.dajianet.com/world/2012/0222/181369_2.shtml.

第五章 中外数字出版法律制度比较研究

对我国而言，由于一些历史和现实的原因，无论是传统出版的还是数字出版的立法都是相对薄弱的环节。随着数字出版的发展，越来越多的主体介入，越来越的内容集成，不论是传统出版的数字化转型还是新兴数字出版企业的异军突起，都使得数字出版领域面临越来越复杂的法律问题。尽管我国在数字出版相关法律制度方面取得了一些成果，前文有所论述，但的确没有完善的数字出版法律制度，因此还有大批学者投入到这个问题的研究当中。在分析数字出版法律相关研究文献后，我们发现理论界关于数字出版法律制度的研究相对较弱，仅仅有一些学者分析了我国数字出版法律制度的现状、存在的问题，提出应该完善我国数字出版法律制度。本书试图全面考察主要发达国家数字出版法律制度的建设，总结其相关经验，以期获得完善我国数字出版法律制度的启示。

世界主要发达国家在数字出版法律制度建设方面较为成熟，如美国、英国、德国、法国、日本、韩国等，前文对这六国都有较为详细的介绍，本章主要选取英国和日本，与我国数字出版法律规定和数字出版管理作比较。普通法系和大陆法系经过若干年的发展变化，它们之间已经不再绝对地排斥对方，出现了一种相互融合的趋势，普通法系的国家已经加快了成文法的步伐，而大陆法系的国家正呈现出一种积极鼓励法官发挥其在填补法律漏洞方面的造法功能的趋势。通过与普通法系典型国家——英国进行有关数字出版法律规定的比较，可以学习和借鉴其立法经验；与大陆法系国家——日本进行数字出版管理方面的比较，可以学习和借鉴其管理经验。

第一节　中英数字出版法律规定比较研究

英国于1709年颁布的《安娜女王法》是世界上第一部版权法，对世界各国后来的著作权立法产生了巨大的影响。近年来，英国为促进国内数字出版的发展，接连颁布了一系列的政策法规，旨在提高其数字竞争力，避免在信息时代落后于其他国家，同时使公众享受数字革命带来的最大利益。本节从数字出版产业监管、数字出版内容管理、数字版权保护三个层面对中英两国的相关法律规定进行系统的比较，对政府监管、市场准入、内容管理法律规定和行业规范、数字版权保护等方面进行详细对比，整体上把握两国关于数字出版的法律规定，并吸取英国在数字出版立法方面的经验，以期获取完善我国数字出版相关立法的启示。

一、中英数字出版产业监管法律规定的比较

作为数字出版环节的起点，数字出版机构是生产数字文化产品、提供精神文化知识的重要场所。然而并不是任何个人和团体机构都可以任意进入数字出版行业，因为无论是在国内还是在国外，数字出版机构的设立都是有一定的准入条件的。数字出版具有文化内容产业的特点，产业的健康发展离不开管理部门的协调和引导，政府监管和行业自律十分必要。下面就对中英数字出版行业准入、政府监管和行业自律的法律规定进行比较和探讨。

（一）数字出版行业准入规定

由于国情的差异，数字出版环节的准入机制在世界各国有不同的表现方式。目前国际上数字出版单位的设立主要有五种方式：自由制、登记制、许可制、保证金制和审批制。我国对数字出版产业链的不同环节实行不同的准入办法；而英国的数字出版单位的设立和传统出版单位几乎没有不同，实行注册登记制。

1. 中国——对产业链不同环节实行不同的准入制度

在数字出版产业链上，通常分为以下几个环节：内容提供商——数字出版商——技术提供商——设备供应商——软件运营商——终端销售商——数字产品消费者。下面，就目前国家各部门已经出台的相关法律法规，从提供内容的市场主体、提供技术服务的市场主体两个方面进行汇总，大致廓清数字出版产业链上各个环节的准入规定。

首先，内容生产环节准入制度，对此有所规定的主要有《电子出版物出版管理规定》《互联网信息服务管理办法》《互联网出版管理暂行规定》《互联网视听节目服务管理规定》，如表5-1所示。

表5-1　**我国内容生产环节的相关准入制度**

法规名称	颁发部门/施行时间	资格证名称	规范对象	准入条件
《电子出版物出版管理规定》	新闻出版总署/2008年	电子出版物出版许可证	电子出版单位	有单位名称、章程；有符合新闻出版总署认定条件的主管、主办单位；有确定的出版业务范围；有200万元以上的注册资本；有适应业务范围需要的设备和工作场所（面积不得少于200平方米）；有适应业务范围需要的组织机构；有2人以上具有中级以上出版专业职业资格
《互联网信息服务管理办法》	国务院、信息产业部/2000年	营利：互联网信息服务增值电信业务经营许可证	从事新闻、出版、教育、医疗保健、药品和医疗器械等互联网信息服务的单位	营利：除应取得电信业务经营许可证外，还应具备：有业务发展计划及相关技术方案；有健全的网络与信息安全保障措施，包括网站安全保障措施、信息安全保密管理制度、用户信息安全管理制度； 非营利：向电信管理机构备案

续表

法规名称	颁发部门/施行时间	资格证名称	规范对象	准入条件
《互联网出版管理暂行规定》	新闻出版总署、信息产业部/2002年	互联网出版许可证	互联网出版单位	从事互联网出版业务，除符合《互联网信息服务管理办法》规定的条件以外，还应当具备以下条件：有确定的出版范围；有符合法律、法规规定的章程；有必要的编辑出版机构和专业人员；有适应出版业务需要的资金、设备和场所。须向省级新闻出版行政部门申请，经其审核后报新闻出版总署审批
《互联网视听节目服务管理规定》	国家广电总局、信息产业部/2008年	营利：信息网络传播视听节目许可证 非营利：备案	在网络上向公众提供视听节目的机构和个人	具备法人资格，为国有独资或国有控股单位；有健全的节目安全传播管理制度和安全保护技术措施；有与其业务相适应并符合国家规定的视听节目资源、技术能力、网络资源和资金、专业人员；技术方案符合国家标准、行业标准和技术规范；符合国务院广播电影电视主管部门确定的互联网视听节目服务总体规划、布局和业务指导目录

其次，制作运营环节准入制度，对此进行规定的主要是《数字印刷管理办法》《电信业务经营许可管理办法》《互联网文化管理暂行规定》，如表5-2所示。

2. 英国——注册登记制

在英国，数字出版和传统出版并不对立，而是统一的。其数字出版行业巨头大多由传统出版企业经数字化转型发展而来，它们同时开展数字出版和传统出版业务。如全球最大的出版企业培生集团就高度重视数字出版业务的发展，过去5年其对数字化内容采集的

表 5-2　　　　我国制作运营环节的相关准入制度

法规名称	颁发部门/施行时间	资格证名称	规范对象	准入条件
《数字印刷管理办法》	新闻出版总署/2011 年	印刷经营许可证	采用生产型数字印刷机的单位	企业的名称、章程；确定的业务范围；适应业务范围需要的固定生产经营场所，建筑面积不少于 50 平方米；能够维持正常生产经营的资金，注册资本不少于 100 万元人民币；1 台以上生产型数字印刷机；适应业务范围需要的组织机构和人员
《电信业务经营许可管理办法》	工信部/2009 年	基础/增值电信业务经营许可证	经营电信业务的单位	基础：经营者为依法设立的专门从事基础电信业务的公司，并且公司的国有股权或者股份不少于 51%；省内 1 亿元、跨省 10 亿元的注册资金。 增值：省内 100 万元、跨省 1000 万元注册资本及其他条件
《互联网文化管理暂行规定》	文化部/2003 年	网络文化经营许可证	通过互联网生产、传播和流通的文化产品	设立经营性互联网文化单位，应取得 ICP 牌照，还需具备以下条件：名称、住所、组织机构和章程；确定的互联网文化活动范围；适应互联网文化活动需要并取得相应从业资格的 8 名以上业务管理人员和专业技术人员；100 万元以上的资金、适应互联网文化活动需要的设备、工作场所以及相应的经营管理技术措施；法律、法规规定的其他条件。符合互联网文化单位总量、结构和布局的规划

长期投资高达40亿英镑。[①] 因此，要考察英国数字出版业的行业准入，首先要了解其出版业的准入机制。英国对出版业实行注册登记制。所谓登记制是指出版单位的创办者（一国的公民和法人）在具备法定的设立条件后，向有关机关登记注册，即可在法律许可的范围内从事出版发行活动。在英国，个人、团体或机构都可以申请创办出版企业，开展传统出版和数字出版业务。英国政府在伦敦设有出版登记所（Companies House），隶属于财政部，负责全国出版公司的登记工作。创办一家出版企业，无须通过政府审批或许可，但是需要到出版登记所登记注册，注册时必须提供相应的出版计划、出版规模、经营方式、注册资金等信息，而且所有出版企业都必须定期如实向该所上报经营情况和出版情况，否则将被重罚。[②] 政府不直接干预出版活动，出版活动完全是商业行为，出版企业要在法律允许的范围内自由开展出版经营活动。英国实行资本开放政策，各种资本都可以投资出版业。相对于我国较为严格的审批制，英国的登记制度使得数字出版这一内容产业在准入上与其他行业并无不同，得到了较为充分的市场竞争，显示出了较强的发展潜力和活力。

（二）数字出版行业政府监管的规定

数字出版行业的政府监管是出版行政部门及其他相关部门运用政治、经济、法律等管理手段依法对数字出版单位进行的管理。在政府监管方面，中英两国都存在多个职能部门共同监管的情况，因而有各自的特点。

1. 中国——多部门参与，多部门管理

我国数字出版行业涉及的管理部门很多，制定数字出版法律法规的相关部门就有全国人大常委会、国务院、新闻出版总署、国家版权局、文化部、公安部、工业和信息化部、邮电部，等等。这些

① 培生集团数字化转型秘诀［EB/OL］.［2012-06-17］. http://www.dajianet.com/digital/2012/0217/181137.shtm.

② 余敏．国外出版业宏观管理体系研究［M］．北京：中国书籍出版社，2004：69-70.

立法机构和管理部门分别从不同的工作程序、工作要求和管理要求出发，制定了相关的法律规定和政策性文件。① 对数字出版行业的政府监管出现了一个实际情况，就是多个部门参与，多个部门管理，容易出现互相推诿、效率低下的局面，导致对数字出版的行业监管出现问题。

表 5-3 **我国各部门参与颁布的与数字出版相关的文件**

序号	单位	法律法规、司法解释、规范性文件名称
1	全国人大常委会	《中华人民共和国著作权法》《全国人大常委会关于维护互联网安全的决定》
2	国务院	《中华人民共和国计算机信息系统安全保护条例》《中华人民共和国计算机信息网络国际联网管理暂行规定》《计算机信息网络国际联网安全保护管理办法》《互联网信息服务管理办法》《计算机软件保护条例》《著作权集体管理条例》《信息网络传播权保护条例》
3	新闻出版总署(后与国家广电总局合并成立新闻出版广电总局)	《关于对出版物使用互联网信息加强管理的通知》《互联网出版管理暂行规定》《电子出版物出版管理规定》《关于加强对进口网络游戏审批管理的通知》《关于推动新闻出版产业发展的指导意见》《关于加快我国数字出版产业发展的若干意见》《新闻出版总署关于发展电子书产业的意见》《关于依法依规将电子书纳入审批管理的通知》《关于发展电子书产业的意见》《关于促进出版物网络发行健康发展的通知》《数字印刷管理办法》《关于启动网络游戏防沉迷实名验证工作的通知》
4	电子工业部(后并入信息产业部)	《计算机软件著作权登记办法》

① 为了反映出政府监管部门多的现状，在做统计表格时加入了政策性文件。

续表

序号	单位	法律法规、司法解释、规范性文件名称
5	信息产业部（后并入工业和信息化部）	《互联网站从事登载新闻业务管理暂行规定》《互联网出版管理暂行规定》《关于网络游戏发展和管理的若干意见》《互联网著作权行政保护办法》《非经营性互联网信息服务备案管理办法》《关于启动网络游戏防沉迷实名验证工作的通知》
6	文化部	《关于音像制品网上经营活动有关问题的通知》《互联网文化管理暂行规定》《关于网络游戏发展和管理的若干意见》
7	公安部	《互联网安全保护技术措施规定》《关于启动网络游戏防沉迷实名验证工作的通知》
8	国家版权局	《关于制作数字化制品的著作权规定》《关于拟联合治理互联网盗版行为的函》
9	国家广电总局（后并入新闻出版广电总局）	《互联网等信息网络传播视听节目管理办法》
10	邮电部	《中国公众多媒体通信管理办法》
11	国家保密局	《计算机信息网络国际联网保密管理规定》
12	最高人民法院审判委员会	《最高人民法院关于审理涉及计算机网络著作权纠纷案件适用法律若干问题的解释》《最高人民法院、最高人民检察院关于办理利用互联网、移动通讯终端、声讯台制作、复制、出版、贩卖、传播淫秽电子信息刑事案件具体应用法律若干问题的解释》等

从上述表格中不难发现，承担我国数字出版行政监管的职能部门众多而又各司其职，但原新闻出版总署和工业和信息化部是最主要的行政管理机关。从职能划分上看，新闻出版总署是国务院出版行政部门，负责全国的出版活动（包括数字出版活动）的监督管理工作；工信部管理通信业，指导推进信息化建设，协调维护国家信息安全，这与数字出版产业本身也是信息产业有关。

2. 英国——无专门数字出版管理机构（半官方）

英国没有专门的数字出版管理机构，其职能由政府的一些部门共同承担，有点类似于中国各行政部门的职能交叉。如文化委员会（British Council）可以对英国出版业（包含数字出版业务）进行指导，负责制定相关政策、印发宣传品和资助英国出版物出口。还有英国贸易与产业部（Department of Trade and Industry，DTI）曾指出，对在线出版的儿童色情等非法网络内容可以依据刑法进行规范。

在电信、广播电视和计算机技术、业务和网络日益融合的背景下，英国政府认为需要建立一个单独的、融合的管制机构来对电信产业（包括数字出版产业）进行监管。2003 年 7 月，英国议会通过新的《通信法》（*Communications Act*），将英国原有的五家电信和广播电视管制机构——电信办公室（Office of Telecommunications，OFTEL）、独立电视委员会（Independent Television Commission，ITC）、广播标准委员会（The Broadcasting Standard Commission，BSC）、广播局（The Radio Authority，RA）和无线电通信局（The Radio Communication Authority，RCA）合并为统一的通信办公室（Office of Communications，OFCOM）。OFCOM 是英国的通信管制机构，负责全面监管电信、广播电视和无线电行业，也包括媒体内容等。[①] 它直接对议会专门委员会负责，这个专门委员会同时对英国贸易与产业部、文化媒体与体育部的相关事务负责。OFCOM 并不是英国政府的组成部门，也不是民间组织，它全面负责英国电信、电视和无线电的监管，财务上只接受国家审计办公室的审计与监督，同时和贸易与产业部一起处理相关事务，英国政府无权干涉 OFCOM 的监管工作。此时的《通信法》只赋予了 OFCOM 对广播内容的监管职责，对互联网传输的内容并没有进行明确的规定。2010 年英国通过了《数字经济法》，其中一项重要内容就是赋予 OFCOM 新的职能——将管制范围由传统媒体扩大到互联网等新媒

① What is OFCOM? [EB/OL]. [2012-06-10]. http://www.ofcom.org.uk/about/what-is-ofcom.

体（第1~2条）。因此，可以将OFCOM理解成英国数字出版业的监管机构，而且是一个类似“大部制”的监管机构，它融合了广电、电信、互联网等多个管理机构的职能，有力地促进了英国网络融合的进程。

（三）数字出版行业自律规范

数字出版行业协会是市场经济条件下实现数字出版资源配置的重要媒介，在促进数字出版行业发展方面能够起到重要的推动作用。从国际上来看，各个国家基本都强调发展行业协会来推行行业自律性管理，但鉴于各个国家具体情况的不同，数字出版行业协会发挥作用的程度也各不相同。相对于英国较为成熟的自由分散的行业自律模式，我国的数字出版行业协会还处在筹建阶段。

1. 中国——通过多部网络自律规范

早在2001年5月，我国就成立了中国互联网协会，该协会是由国内从事互联网行业的网络运营商、服务提供商、设备制造商、系统集成商以及科研、教育机构等70多家互联网从业者共同发起成立，由中国互联网行业及与互联网相关的企事业单位自愿结成的行业性的、全国性的、非营利性的社会组织。现有会员400多个，其业务主管单位是工业和信息化部。① 该协会对互联网行业自律发挥了重要作用，先后发起协会成员签署《中国互联网行业自律公约》（2002年3月26日）、《中国互联网协会反垃圾邮件规范》（2003年2月25日）、《互联网新闻信息服务自律公约》（2003年12月8日）、《互联网站禁止传播淫秽、色情等不良信息自律规范》（2004年6月10日）、《搜索引擎服务商抵制违法和不良信息自律规范》（2004年12月22日）、《中国互联网网络版权自律公约》（2005年9月3日）、《抵制恶意软件自律公约》（2006年12月27日）、《博客服务自律公约》（2007年8月21日）、《中国互联网协会反垃圾短信息自律公约》（2008年7月17日）、《中国互联网协会关于抵制非法网络公关行为的自律公约》（2011年5月16日）、

① 协会简介［EB/OL］.［2013-04-11］. http://www.isc.org.cn/xhgk/xhjj/.

《互联网搜索引擎服务自律公约》（2012 年 11 月 1 日）等自律规范。这些公约的规范对象主要是互联网企业，也或多或少地能对一些互联网出版单位产生一定的约束。

值得注意的是，目前我国还没有一个专门针对数字出版领域的行业协会。2012 年，原新闻出版总署党组决定，在中国音像协会基础上，组建中国音像与数字出版协会。① 新成立的中国音像与数字出版协会除原有机构外，拟新设 8 个分支机构，涵盖大众数字出版、专业数字出版、教育数字出版、技术服务和标准、动漫游戏、研究和教育等多个方面。近期中国音像与数字出版协会将很快进入征集会员单位阶段。② 成立专门的数字出版行业协会，可以为数字出版产业的发展聚集更多的智慧和能量，制定并号召成员单位签署相关自律规范，营造共同发展的良好环境。

2. 英国——行业协会发挥监管作用

英国对数字出版业的监管更多地借助行业自律实现。主要的行业协会有出版商协会（Publishers Association，PA）和在线出版商协会（Association of Online Publishers，AOP）。其中，出版商协会是代表英国图书、杂志和电子出版商利益的民间组织。其使命是保证出版业在英国、欧洲以及国际领域的利益，巩固英国出版商的贸易环境；为出版商提供信息交流平台；通过技术和其他变革为行业提供支持和指导等。在线出版商协会是代表英国数字出版公司的行业协会组织。其核心工作是进行数字出版业的行业调研并出版相关读物；举办论坛、研讨会、评奖等活动，加强会员之间的联系和信息共享；促进和保护英国数字出版商的利益等。协会目前拥有约 160 家出版公司会员，包括报社、杂志出版商、电视和广播公司以及纯在线媒体。

另外，为了更好地管理和监督数字内容，在政府的鼓励下，

① 程晓龙．中国音像与数字出版协会获民政部批复［N］．中国新闻出版报，2013-04-16.

② 百度百科．中国音像与数字出版协会［EB/OL］．［2013-04-02］．http：//baike. baidu. com/view/10471827. htm.

1996年英国网络服务商自发成立了互联网监督基金会（Internet Watch Foundation，IWF，前身为安全网络基金会）。这是一个半官方性质的行业自律组织，它主要负责搜寻网络非法信息内容，并将发布这些信息的网站通报给网络服务商，以便其采取措施阻止网民访问，该组织在打击网络色情方面做出了突出贡献①。互联网监督基金会是一个独立的行业性组织，由来自互联网行业各方面的人士组成的董事会进行管理。该基金会的前身通过了网络内容监管方面的行业性规范《R3安全网络：分级·检举·责任》。根据该规范，各家网络服务提供商作为互联网监督基金会的会员，有责任对自己提供的内容进行审查，并根据相应法规对那些不适合青少年的色情等内容进行分级标注等。后来，IWF又拟定了《从业人员行为守则》（*Code of Practice*），要求网络服务提供商规范自己的行为以加强自律。

二、中英数字出版内容管理法律规定的比较

网络信息内容的传播具有海量、实时、快捷、无地域限制的特点，再加上信息传播者身份隐蔽，可以随时随地发表匿名信息，容易导致有害信息的快速扩散。比如对他人隐私的泄露、对国家机密的泄露、色情暴力等少儿不宜信息的传播、危害国家文化安全等问题大量存在着。这是一个世界性的难题，在数字出版内容管理方面，中英两国的法律规定和行业规范也有所差异。

（一）国家法律法规层面

对数字出版内容尤其是互联网内容的管理可以采用多种方式，其中通过专门立法来规范网络内容，对网络内容的出版传播提出具体要求是一个重要的方面。目前，中国出台了多部部门规章来对数字出版的内容进行规范，而英国则多是沿用已有法律规范出版物内容。

1. 中国——出台多部部门规章

在我国涉及数字出版内容规定的，主要是《互联网出版管理

① About Us[EB/OL].[2012-06-10].http://www.iwf.org.uk/about-iwf.

暂行规定》和《电子出版物出版管理规定》。《互联网出版管理暂行规定》第17条：互联网出版不得载有以下内容：（一）反对宪法确定的基本原则的；（二）危害国家统一、主权和领土完整的；（三）泄露国家秘密、危害国家安全或者损害国家荣誉和利益的；（四）煽动民族仇恨、民族歧视，破坏民族团结，或者侵害民族风俗、习惯的；（五）宣扬邪教、迷信的；（六）散布谣言，扰乱社会秩序，破坏社会稳定的；（七）宣扬淫秽、赌博、暴力或者教唆犯罪的；（八）侮辱或者诽谤他人，侵害他人合法权益的；（九）危害社会公德或者民族优秀文化传统的；（十）有法律、行政法规和国家规定禁止的其他内容的。第18条：以未成年人为对象的互联网出版内容不得含有诱发未成年人模仿违反社会公德的行为和违法犯罪的行为的内容，以及恐怖、残酷等妨害未成年人身心健康的内容。《电子出版物出版管理规定》第58条规定：制作、出版电子出版物不得含有《出版管理条例》第26条、第27条禁止的内容，否则按照《出版管理条例》第56条处罚。这两个规定主要沿用了《出版管理条例》的相关内容，也就是说我国对数字出版内容的管理规定无异于传统出版，只是在立法层次上不及传统出版。另外《互联网信息服务管理办法》和《互联网文化管理暂行规定》也对互联网不得传播的信息内容进行了规定。

此外，对数字出版内容的管理也应遵循其他已有法律的相关规定，如《未成年人保护法》（2006年修订）第32条：国家鼓励新闻、出版、信息产业、广播、电影、电视、文艺等单位和作家、艺术家、科学家以及其他公民，创作或者提供有利于未成年人健康成长的作品。出版、制作和传播专门以未成年人为对象的内容健康的图书、报刊、音像制品、电子出版物以及网络信息等，国家给予扶持。第34条：禁止任何组织、个人制作或者向未成年人出售、出租或者以其他方式传播淫秽、暴力、凶杀、恐怖、赌博等毒害未成年人的图书、报刊、音像制品、电子出版物以及网络信息等。还有如根据《国家安全法实施细则》的规定，“捏造、歪曲事实，发表、散布文字或者言论，或者制作、传播音像制品，危害国家安全”的行为，属于国家安全法所称“危害国家安全的其他破坏活动”，必须受到法律制裁。我国《刑法》还有相关规定，等等。表5-4对我国有关数字出版内容的法律规定进行了汇总。

表5-4 **中国有关数字出版内容的法律规定**

名称	时间	相关规定
《刑法》	1979年通过，1997年修订	对制作、贩卖、传播淫秽物品罪，危害国家安全罪等的规定
《国家安全法》	1993年	对泄露、非法提供国家秘密的规定，以及实施细则中对“危害国家安全的其他破坏活动”的规定
《未成年人保护法》	1991年通过，2006年修订	关于对出版、制作和传播以青少年为对象的电子出版物、网络作品内容的规定
《互联网信息服务管理办法》	2000年	对互联网信息服务提供者不得制作、复制、发布、传播的内容进行了规定
《互联网出版管理暂行规定》	2002年	对互联网出版不得含有的内容进行规定
《电子出版物出版管理规定》	2008年	对于禁止出版含有《出版管理条例》中有关禁止内容的规定及处罚办法
《互联网文化管理暂行规定》	2011年	对于互联网文化单位提供的文化产品不得含有的内容进行了规定

2. 英国——主要沿用已有法律

同我国一样，英国也没有出台《出版法》，也没有专门针对数字出版内容的立法。秉承着“监督而非监控”的理念，英国对数字出版内容主要是通过已有的相关法律规定来实现对数字出版内容的管理。如1996年出台的《公共秩序法》（*Public Order Act*），该法针对网上言论问题指出，意图煽动种族、宗教仇恨的侮辱性言辞和表演犯罪化即被视为违反了本法，该法能够对恐怖分子通过网络传播恐怖思想和美化粉饰恐怖行为进行制裁。相关的法律还有《刑法》《诽谤法》《防止滥用电脑法》等，具体如表 5-5 所示。

表 5-5 **英国有关数字出版内容的法律规定**

名称	时间	相关规定
《淫秽出版物法》(*Obscene Publications Act*)	1964 年	该法认定的淫秽物品是指“一份材料所包含的内容在任何情况下对于听、读或者观看的人有使其堕落和腐蚀的作用”。可视化的淫秽电子信息也包含在淫秽内容之中。如果一个人出版或者为出版而拥有淫秽物品就违反了该法
《防止滥用电脑法》(*Computer Misuse Act*)	1990 年	该法规定了三种计算机犯罪：①非法侵入计算机罪；②有其他犯罪企图的非法侵入计算机罪；③非法修改计算机程序或数据罪
《诽谤法》(*Definition Law*)	1996 年	该法第一部分即是关于“出版责任”的规定。作者、编辑、出版者故意出版的出版物中含有诽谤性文字，并且存在明确的诋毁名誉的意图，即有可能构成诽谤罪
《公共秩序法》(*Public Order Act*)	1996 年	关于网上言论问题。该法认为意图煽动种族、宗教仇恨的侮辱性言辞和表演犯罪化即是违反了本法。该法能够对恐怖分子通过网络传播恐怖思想和美化粉饰恐怖行为进行制裁
《数据保护法》(*Data Protection Act*)	1998 年	该法加强并延伸了 1984 年《数据保护法》中规定的数据保护机制，就取得、持有、使用或揭露有关个人数据处理过程等方面提供规范

续表

名称	时间	相关规定
《青少年保护法》(*Protection of Children Act*)	1999 年	本法适用于虚拟儿童色情。虚拟儿童色情是互联网技术发展的产物，指通过合成技术制作虚拟儿童，再以此为客体制作色情材料。该法禁止拥有、传播、演出或者出版虚拟儿童参与性行为的色情物品
《刑法》(*Criminal Justice*)	2003 年	对诽谤性出版、淫秽出版以及煽动诽谤政府等罪行都有相关规定
《隐私和电子通信条例》(*Privacy and Electronic Communications* (*EC Directive*) *Regulations*)	2003 年	该法针对垃圾邮件传递恶意代码、非法传递恶意信息、钓鱼软件攻击等对网络用户存在安全威胁的行为进行惩治。对网络安全的维护和监管有利于保证数字内容的安全
《通信法》(*Communications Act*)	2003 年	规定 OFCOM 要为保护广大受众不受冒犯性或有害内容侵害实施足够保护，同时要保护广大观众不受不公平或破坏隐私的内容侵扰

（二）行业规范层面

行业协会的一个重要职能就是制定行业规范，在数字出版行业也不例外。英国的行业自律组织互联网监察基金会（IWF）通过制定行业自律规范《R3 安全网络：分级·检举·责任》就很好地起到了互联网内容管理的作用。我国的互联网行业协会也制定了几个自律规范，在一定程度上加强了网络运营者和使用者的自我约束。

1. 中国——协会成员签署网络内容自律规范

2001 年成立的互联网协会在规范网络内容方面陆续制定了《中国互联网行业自律公约》（2002）、《互联网站禁止传播淫秽、色情等不良信息自律规范》（2004）、《搜索引擎服务商抵制违法和不良信息自律规范》（2004）、《博客服务自律公约》（2007）、《中国互联网协会关于抵制非法网络公关行为的自律公约》（2011）等

(具体见表 5-6)。这些自律规范对已签署公约的会员单位产生约束，对互联网数字内容起到了一定引导和规范的作用。

表 5-6　　我国关于数字出版内容管理的自律规范

名称	时间	相关规定
《中国互联网行业自律公约》	2002 年	规定互联网信息服务者应自觉遵守互联网信息服务的管理规定，自觉履行自律义务，包括不制作、不发布、不链接有害信息等
《互联网站禁止传播淫秽、色情等不良信息自律规范》	2004 年	对淫秽信息、色情信息的内容作了界定，并对性暴力、性犯罪、性绯闻等信息进行数量上的限制；将传播淫秽、色情等不良信息的用户 IP 列入黑名单等
《搜索引擎服务商抵制违法和不良信息自律规范》	2004 年	规定搜索引擎服务商不得以任何方式主动传播、收录、链接含有淫秽、色情等违法和不良信息内容的网站、网页等
《博客服务自律公约》	2007 年	要求博客服务提供者和博客用户签订服务协议，博客用户不传播色情淫秽信息、不传播贬损侮辱其他民族种族信息、不传播造谣诽谤及虚假信息等
《中国互联网协会关于抵制非法网络公关行为的自律公约》	2011 年	针对恶意炒作、制造虚假“网络民意”等行为，要求签署本公约的网站坚决反对诋毁商业信誉等不正当竞争行为，坚决反对操纵网络舆论、非法牟利的行为，坚决抵制庸俗、低俗、媚俗之风等

2. 英国——卓有成效的《R3 协议》

与中国相比，英国行业协会在对数字出版内容的管理上作用要大许多，这得益于英国行业协会较为完善的行业自律规范，《R3 协议》就发挥了较为重要的作用。《R3 协议》全称为《R3 安全网络：分级·检举·责任》，是由互联网服务提供商协会（ISPA）、伦敦网络协会（LINX）、互联网监督基金会（IWF）三家民间组织制定的网络内容监管方面的行业性规范。“R3”分别代表分级

(Rating)、检举（Report）和责任（Responsibility），它很好地概括了控制网上不良信息的三种基本方法：分级——各个数字内容提供者有责任对自己提供的信息进行审查，并根据相应的法规对那些不适合青少年的色情内容等进行分级标注；检举——如果网络用户发现了不良内容可以向 IWF 网站进行举报和投诉；责任——IWF 对举报内容进行调查和评估，如果认定是非法内容，会通知相应的网络服务提供商将内容从服务器上删除，并根据情况将问题移交执法机构处理。之后，IWF 又以《R3 协议》为基础，拟定了《从业人员行为守则》(*Code of Practice*)，在鼓励使用新技术的同时要求网络提供者承担起确保内容合法的责任。

以 IWF 为中心开展的自律型网络内容管理，充分调动了广大用户和网络服务商参与的积极性，同时也能保证政府公权力的适当介入，在节省人力、物力和财力的同时，也使得监管效率得以提高。

三、中英数字版权保护法律规定的比较

版权作为数字出版内容生产的核心资源，是数字出版产业发展的核心动力。数字技术的迅猛发展和广泛应用，极大地改变了人们对信息的获取和使用方式，同时也给版权制度带来了巨大的挑战。面对数字时代带来的版权保护新问题，各个国家都纷纷调整修订已有的版权法，或者出台数字版权保护方面的法律，中国和英国也不例外。

（一）中国关于数字版权保护的法规

我国于 2001 年首次在《著作权法》中规定了信息网络传播权；为了加强对信息网络传播权的保护，2006 年国务院发布了《信息网络传播权保护条例》，为信息网络传播权侵权责任的确认提供了重要的法律依据；正在进行的《著作权法》第 3 次修订也是对新技术的发展和实践的需要做出的积极回应。目前我国对数字版权侵权的法律适用主要还是依据《著作权法》和《信息网络传播权保护条例》等，已经形成了以《著作权法》为主干，以若干著作权行政法规为补充，辅之以司法解释和部门规章的相对独立完整的版权保护法律体系。具体见表 5-7。

表 5-7　　**我国有关数字版权保护的法律规定、部门规章**

名称	时间	相关规定
《著作权法》	1990 年颁布，2001 年第 1 次修订，2010 年第 2 次修订，2011 年启动第 3 次修订	在 2001 年《著作权法》第一次修订中增设了信息网络传播权
《关于审理涉及计算机网络著作权纠纷案件适用法律若干问题的解释》	2000 年颁布，2003 年第 1 次修订，2006 年第 2 次修订	第 2 条："受著作权法保护的作品，包括著作权法第 3 条规定的各类作品的数字化形式。在网络环境下无法归于著作权法第三条列举的作品范围，但在文学、艺术和科学领域内具有独创性并能以某种有形形式复制的其他智力创作成果，人民法院应当予以保护"；"著作权法第 10 条对著作权各项权利的规定均适用于数字化作品的著作权。将作品通过网络向公众传播，属于著作权法规定的使用作品的方式，著作权人享有以该种方式使用或者许可他人使用作品，并由此获得报酬的权利。"
《关于审理著作权民事纠纷案件适用法律若干问题的解释》	2002 年	第 21 条："计算机软件用户未经许可或者超过许可范围商业使用计算机软件的，依据著作权法第 47 条第（一）项、《计算机软件保护条例》第 24 条第（一）项的规定承担民事责任。"
《信息网络传播权保护条例》	2006 年	第 2 条："权利人享有的信息网络传播权受法律保护。任何组织或者个人将他人的作品、表演、录音录像制品通过信息网络向公众提供，应当取得权利人许可，并支付报酬。"第 4 条："为了保护信息网络传播权，权利人可以采取技术措施。"

续表

名称	时间	相关规定
《关于办理侵犯知识产权刑事案件适用法律若干问题的意见》	2011 年	规定了通过信息网络传播侵权作品行为的定罪处罚标准

从表 5-7 可以看出，从宏观上看我国已经形成了相对完善的版权法律保护体系，但是总体上立法层次相对较低，属于国家法律的只有《著作权法》，其他的均是部门规章或规范性文件。

此外，为了指导数字环境下出版产业的发展，政府部门也相继出台了一些政策性文件，其中有很多就提到了要加强数字版权保护。比如《国家知识产权战略纲要》（2008）第 28 条："有效应对互联网等新技术发展对版权保护的挑战，妥善处理保护版权与保障信息传播的关系，既要依法保护版权，又要促进信息传播"；《国务院新"三定"方案》（2008）对新闻出版总署机构进行了调整，设立科技与数字出版司，以加强对新媒体、新业态的研究，以更加积极的姿态和更加专业化的水准推动数字出版产业又好又快发展；国务院《文化产业振兴规划》（2009）指出"进一步完善法律体系，依法加强对文化产业的规范管理，完善国家知识产权保护体系，严厉打击各类盗版侵权行为，促进国家文化创新能力建设"；2010 年接连出台的《关于进一步推动新闻出版产业发展的指导意见》《关于加快我国数字出版产业发展的若干意见》《关于发展电子书产业的意见》均提出要加大版权保护力度，严厉打击侵权盗版行为，探索建立数字作品版权授权使用机制等。

（二）英国关于数字版权保护的法律

从历史上看，英国的版权保护走在世界前列。1709 年通过的《安娜女王法》是英国有关版权问题的第一部专门法，是近代英国版权制度形成的标志，同时也是世界上第一部版权法，对后继的美国等国家的现代版权制度产生了直接影响。英国自《安娜女王法》

颁布之后，陆续颁布过 1814 年版权法、1842 年版权法、1911 年版权法及各种单行版权法。英国出版业成为全球翘楚由来已久，这不仅与他们有发达的文化水平作为支撑有很大关系，也与英国拥有完善的版权保护法律体系密切相关。目前英国版权法沿用的是 1988 年的《版权、设计和专利法》。

随着近年来数字出版的迅猛发展，英国也相继修订和出台了一系列法律制度以应对数字环境下版权保护出现的新问题。除了《版权、设计和专利法》之外，英国关于数字出版的版权法律还有 1997 年的《数据库版权与权利条例》、2003 年的《隐私和电子通信条例》及 2010 年的《数字经济法》等，具体见表 5-8。

表 5-8　**英国有关数字版权的法律规定**

名称	时间	相关规定
《版权、设计和专利法》	1988 年	保护的作品有“具有原创性的文学、戏剧、音乐或艺术作品”“录音、影片、广播或电缆节目”，还有“版本之版面安排”。其中，将计算机软件视为“文字作品”进行版权保护，扩大出租权的范围，以防止软件租赁业对软件生产者造成利益损害
《防止滥用电脑法》	1990 年	该法通过制定条款来确保电脑资源免受未授权的访问器的修改，并确保其相关的目的。其主要目的是为了打击互联网犯罪
《数据库版权与权利条例》	1997 年	该条例规定了两层保护方式，对独创性数据库，采用版权保护；对非独创性数据库，则采用特别权利保护
《数据保护法》	1998 年	该法加强并延伸了 1984 年《数据保护法》的数据保护机制，就取得、持有、使用或揭露有关个人数据处理过程等方面提供规范
《隐私和电子通信条例》	2003 年	该条例针对一些如垃圾邮件传递恶意代码、非法传递恶意信息、钓鱼软件攻击等对网络用户存在安全隐患的行为进行惩治。对网络安全的维护和监管将有利于保证数字内容的安全

续表

名称	时间	相关规定
《通信法》	2003 年	规定 OFCOM 要为保护广大观众不受冒犯性或有害内容侵害实施足够保护，同时要为保护广大观众不受不公平或破坏隐私内容侵扰实施足够保护
《数字经济法》	2010 年	规定互联网服务提供商（ISPs）在版权保护方面应承担以下初始义务：①通知义务：若有版权所有人举报，ISP 有义务通知涉嫌侵犯版权的 IP 地址用户，该 IP 地址有侵犯他人版权的行为发生。②报告义务：ISP 需要持续跟踪被举报的 IP 地址用户，经版权所有人请求，应匿名提供涉嫌侵犯版权的 IP 地址列表。版权所有人获得法院允许得到这些 IP 地址用户的个人信息的允许令后，可以对列表中人员采取行动

目前，英国法律界和出版界正就数字环境下版权保护出现的新问题展开热议，比如如何修正有关著作权许可的法律，以使消费者能够廉价地获得更多的数字内容、无法查明著作权人的作品的许可问题，等等，其中最主要的还是如何减少和防止版权的网络侵权行为。

四、英国数字出版立法对我国的启示

通过上述我国与英国数字出版法律制度在产业监管、内容管理以及版权保护方面的比较，可以发现我国数字出版立法与英国还存在一定的差距，尽管英国的某些法律规定还有一些争议，但是有值得我们学习借鉴的地方。具体来说，可以对我国有以下几个方面的启示。

（一）优化数字出版产业监管方面的法律规定

优化我国数字出版产业监管方面的法律规定，就要完善行业准入政府监管、行业自律等方面的法律规定，具体而言要做到以下几点。

1. 明晰数字出版准入标准

我国数字出版准入标准模糊，使许多尚未获得数字内容生产和传播资质的企业在阅读终端中预装大量未经版权人许可的内容，或提供违规的内容下载服务，有悖于国家的出版管理制度，也不利于著作权人的权益保护，对内容创作造成了负面的影响。行业准入关系到行业的质量和发展前景，关系到整个行业的良性运转。这些现象的产生固然有版权保护方面的漏洞，也与我国没有形成清晰的数字出版准入管理制度有关。

英国将数字出版产业视为出版业的延伸，对创办数字出版单位的企业的要求和其他企业并无很大的不同，这种疏而不堵的做法，既使企业得以充分竞争，又为行业的发展增添了活力。虽然两国国情不同，但是英国的做法还是值得借鉴的。目前，我国在内容生产环节的数字出版单位，如电子出版单位和从事新闻、出版、教育、医疗保健、药品和医疗器械等互联网信息服务单位仍然需要实行较为严格的审核；而在制作运营环节则实行较为宽松的准入制度。这种做法对进驻内容生产领域的数字出版单位提出了很高的要求，因为这些单位要具备上级主管部门，这使得一些民营单位不能进行严格意义上的数字出版活动，而只能在未取得合法出版资格的情况下进行泛网络出版。从长远上看，这种严格的审核制度，不利于为数字出版行业创造良好的、有活力的竞争环境，也会在一定程度上错过网络带给我们的长远发展机遇。因此，需要对网络出版尤其是内容生产环节的准入制度进行优化，实行某种意义上的登记制度，但这种登记制度是有条件限制的，可以实行公示公开的登记，使其能得到很好的监督。这种疏而不堵的做法能够适应网络发展的需要，使内容制作主体得到合法地位之后再对其出版、传播活动进行规范，引导其合法使用版权作品，既能提高行业活力，又能提供良好的数字出版内容资源。

另外，还要为传统出版单位和有实力的民营出版企业创造相对公平的竞争环境，引入更多的可利用资本和业外的优势技术资源，在一个平等的舞台上给予大家公平的竞争机会，也能更有利于内容资源与智能资源优势的发挥。打造完整的产业链，在政策的引导之下，能够让传统出版社、移动终端和手持终端的服务商都积极参与其中。

2. 明确数字出版管理部门的职责

我国数字出版行业涉及的管理部门很多，原新闻出版总署、国家版权局、文化部、公安部、工信部、邮电部等部门在各自的职责范围内对数字出版产业进行监管。多个部门参与、多个部门管理是我国数字出版政府监管的一大特点，但这样也容易出现互相推诿、效率低下的局面。反观英国通过成立专门的通信管制机构 OFCOM，全面监管电信、广播电视和无线电以及互联网媒体，OFCOM 作为一个独立于政府的机构，直接对议会专门委员会负责，该委员会同时负责贸易与产业部和文化、媒体与体育部的有关事务。

中英两国政治体制不同，因此我国不具备成立类似 OFCOM 这样的监管机构的条件，但在推进文化体制改革的过程中，为了统筹新闻出版广播电影电视资源，促进我国文化产业的繁荣发展，我国于 2013 年 3 月进行了国务院机构改革，组建国家新闻出版广电总局，不再保留国家广播电影电视总局和国家新闻出版总署。这一做法将有利于文化产业的归口管理，合理统筹新闻出版广电资源等。而数字出版产业作为一项重要的文化产业，无疑是国家新闻出版广电总局重要的监管对象。同时要看到，数字出版本身就是一个跨领域的新业态，产业链各环节之间的分工和管理也处在探索阶段，数字出版的管理归口当然也要纳入电信行业的管理范围之内，接受工信部的监管。但是基于促进数字出版产业发展的共同目标，不同的主管部门要明确自身的管理职责，协调一致，共同努力，采取积极有效措施，规范市场行为，加强行业的监管，谋求整个行业发展的利益最大化。

3. 加强数字出版行业自律

英国是产生行业协会较早的西方国家，建立起了在竞争中合作，在合作中共谋发展的新型行业协会，其出版商协会、在线出版商协会、互联网监督基金会都根植于发展完备的市场经济体系，政治功能较弱，经济功能较强，管理权限大，影响范围广，是英国数字出版领域不可或缺的第三方组织。这些协会在管理体制上采用企业化管理，一般都设有理事会等，理事会是最高决策机构，由会员选举产生，董事会成员都来自会员单位，在本国行业内部有着举足轻重的地位。

相比英国来说，除了互联网领域的中国互联网协会是由互联网从业者共同发起成立、自愿结成的行业性的、全国性的、非营利性的社会组织之外，出版领域的出版行业协会，以及正在筹建的数字出版领域的中国音像与数字出版协会几乎都是通过“自上而下”的方式建立起来的，接受新闻出版总署和民政部的业务指导和监督管理，其理事会的领导人大多是出版行政管理部门的领导人，这种现象造成我国大部分的出版行业协会很难脱离行政部门的困境。我国数字出版行业协会的发展离不开政府的支持，但与政府关系的暧昧使得其无法有效地履行公共职责，发展缓慢。这一缓慢进程反过来也使得政府无法放心将其在中观领域的公共管理职能转移出去，进一步滞缓了数字出版行业协会的发展速度。① 因此，要改变这种现象，就要继续加大改革力度，使行业协会独立于政府机关，弱化其政治功能，加强其经济管理和社会服务的功能，唯其如此才能真正使行业协会服务行业，使监管行业的作用发挥出来。

（二）修订数字出版内容管理法规

互联网时代，言论自由应该得以保障，个人隐私权在匿名环境下更应该得到保护，未成年人网络信息安全也应得以保证，基于此，通过修订或完善相关法律法规，制定适合网络传播特点的内容管理的法律法规，做到有堵有疏。

英国 IWF 的主要职责是对网络内容进行分级标注并接待投诉。它要求网络内容提供商主动审视自己提供的内容，根据相应法规对那些不适合青少年的内容进行分级标注。网络内容提供商发布的内容被投诉后如若被认定为非法内容，则要求内容提供商对其内容进行删除，直至起诉。IWF 于 2000 年 12 月正式确立网络内容的分类标准，主要指标为：裸露、性、辱骂性语言、暴力、个人隐私、网

---

① 汪玲．中外出版行业协会发展比较研究［J］．知识产权，2011（9）：90-96.

络诈骗、种族主义言论、潜在有害言论或行为，以及成人主题。这些指标对试图发布非法内容的用户来说能够起到一定的警示作用，能够从源头上进行较为自觉的清理。

我国和英国有着不同国情，在借鉴数字内容信息分类的时候还是要结合自身的情况有选择性地学习，可以采用这种有意识的分类，对用户的信息发布行为进行规范。此外，在内容分级方面，应从三个层级来进行划分，分别是：适合成年人接受、禁止未成年人接受、禁止传播。虽然仅仅是粗略地划分，但还是能够起到减少不良信息对大众尤其是青少年的危害。如果此项制度能以法律形式确定下来，能够培养网民自觉的意识，从而从源头上避免不良信息的传播。

（三）完善数字版权保护立法

版权保护是影响数字出版产业发展的关键因素。当前数字出版产业发展方兴未艾，然而版权纠纷也越来越多，这与我国数字版权制度不健全有很大关系。我国《著作权法》等版权保护相关的法律法规，对技术措施保护的规定大多是原则性的，对某些规则的规定存在着可操作性不强的问题等。英国在数字版权立法方面显然走在了前面，《数字经济法》的通过就是一种有益的尝试。尽管该法目前关于反盗版措施的条款还未实施，也存在一些争议，但是其在数字版权保护领域所做的努力仍能为我国的数字版权立法提供借鉴。

1. 建立合适的数字版权保护机制

英国《数字经济法》中关于在线侵权的规定，实际上赋予了OFCOM对互联网等新媒体进行监管的权利，明确其在数字版权保护方面的角色和作用，强化了其版权监管的力量。OFCOM通过借助网络服务提供商的管理优势可以有效减少侵权，如果出现非法文件共享，网络服务提供商就会向用户发出警告，如果用户继续非法共享，则有可能受到断网的制裁。虽然这项措施存在很大争议，但提供了一套相对可行的网络版权保护机制，因为有数据显示，在英国，70%的非法下载者在收到两次警告后会停止非法下载，说明这种版权保护机制在减少网络侵权方面还是发挥了很大作用的。

目前由于我国公民的文化消费能力不强、版权保护意识不高等原因，类似“三振出局”条款的盗版规则短期内还不适宜在我国推行，我国的主要做法是以行政管理的方式集中打击网络侵权盗版。2011年5月初，我国成立了国家互联网信息办公室，主要职能是落实互联网信息传播方针政策和推动互联网信息传播法制建设，指导、协调、督促有关部门加强互联网信息内容管理等，但对其版权保护方面的角色和作用规定得比较模糊，并没有赋予其要求网络服务提供商向侵权用户发出警告的职能。虽然我国的版权行政管理部门也曾多次联合公安、电信等部门，开展过一系列打击网络侵权盗版的专项行动，对文件分享网站、视频网站等起到了一定的监管作用，但这些专项行动多是短期的集中行动，尚未形成一种长效的数字版权保护机制。对网络侵权行为的治理，统一管理权限和部门只是第一步，从长远来看，要实现版权保护的良性循环，以立法的形式形成切实的长期监管机制是十分必要和迫切的。

2. 适当注重侵权人个人信息的保护

英国《数字经济法》第4条规定网络服务提供商有向版权人提供侵权清单的义务，但在提供清单时也十分注重侵权人的个人信息保护。体现在：“如果存在下列情形，网络服务提供商应当向版权人提供一定期间内的版权侵权清单：（a）版权人请求提供；且（b）初始义务守则要求网络服务提供商予以提供。”① “‘版权清单’是指这种清单：（a）针对每个相关用户，列明权利人向提供者发送的哪个版权侵权报告与该用户有关，但是（b）并不足以根据它确定用户的身份。”② 而且“版权人可能向法院申请获知用户身份并控告用户侵犯版权的声明”。③ 也就是说版权人如不向法院申请诉讼，是不能够得到侵权用户的明确信息的，这体现了一种对侵权人个人信息的保护，是一种尊重用户隐私权的体现。

---

① Digital Economy Act Section 4 (1) [EB/OL]. [2013-04-28]. http://www.legislation.gov.uk/.

② Digital Economy Act Section 4 (2) [EB/OL]. [2013-04-28]. http://www.legislation.gov.uk/.

③ Digital Economy Act Section 3 (8c) [EB/OL]. [2013-04-28]. http://www.legislation.gov.uk/.

与英国相比，我国在立法上并没有类似的体现。《信息网络传播权保护条例》第 13 条、第 25 条规定：著作权行政管理部门为了查处侵犯信息网络传播权的行为，可以要求网络服务提供商提供涉嫌侵权的服务对象的姓名（名称）、联系方式、网络地址等资料。网络服务提供商无正当理由拒绝提供或者拖延提供的，由著作权行政管理部门予以警告；情节严重的，没收主要用于提供网络服务的计算机等设备。《最高人民法院关于审理涉及计算机网络著作权纠纷案件适用法律若干问题的解释》第 5 条也规定：提供内容服务的网络服务提供商，对著作权人要求其提供侵权行为人在其网络的注册资料以追究行为人的侵权责任，无正当理由拒绝提供的，人民法院应当追究其相应的侵权责任。

虽然我国目前还未出台专门的个人信息保护法，但我国首个个人信息保护国家标准——《信息安全技术公共及商用服务信息系统个人信息保护指南》（以下称“个人信息保护指南”）已经出台并于 2013 年 2 月 1 日起开始实施，使我国个人信息保护工作得以“有标可依”。这项标准明确要求，处理个人信息应有特定、明确和合理的目的，并在个人信息主体知情的情况下获得个人信息主体的同意，在达成个人信息使用目的之后删除个人信息。个人信息保护指南将个人信息分为个人一般信息和个人敏感信息，并提出默许同意和明示同意的概念。这项标准的实施也将为我国个人信息的立法保护提供参考，在立法上应明确保护范围、个人信息主体的权利范围、个人信息使用者的义务、个人信息泄露的民事赔偿和刑事责任等内容。

因此，今后随着我国社会文明程度的提高，在公民个人信息保护的意识得以提升的情况下，在相关立法方面应该体现对个人隐私权的尊重。

3. 努力平衡版权各方利益

首先，强调版权人在维权过程中的成本分担和相关责任。《数字经济法》第 5 条对版权保护的成本分担作出了规定，在保护网络版权的过程中，网络服务提供商有义务配合版权人打击网络侵权，同时也规定了版权人应负担打击侵权的主要成本，并且网络服务提供商义务的生效可以以版权人向其支付一定份额的成本为前提。[①] 这一做法减轻了网络服务提供商的经济负担，有利于数字版权的长远保护。

目前我国《信息网络传播权保护条例》第15条只是规定了网络服务提供商有义务应权利人的通知对侵权内容进行删除、屏蔽等，并没有规定成本如何负担。大部分情况下，网络服务提供商负担了这部分成本，这一做法在利益平衡上过多地倾向于版权人，而过度地强调了网络服务提供商的责任，这种做法是不符合权利理论的，也不利于数字产业的可持续发展，因此强化版权人的维权责任是一个比较好的思路。

其次，对版权人诉讼失败后的赔偿和诉讼成本作出规定。《数字经济法》中关于用户申诉的规定，主要体现在第13条，在用户针对版权人的申诉裁决中获胜时，版权人不但要对遭受不利影响的用户作出赔偿，还要承担用户在申诉中支出的合理费用，这使得版权人在证据和理由不充分的情况下，很难向网络服务提供商发送版权侵权报告和要求他们提供侵权清单。这一做法体现了英国在知识产权保护方面的利益平衡保护，网络用户的利益在受到侵害时也能够得到补偿。

我国《著作权法》第49条在对权利人主张权利成功时规定"侵犯著作权或者与著作权有关权利的……赔偿数额还应当包括权利人为制止侵权行为所支付的合理开支"。也就是说如果权利人维权成功，诉讼成本也应该得到赔偿。但是我国《著作权法》并没有对权利人主张权利失败时是否应当承担诉讼成本以及赔偿的规定。而在司法实践中，通常被诉人即使在纠纷中获得胜诉，也要自行承担诉讼成本。利益平衡规定的欠缺使相关被诉人的权利没有得到伸张和保护，这一做法确有不妥，英国的相关规定值得借鉴。

---

① Digital Economy Act Section 5 [EB/OL]. [2013-04-28]. http://www.legislation.gov.uk/.

第二节　中日数字出版管理比较研究

数字出版管理是指与数字出版有关的管理机构及其人员，依据相关的政策法规，运用一定的管理手段对数字出版产业的各个环节进行合法、合理和有效的干预，以实现数字出版产业持续健康的发展。

中日两国为发展本国数字出版产业都出台了详细的规划，致力于通过发展数字出版产业提高本国文化软实力。如我国数字出版的发展指标是到“十二五”末，我国数字出版总产值力争达到新闻出版产业总产值的25%，在全国形成10家左右年产值超百亿的国家数字出版基地或国家数字出版产业园区，形成20家左右年主营业务收入超过10亿元的具有国际竞争力的数字出版骨干企业。到2020年，传统出版单位基本完成数字化转型，其数字化产品和服务的运营份额在总份额中占有明显优势①。从e-Japan战略到u-Japan战略再到i-Japan战略的制定，日本要达到的一个重要目标就是综合推进数字内容产业②的发展，提升数字内容产业的国际竞争力，加深世界对日本文化的理解。

本节首先分析日本数字出版管理方面的现状及特点，在此基础上从管理机构和管理手段上对两国进行详细的比较研究，希望从邻国日本获取相关管理经验。

一、日本数字出版管理概述

日本对数字内容产业的管理完全市场化，政府仅是起到合理监管的作用，行业协会担负了大量的行业监管职责，具有“大协会小政府”的特色。另外，日本政府也推出了相关的文化政策扶持

① 新闻出版总署关于加快我国数字出版产业发展的若干意见［EB/OL］．［2010-08-16］．http：//www. gov. cn/gongbao/content/2011/content_1778072. htm.

② 日本经济产业部相关部门把内容产业分为四个大类别，分别是出版报刊、游戏、音乐和影像。

数字内容产业的发展，其数字出版法律体系较为完善，能够全方位地应对数字内容产业发展过程中的问题；此外，日本也相当重视数字出版标准化与国际的接轨。

（一）日本数字出版管理机构

在管理机构设置方面，日本没有设立专门机构统一管理数字出版产业，其对数字出版产业的管理是一种协调管理模式，由通产省负责综合管理和跨部门协调数字内容产业的发展，相关部门按照各自的职责协助其开展相关工作。日本经贸部2003年专门成立了内容产业全球策略委员会，用来促进和协调数字内容产业的迅速健康发展；经济产业省制定了产业支援政策、内容制作支援等相关的数字内容政策；文化厅侧重于媒体艺术的振兴、文化数字图书馆等；日本内阁及其他部门也成立相关研究委员会，同时举办国际动画展、互动媒体展、创业展等活动，促进数字内容产业的发展。①

日本积极倡导行业自律，一些出版协会承担了较多的监管职责。日本早在1986年7月就成立了电子出版协会（JEPA），协会成立近30年，在全国范围内对促进电子出版研究起到了很好的组织协调作用②。2010年2月成立的日本电子书籍出版协会，有33家出版社会员，几乎握有日本所有出版内容的版权③。2010年3月由朝日新闻出版社、学研社、讲谈社等31家日本出版社联合组建成立了日本电子书出版社协会，以数字出版商务模型试行，以数字出版情报收集为目的④。日本书籍出版协会下设电子出版委员会，研究从电子出版到相关的各类多媒体出版的问题。电子出版协会旨在解决电子出版将要面临的各种问题。2012年4月2日，由日本多家出版社共同支持，旨在统筹出版物电子化业务的“出版数字机构”正式挂牌成立，其设立旨在确保日本日益扩大的电子书市场的主导权，并借此创设一个公共联系平台，尝试解决日本电子出

① 杨梅．发达国家内容产业发展概要［J］．中国信息界，2010（1-2）．

② 刘桂珍．日本电子出版研究的现状与特色［J］．出版发行研究，2004（10）．

③ 日本出版业抢搭两岸ECFA便车［J］．出版参考，2010（7）．

④ 田雁．电子书时代日本出版业的自救［J］．现代出版，2012（1）．

版领域的各种问题，为日本出版业展开强有力的国际竞争提供支持①。日本数字内容产业由行业协会协调全行业行动，形成健康发展和自我保护机制。

（二）日本数字出版管理手段

日本虽然没有设置专门管理数字出版的部门，但并不代表对数字出版放任自流。为发展数字出版日本政府颁布大量鼓励政策，制定相关法律法规，同时还积极推进标准化建设。

在产业政策方面，日本虽是成熟的市场经济国家，主要依靠市场机制，但政府主导的特点也很明显。日本数字出版产业得以发展的一个重要原因就是日本积极制定相关鼓励性的政策。日本把内容产业定位为“积极振兴的新型产业”，1996 年文化厅正式提出了《21 世纪文化立国方案》，标志着日本“文化立国”战略正式确立。日本自 2000 年初便开始注重数字内容产业的建设，将数字内容课题与建言纳入了《实现世界最尖端的数字内容产业大国》的报告书中，以加强数字内容产业的国际竞争力②。日本在 2001 年《e-Japan 战略》中指出，要通过各项扶持政策促使数字内容产业合理发展。2003 年 7 月日本推出的《e-Japan 战略Ⅱ》把发展数字内容产业列为优先发展领域之一。为了解决各公共部门利用信息技术进程缓慢的问题，日本政府在 2009 年补拨 1 万亿日元预算用于信息技术的发展，并推出了助力公共部门信息化应用的《i-Japan 战略》③。日本对数字内容产业的政策扶持，为包括数字出版产业在内的产业的发展和繁荣创造了良好的发展环境。

在法律法规方面，为应对数字技术对著作权的挑战，世界知识产权组织（WIPO）于 1996 年 12 月通过了《世界知识产权组织版权条约》（WCT）和《世界知识产权组织表演和录音制品条约》

---

① 禾泽．日本 274 家出版社支持成立“出版数字机构” [EB/OL]．[2012-03-30]．http：//www. bookdao. com/article/37064/.

② 黄孝章，张志林，陈丹．数字出版产业发展研究 [M]．北京：知识产权出版社，2011.

③ 从 e-Japan 到 i-Japan 日本信息化建设实现三级跳 [EB/OL]．[2012-03-03]．http：//www. csdn. net/article/2009-09-22/213833.

(WPPT)。日本国会为推动上述两个国际条约的适用，于1997年6月10日修订《著作权法》，创设对公众传播信息权和传播可能化权，此后与日本数字出版有关的法律法规的制定和更新日渐频繁，如日本的著作权法的修订已经超过36次。与数字出版有关的法律法规主要有《著作权法》《著作权与邻接权管理事务法》《反不正当竞争法》《内容促进法》等，日本通过对这些法律法规的制定或修改，对数字出版进行规范，使数字出版的发展有法可依。

在数字出版标准方面，目前日本数字出版领域的标准主要有ePub、PDF和XMDF三种，其中ePub和PDF是国际标准，XMDF是日本本国的标准。日本数字出版发展之初就注重打造标准化与规范化的行业体系链条，现在已经形成了若干个行业技术标准，并在这些标准的基础上初步形成了一套较为完整的出版链条。如在数字出版应用终端软件方面，日本数字内容产业主要采用由夏普公司(Sharp Corporation)开发的XMDF技术系统和塞露西丝公司(CELSYS)开发的Book Surfing技术系统。XMDF(ever-eXtending Mobile Document Format)电子书格式，是以高速加密算法为核心技术、基于国际标准XML描述语言生成、具有高速访问及节省内存的数据结构、支持高速访问的富文本文档格式，已经广泛应用到日本小说和漫画的电子版，是日本最受欢迎和流行的电子书格式，目前日本约有7 000万移动设备支持XMDF电子书。XMDF比海外标准更容易受到日本国内出版社和政府的支持，市场潜力巨大①。此外，ePub和PDF这两种国际标准以其开放性在日本受到很多厂家支持。

二、中日数字出版管理比较分析

近年来，中日两国数字出版产业发展势头良好，两国也都致力于加强数字出版管理，为数字出版的发展保驾护航。本部分内容主要从数字出版管理机构、管理手段两方面对中日两国数字出版管理

---

① 从东京数字出版展看日本数字出版[EB/OL]. [2012-06-09]. http://www.dpub.com.cn/lilunyanjiu/jichulilun/chuban/2012-06-09/360.html.

进行比较。

（一）中日数字出版管理机构比较

中日两国都没有专门的数字出版管理机构，与中国以行政管理为主相比，日本对数字出版的管理则主要依托市场和行业协会。在数字化发展背景下，数字出版企业逐渐成为市场的主体，在这样的背景下，日本对数字出版的市场化管理更值得我国借鉴。

中国的数字出版管理主体多元并存，管理职能时有交叉，职权不明。比如原新闻出版总署、原广电总局和信息产业部等各个部委都在推动数字出版标准化工作，造成了多头发展的局面，加大了数字出版标准化工作的协调难度①。另外，政府的监管受制于法律缺失、政策泛滥，一定程度上造成政府监管行为的失范。各省、直辖市、自治区政府的新闻出版管理部门目前没能真正行使职能，不能有效监管地方的数字出版。我国也缺乏对政府部门的外部监督机制，这就为管理者滥用自由裁量权，如行政不作为、有法不依、执法不严，或随心所欲干涉市场，甚至人为造租、寻租创造了条件②。

日本对数字出版的管理是一种协调管理模式，尽管没有设立专门的数字出版管理机构，但是由相关部门协助通产省开展数字内容管理相关工作，能够有效地促进和协调数字出版的发展。

另外，在日本政府和协会没有任何委托关系，协会是纯民间机构，政府没有对其进行财政援助的义务，只是对协会进行一般事务性方面的管理。在数字出版的发展过程中，日本行业协会担负了大量的监管职责，以实现行业自律。我国出版行业协会是在出版行政部门推动下建立的官办行业组织，只配备了行政部门授予的少数职能，相较于日本完全由出版商自发形成的行业协会，中国的行业协会作为政府管理的补充部分，扮演着行政辅助的角色，无益于数字

---

① 郝振省．2007—2008 中国数字出版产业年度报告［M］．北京：中国书籍出版社，2008：312.

② 姚德权．中国新闻出版业监管体制模式选择［J］．现代传播，2006（3）：26.

出版产业的发展。

（二）中日数字出版管理手段的比较

1. 政策方面

在政策方面，中日两国都积极制定相关政策鼓励和扶持数字出版的发展。如我国国务院于2009年颁布的《文化产业振兴规划》指出："要深入推进文化体制改革，加快推动文化产业发展。其中要重点发展新兴文化业态，采用数字、网络等高新技术，大力推动文化产业升级。积极发展纸质有声读物、电子书、手机报和网络出版物等新兴出版发行业态。"2011年发布的《新闻出版业"十二五"时期发展规划》强调了数字出版在新闻出版产业中的重要性，明确指出"以科学发展为主题，以加快转变发展方式为主线，大力发展数字出版产业"。2012年的《国家"十二五"时期文化改革发展规划纲要》指出要加快发展文化创意、数字出版、移动多媒体、动漫游戏等新兴文化产业。此外还发布针对数字出版的专门性政策，如2013年的《关于加强数字出版内容投送平台建设和管理的指导意见》提出了加强数字出版内容投送平台建设和管理的重要意义、四项主要目标、七个主要任务，并对其建设和管理给予全面保障。

日本则相继推出《e-Japan战略》《e-Japan战略Ⅱ》《u-Japan战略》《i-Japan战略》，助推与数字出版相关的产业的发展。此外，日本政府还进行财政拨款用于信息技术的发展，为数字出版的发展助力。

2. 法律法规方面

我国与日本同属大陆法系国家，制定法是最主要的法律渊源，因此数字出版法律法规主要表现为权力机关依据一定的职权和程序制定和认可的规范性文件。下文将从版权立法、修订频次和侧重点、著作权法内容三个角度对中日数字出版法律法规进行比较。

（1）在版权立法方面，中日两国都倾向于保护版权人的利益。如我国在修订的《计算机软件保护条例》中将原来第24条第二款所列侵权行为的"可以并处每件100元或者货值金额5倍以下的罚款"，修改为"可以并处每件100元或者货值金额1倍以上5倍以下的罚款”；将原来的有前款第三项、第四项或者第五项行为的，“可以并处 5 万元以下的罚款”，修改为“可以并处 20 万元以下的罚款”。在修订的《信息网络传播权保护条例》中将原来的第 18 条、第 19 条中的“并可处 10 万元以下的罚款”，修改为“非法经营额 5 万元以上的，可处非法经营额 1 倍以上 5 倍以下的罚款；没有非法经营额或者非法经营额 5 万元以下的，根据情节轻重，可处 25 万元以下的罚款”。日本著作权法第 119 条处罚条款，从 1995 年的“处 3 年以下或者 100 万日元以下罚金”经过多次修订于 2009 年改为“处 10 年以下徒刑或者1 000万日元以下罚金或者两者并罚”①。从中日两国修订的对侵权人处罚的标准可以看出，两国都不约而同地加大了对数字版权权利人的保护力度。

（2）在对著作权法的修订频次和侧重点方面，日本修订次数较为频繁，体现了日本政府为适应数字出版发展而做出的努力。日本历年对《著作权法》的修订主要有以下内容：

1997 年：创设对公众传播信息权和传播可能化权。

1999 年：紧跟世界版权组织（WIPO）的 WCT&WPPT 两条约的内容，对制造和颁布回避复制保护装置的行为作出刑罚性规制，以加强对加密技术性手段的保护；禁止用不当手段去除和更改作品的权利管理信息。

2002 年：增加广播业者传播可能化权的规定。

2003 年：补充规定法定许可（有关制作“放大版教科书”；范围从“在学校从事教育的工作者”扩大至“接受教育者”，包括在现场接收教育者和远程接收教育者；向公众传播考试题的信息）。

2006 年：增设了在接收信息的同时就接收内容对公众进行再传播的权利限制；增设了有关录音图书自动向公众传播信息或为机器维修保养需要的备份进行复制的权利限制。

2009 年：明确个人在明知状态下对侵权的录音录像制品进行

① Copyright Act (Act No. 48 of May 6, 1970, as last amended by Act No. 91 of May 12, 1995), http://www.wipo.int/wipolex/en/text.jsp?file_id=128332.

下载为非法，以此作为个人复制合理使用的除外情形；规范检索服务，搜索引擎的网页快照被确定为合法；规定与对公众传播信息有关的复制权①。

相较于日本，我国数字出版法律法规更新速度较慢，《著作权法》自颁布后仅修订过两次（第3次尚在进行中），2001年第一次修订增设了信息网络传播权，2010年第二次修订没有实质性的内容改变。《出版管理条例》自出台后仅修订过1次，修订频率远远低于日本，数字出版的发展没有及时反映到法律条文中来。而且我国与数字出版有关的法律仅有《著作权法》一部，主要还是通过临时性政策、解释对数字出版发展过程中出现的新问题进行规范，欠缺权威性。我国现有数字出版法律条文的规定大多比较宏观，还没有对产业发展过程中的一些具体问题进行明确而深入的界定，导致实用性较差。从日本《著作权法》有关数字出版的修订内容看来，法律条文及时反映科技变化，加强对著作权人的保护，同时也合理地考虑公众利益，能够有针对性地规制数字出版发展过程中出现的问题，为日本数字出版的发展提供了良好的法制环境。

（3）在著作权法内容方面，中日两国的差异主要体现在以下四点。

第一，关于信息网络传播权和对公众传播权。不管是中国还是日本，数字出版法律体系归根结底是围绕数字时代版权保护问题不断完善和修改。中国著作权法2001年第一次修订增设了信息网络传播权，日本1997年著作权法的修订设定了对公众传播权。日本的对公众传播权相当于中国的广播权和信息网络传播权的总和。

我国著作权法中规定的广播权是指以无线方式公开广播或者传播作品，以有线传播或者转播的方式向公众传播广播的作品，以及通过扩音器或者其他传送符号、声音、图像的类似工具向公众传播广播的作品的权利；信息网络传播权是指以有线或者无线方式向公众提供作品，使公众可以在其个人选定的时间和地点获得作品的权

① 甄西．日本著作权法修改纵览——2009年修法力度最大［J］．出版参考，2009（11）．

利。信息网络传播是一种异于广播形态的点播形态的信息传输，作者对其作品拥有信息网络传播权。日本著作权法原来也存在广播权和有线广播权的规定，但随着信息传输技术的发达和广播与通信技术的融合，广播权、有线广播权、信息网络传播权已经日益融合为一种综合的对公众传播权，强调的是应公众的请求通过服务器和主机自动进行的传播，具有传播的交互性和非传播者的意志性。此外，在传播准备阶段对公众传播权就已经开始存在，也就是自动公众传播的前提行为或准备行为（将有关内容上载到互联网站上，从而使该内容处于应公众请求可以进行自动公众传播可能化状态的行为），这时候的对公众传播权称为“传播可能化权”①。

第二，关于著作财产权内容的增加。我国《著作权法》第10条把信息网络传播权列为著作权的第十二项，并明确规定“著作权人可以许可他人行使前款第（五）至第（十七）项规定的权利并依照约定或者有关规定获得报酬”，可以明显看出我国立法者把信息网络传播权当做一项纯粹的财产权，从信息网络传播权的权属性质上讲，它属于著作权财产权的范畴②。日本对著作权法等与数字出版有关的法律的修订是在“知识产权立国”战略指导之下进行的，日本将有关著作权的法律作为实施日本“知识产权立国”战略、振兴日本经济、提高日本文化产业竞争力系列法律的一部分。日本在2003年、2004年、2006年、2009年历次修法中，主要内容都是修订有关财产权的规定，着重加强对财产权的保护③。

第三，有关权利管理信息和技术规避等行为的规定。著作权管理信息源于传统著作权制度下的著作权标识制度，基本内容是法律允许著作权人对其作品加注著作权标记，以表明自己的权利主体地位及享有著作权的事实。随着数字化和网络化的技术进展，用数字

① 陶云峰．中日著作权法律制度的比较研究［D］．武汉：中南民族大学，2010.

② 饶传平．网络法律制度——前沿与热点专题研究［M］．北京：人民法院出版社，2005.

③ 杨和义．日本著作权法律的新变化及其特征［J］．海峡法学，2010（3）.

技术加强著作权人权利信息管理，是保护著作权的一种有效方式。

我国对著作权管理信息的规定主要体现在《著作权法》和《信息网络传播权保护条例》中，其分别对著作权管理信息的法律责任和定义进行了规定。著作权法第48条列举了8种侵权行为的法律责任，其中第六项是避开或破坏技术措施的侵权行为，第七项是故意删除或改变权利管理信息的侵权行为。《信息网络传播权保护条例》第26条定义了“技术措施”“权利管理电子信息”。《信息网络传播权保护条例》相对于《著作权法》而言，加大了对著作权管理电子信息的保护力度，不仅包括著作权法规定的故意删除或改变权利管理电子信息的违法行为，还增加了一项通过网络向公众提供被删除或者改变权利管理电子信息的作品、制品的违法行为的规定，以便对权利人提供更全面的保护。另外，我国现行法律没有规定著作权管理信息制度与合理使用制度之间的关系。在国家版权局2013年3月公布的著作权法修改草案中，对著作权管理信息有了较为详细的规定：一方面，将权利管理电子信息改为权利管理信息，表明我国著作权法不仅保护电子形式的著作权管理信息，也保护非电子形式的著作权管理信息。另一方面，著作权管理信息和技术措施单设一章进行专门规定，并设置了限制条款，关照公众的合理使用①。

在日本，为了保证著作权权利管理制度的实效性，防止擅自改变权利管理信息的行为，《著作权法》第113条把明知被增加、删除或者改变权利管理信息的作品或表演等向公众传播或进行传播可能化的行为视为权利侵害行为，并在第119条规定了“处五年以下徒刑或者500万日元以下罚金，或两者并罚”的罚则。《著作权法》第120条第二款规定：“向公众转让、出租、以转让或者出租为目的生产、进口或者持有、供公众使用专门用来规避技术保护手段的装置或者专门用来规避技术保护手段的计算机程序复制品的，

---

① 高媛．如何完善我国著作权管理信息制度［EB/OL］．［2012-05-14］．http://www.cipnews.com.cn/zgzscqb/html/2012-05/11/content_22528.htm? div=-1.

或者将前述计算机程序复制品向公众传播或者传播可能化的，以及应公共请求以规避技术保护措施为业的，处三年以下徒刑或者300万日元以下罚金，或者两者并罚。”日本《著作权法》对技术措施规定的重点在于禁止“造成侵害版权的规避技术措施行为”。该法第30条仅仅规定了禁止对防止复制或者传播的技术措施的规避，从法定性角度可知，该法排除了对访问控制技术措施规避的单独保护①。网络服务商责任限制法案中，网络服务商通过技术手段防止内容的散播可以不为诽谤、侵犯隐私或版权侵权承担经济赔偿责任。对于“控制使用”类技术措施，日本立法将其纳入了禁止规避的范畴，但是只禁止商业性的规避行为，为非商业性的合理使用行为留下了足够的空间。直接规避控制访问的技术措施的行为在日本是合法行为。对于控制使用和控制访问两种技术措施的辅助规避行为，日本著作权法作了禁止性规定。日本立法中设置了为测试和研究加密系统的规避例外，考虑公众的合理使用②。

综上，中日两国现行法律都仅仅保护著作权管理电子信息，我国目前立法趋向于同样保护非电子形式的著作权管理信息。与日本相比，我国现行法律对著作权管理信息的保护还相对落后，对诸如故意伪造著作权管理信息的行为，以及故意散布虚假的著作权管理信息的行为等，我国现行法律并未对此作出规定，再者著作权管理信息要受到合理使用制度的制约也未得以体现。日本立法对技术措施的规定条文较详细，我国对技术措施仅作了定义性的基本规定。

第四，关于侵权行政救济和处理方式。我国《著作权法》第48条分8项列举了侵害著作权的行为，并把实施这些侵权行为所应承担的责任由轻到重分为三个层次：其中有侵权行为且损害公共利益的，承担著作权行政管理部门的行政处罚的行政责任。而第48条所列8种侵权行为中与信息网络有关的侵权行为是：未经著

① 金锋．版权“技术措施”保护与规制研究［D］．上海：华东政法大学，2006.

② 黄鹏翔．数字时代技术措施的法律保护比较研究［D］．上海：华东政法大学，2008.

作权人或者与著作权有关的权利人许可，故意避开或者破坏权利人为其作品、录音录像制品等采取的保护著作权或者与著作权有关的权利的技术措施的；故意删除或者改变作品、录音录像制品等的权利管理电子信息的行为，法律另有规定的除外。

日本著作权法专设一章——第6章“纠纷解决”（第105条至第111条）规定了著作权纠纷调解组织和行政调解程序。为了谋求通过行政“调解”解决与著作权有关的权利纠纷，日本文化厅设立“著作权纠纷调解委员”，委员由文化厅长官从具有著作权和著作邻接权学识、经验的人中委任，每一案件不超过3人。当事人在发生著作权纠纷时可向文化厅长官申请调解并参照实际费用缴纳手续费，若双方当事人均同意接受调解，文化厅长官将案件交付委员调解；若一方不同意，或者文化厅长官认为案件性质不属于调解范围的，可以不交付调解；委员作为当事人的中间人，应准确查明双方主张的要点，按照案件的性质努力促成案件的解决；委员认为调解无望的，可以不再调解；调解终了时，委员必须向文化厅长官报告调解情况①。

中日两国著作权法在行政救济和处理措施方面差异较大，日本著作权法中的行政措施主要表现在行政调解上，日本《著作权法》专章规定著作权纠纷行政调解制度，行政调解程序有效地减轻了司法机关的案件负担。我国《著作权法》中规定的行政救济主要表现在对于尚不构成犯罪的同时损害公共利益的侵权行为适用行政处罚，由著作权行政管理部门责令停止侵权行为，没收违法所得，没收、销毁侵权复制品，并可处以罚款。

3. 数字标准方面

数字化时代是没有国界的时代，因此伴随着数字出版物的多元化开发，国际化发展路线也得到了很大程度的加强。为了保证未来数字作品的全球流通，各个国家都积极采用国际通行的标准及软件。如目前日本一些出版社多采用Adobe研发的DTP桌面出版处

---

① Japan Copyright Law. http://www.cric.or.jp/cric_e/clj/clj.html, September, 2011.

理系统。我国已意识到要积极参与国际标准的制定，致力于融入国际数字出版发展的大趋势，使我国数字出版真正走向世界并获得高附加值。

不论是我国还是日本，标准化建设都趋向于与国际标准的统一。但是数字出版标准化建设还有很长的路要走，两国手机读者市场迅速扩张一定程度上反映了数字出版标准乱象。国际标准是数字出版发达的国家认可的数字出版标准，相较于日本，我国应顺势而为，积极参与国际标准的制定。另外，行业标准不一，是一种资源浪费，同时也会对消费者造成不便，只有标准规范统一，实现有限资源的价值最大化，数字出版的路才能越走越宽，为数字出版的健康发展提供保障。

三、日本数字出版管理对我国的启示

从前文对中日数字出版管理的梳理和分析可以看出，我国数字出版管理相较于日本还有较大差距，作为具有相同法律系统的亚洲邻国——日本成熟的数字出版管理经验值得借鉴。

（一）优化管理机构职能

在发展社会主义市场经济过程中，既要充分发挥市场机制的作用，又要有效发挥政府管理的作用。在数字出版产业发展过程中应进一步转变、规范和完善政府对行业的行政管理职能。政府部门应当准确地找到自身的定位点①，职能要更多集中在政策调节、市场监管、社会管理和公共服务上，逐渐将部分具体经济管理职能和社会管理职能转交给行业协会去管。另外，北京、宁夏、贵州、四川等省市建立的互联网出版监管系统，已取得了一定成效，我国在数字出版产业的发展过程中要积极推广成功经验，建立各省的互联网出版监管系统，强化监管职能。

日本文部科学省下辖的文化厅在著作权管理和著作权法实施方面扮演着重要的角色，尤其是对著作权纠纷的行政调解程序值得借

① 孙铁军，张志林．新公共管理理论对我国出版许可制度的几点启示［J］．北京印刷学院学报，2007（2）．

鉴。相较于我国的行政处罚，日本政府部门参与的行政调解程序的作用不可小觑，我国也可引入相应的调解程序，既能减轻司法机关的案件负担，同时政府的职能也可以在一定程度上得到明确和强化。

相较于日本行业自律，我国行业协会是政府管理的补充部分，不能有效监督行业行为。政府部门应逐渐放权，逐步把行业管理职能委托给行业协会行使。政府对数字出版产业适当监管，充分发挥行业协会的作用，既能减轻政府管理的负担，也有助于保障数字出版产业的健康发展。

（二）完善数字出版相关法律法规

法律环境对于一个行业的健康、稳定和可持续发展起着规范和保障的重要作用，因此我国数字出版产业的发展需要尽快完备法律体系，以保障数字出版在快速发展中有章可循，有法可依。我们认为要从加快立法步伐、加强法律法规的协调性和尽快修订著作权法等方面完善我国数字出版法律体系。

1. 有前瞻性地加快立法步伐

尽管我国的数字出版法律体系正逐渐完善，但是目前的法律法规对数字出版的规定并不够明确细致，比如欠缺专门的法律法规对手机出版、互联网出版等新媒体出版形态进行规制。我国现有的《著作权法》对著作权各项制度的规定也不够全面。另外，我国颁布了一些出版政策进行补充规范，但是出版政策不具备法律的强制性，只有上升到法律法规的高度，才能有效地规范网络环境中的数字出版。

这就需要从根源上解决问题，高度重视法律在数字出版行业中发挥的重要作用。政府部门应加快法律的制定更新，立法者不仅要对现实的数字出版活动有充分的认识，还要从发展的角度全面预见数字出版的发展趋势和由此可能产生的新问题，把解决问题的对策落实到立法条文中，有效地规范数字出版产业的发展，对于新形态的数字出版产品，制定专门的立法，立法明确并具有前瞻性，更有针对性地规范数字出版产业的发展。

2. 加强法律法规间的协调性

数字出版法律法规是国家整个法律法规体系的有机组成部分，与经济、科技、文化等领域的法律法规保持着密切的联系。从法律地位的高低、法律效力的不同和调整范围的大小来看，宪法具有最高的法律效力，在制定数字出版法律法规时，首先应注意的是立法应当与宪法的原则和精神保持协调统一；其次应与经济、科技等领域的国家法律法规相互协调，相互促进，共同为国家整体战略目标的实现服务。

不同类型的数字出版法律法规在调节对象、内容、方式等方面具有不同的特点，因此应注意各项数字出版法律法规之间的协调。一方面实现横向上不同领域的数字出版法律法规之间内容上的协调，避免内容冲突、交叉或者重复的问题，形成一个相互配套的、相辅相成的有机整体。另一方面，在数字出版立法中，纵向上要实现下一级的立法与上一级以及更高级的立法保持协调一致，不能与上级立法相抵触或相矛盾，最终形成一个目标一致、层次清晰、分工协调的数字出版法律法规体系。

日本《著作权法》第 5 条规定了国际条约的效力，也规定了行政机关长官、独立行政法人、地方公共团体机关或者地方独立行政法人等，按照行政机关信息公开法、独立行政法人等信息公开法或者信息公开条例的规定，出于向公众提供或者提示作品的目的，在必要限度内可以使用作品。日本著作权法与国际条约、信息公开法等各种其他法律共同调整版权制度，是一种较为科学合理的立法体系。

与此形成对比的是我国著作权法和刑法关于侵害著作权犯罪的规定。由于我国《著作权法》没有规定罚则，所以对侵害著作权的犯罪定罪量刑的依据只有我国的刑法。我国现行《刑法》制定于 1997 年，有关侵害著作权犯罪的 3 个条文十几年来没有被修改过，而我国《著作权法》最新修改于 2010 年，所以两部法律相关规定的契合度不会很高。笔者建议《刑法》应顺应著作权犯罪的新情况新问题的出现作出及时的修改和调整，也希望著作权法能设专章对著作权犯罪和刑罚进行规定。如果我国今后的数字出版立法能够加强法律法规之间的协调性和提高有关部门迅速反应的能力，则能真正优化数字出版法律体系①。

3. 尽快修订《著作权法》

数字时代，版权是产业发展竞争的焦点，在数字出版法律体系中，最重要的也就是《著作权法》，虽然我国制定的其他法律文件如行政法规和司法解释等一定程度上补充了《著作权法》的缺陷和不足，但是目前我国著作权国内法体系仍缺乏整体性、统一性和系统性。此外，就我国《著作权法》仅有的几次修订状况来看，修法更多地是为了应对国际需要，体现出的是一种应急性价值。而在符合本国国情的基础上适当借鉴国外经验，实现对现有著作权法体系中各规范性法律文件的全面整合，进而制定一部全新的《著作权法》，是我国当前著作权立法的一项紧迫任务。

---

① 陶云峰．中日著作权法律制度比较研究［D］．武汉：中南民族大学，2010：65-66.

第六章　完善我国的数字出版法律制度

技术的创新需要制度创新的保障，技术的融合更需要制度融合为先导。为发展数字出版这种由新技术产生的新兴产业，世界各国都积极完善——或修订，或制定相关法律法规政策来适应新技术带来的变化，同时寻求制度的创新以保证数字出版产业的健康发展。数字出版在我国发展迅速，但要想处于世界前列，制度创新必不可少。“他山之石，可以攻玉”。通过介绍世界主要发达国家在数字出版法律制度方面的特点，以及有针对性地选取普通法系和大陆法系的两个代表性国家与我国在相关法律规定和管理上进行分析比较，为构建和完善我国数字出版法律制度提供有益的借鉴。

第一节　技术进步与制度建设：对我国数字出版法律制度的思考

从人类社会发展史来看，公元后的14个世纪里中国是技术革新的伟大中心，向其他国家和地区传播了包括“四大发明”在内的许多先进技术。国力昌盛和技术发达催生了文化方面的优势，强化了中国法律文明的域外影响力，它控制了东亚诸国的法律文明走向，形成了一个以中国为中心的包括日本、朝鲜等东亚国家在内的中华法系[①]。名满全球的莱布尼茨、沃尔弗等德国启蒙思想家以及法国的伏尔泰、魁奈等人都对当时的中国不吝誉美之词，他们推崇中国的治国与法律理念，并把中国政治法律文化的运作机理当做改进欧洲政治法律制度的主要楷模[②]。但是随着18世纪英国工业革命带来的欧洲工业化进程的到来，以往西方对东方的仰望态度发生了明显的转换。导致这一变化的一个重要因素就是，随着近代欧洲工业革命的进行，欧洲开始全面超越亚洲。这一经济社会与技术发展实力对比的变迁，必然在法律生活领域中反映出来[③]：近代以来，许多亚洲国家都大量移植了西方法律制度，我国的晚清和民国政府也主动进行了法律移植，甚至当代许多法律制度的制定也在一定程度上借鉴和移植了西方法律。

回顾历史我们可以看到，法律和社会发展、技术进步是存在相关性的。社会发展和技术进步之间的正相关性非常明显，通常情况下，社会发展必然带来技术进步，技术进步也必然会推动社会的发展。

一、技术进步与法律的关系

首先我们必须承认，技术和法律的价值取向存在与生俱来的冲突：一是技术私益性与法律公益性的冲突。爱因斯坦曾指出："在科学的庙堂里，有许多人所以爱科学，是因为科学给他们以超乎常人的智力上的快感；另外还有许多人所以把他们的脑力产物奉献在祭坛上，为的是纯粹功利的目的。"[④] 技术主体都以自身利益最大化为目标，法律追求的公益性从来都不是其伦理思考的出发点。二

① 公丕祥．法制现代化的分析工具［J］．中国法学，2002（5）．

② ［德］夏瑞春．德国思想家论中国［M］．南京：江苏人民出版社，1989.

③ ［德］贡德·弗兰克．白银资本——重视经济全球化中的东方［M］．北京：中央编译出版社，2008.

④ ［美］爱因斯坦．探索的动机——在普朗克六十岁生日庆祝会上的讲话［A］．赵中立，许良英，译．纪念爱因斯坦译文集［C］．上海：上海科学技术出版社，1979.

是技术变动性与法律稳定性的冲突。法律的稳定性品格导致了法律的滞后性，正如亚当·斯密所言："在未开放野蛮的民族中，在保护自身所必需的法律与政府已确定之后，法律与政府的自然进步就比技术的自然进步要慢。"① 三是技术持续进步性与法律控制有限性的冲突。当代技术以爆发式的速度持续进步，导致了社会关系日益复杂，面对不断变化的现代技术和社会关系，法律的控制力量显得有点力不从心。

尽管技术和法律存在诸多价值冲突，但是我们也应该认识到，它们会针对彼此的变化做出理性回应，二者之间存在着密切的互动关系。

（一）技术进步对法律的影响

1. 技术进步影响法律的调整范围，推动法律规定的扩展和深化

法国大革命时代的杰弗逊主张，每一部法律的自然有效期不应超过 19 年，上一代人制定的法律必须经下一代人的同意才能产生约束力。这种观点其实是主张法律应当不断适应变化了的社会生活环境②。的确，经济基础决定上层建筑，社会在不断发展，技术在不断进步，单纯依靠以往的法律往往不能解决新形势下的新问题，这就呼吁新法的出现。比如，从宏观方面来说，科学技术的发展使人类的视野和探索范围不断扩展，从外太空到海洋深处都有了人类活动的足迹，在这个背景下，可持续发展问题就被提升为法律议题，《环境资源保护法》《海洋法》等应运而生；从微观方面来说，克隆技术的发展所引发的一系列新问题也需要新的法律来规范和调整，转基因技术也是如此，等等。

另外，一部法律颁布执行之后，随着技术进步和社会发展，会在该法律调整范围内产生一系列前所未有的新问题，而这些新问题在立法之初若未被立法者所预见，且未设有相应的法律规制，就会

① ［英］亚当·斯密．国民财富的性质和原因的研究（下卷）［M］．北京：商务印书馆，1974.

② 吴国盛．科学和人文［J］．中国社会科学，2001（4）.

出现法律的嗣后漏洞（嗣后漏洞是法律漏洞的一种，以时间因素为标准，法律漏洞可分为自始漏洞与嗣后漏洞）。当代社会技术的进步以几何速度增长，由于技术的进步所带来的法律嗣后漏洞也越来越多，需要立法者及时对法律进行修订。例如我国的《著作权法》在最初的立法中未涉及网络版权保护，但是随着网络技术的进步和数字出版的蓬勃发展，网络版权保护成为一个非常严峻的问题，因而《著作权法》针对这一新问题进行了修订，这是法律对于技术发展的及时回应。

2. 技术进步带来立法和司法模式的革新

首先是立法方面，技术进步会对立法体制产生一定的影响，当立法涉及专业的技术知识时，国家立法机构会委托给专门的机构或人员，这就促成了“委任立法”的新体制。另外，由于技术的局限性，习惯法是法产生早期阶段的主要表现形式，当时法的传播形式是口头传播。随着技术的发展，文字的产生、印刷术和造纸术在促进习惯法向成文法的转变中功不可没，从纸质书到电子书的转变也必然影响法律的展现形式。同时，信息技术进步为法律传递形式的变革提供了技术支持，进一步提高了法律的传播速度和宣传力度。现代技术提供的先进、快捷、准确的信息传递和沟通手段，也为立法的公开化、民主化的实现创造了前提条件①。

其次是司法方面，技术进步带来了实证的研究方法，这种方法通过对证据、标的物等进行实证分析，能够使司法活动更具科学性和准确性。比如，口供在古代世界各地的刑事案件中往往被视为最重要的证据，刑讯逼供被大量使用，屈打成招造成了许多冤案，很大的一个原因就是当时缺乏可信的刑事侦查技术。目前，随着技术的发展，司法人员可以凭借更有效的手段来获得对案件的判断。例如，由于DNA技术的发展，人们可以通过现场遗留的一根毛发来确认嫌疑人。同时，这种实证技术的发展还促使法官在司法过程中由传统的注重伦理思辨向注重实证技术转变，依据法律规定的技术

① 陈晓英，孙明明，谢成艳．浅议科技进步与法律发展的关系［J］．安徽农业科学，2007（3）．

标准进行审判，这样更有助于他们保持中立，防止主观因素对司法的影响。技术进步对司法活动的影响还远不止于此，比如司法机关针对某一案件多发地段，可以利用计算机软件分析各种参数的权重，科学预测下一次犯罪的时间及特征，做到早预防早布控，提高司法机关办案效率。

3. 技术进步在广度上影响法律传统和文化的演变

中国古代的法律传统和文化都非常强调法官个人的慧眼独具和非凡魅力，包拯、狄仁杰等杰出司法者的故事在民间代代相传、妇孺皆知。从某种程度上看，这反映了在一个缺乏现代科学技术的时代，人们只能将司法公正的希望寄托于法官个人身上，因此司法断案在古代中国更多的是一种裁判者个人魅力和智慧的展现①。由于科学技术的发展，我国近代以来法官的自由裁量权缩小了，司法变得更为形式化，这一趋势正逐渐与西方国家接轨。西方的法律传统和文化是习惯强调法律的科学性，认为理性和智慧是法律的本质，反对法官以自己的主观判断扰乱法律的严谨性，诚如亚里士多德所说："法官理案，就像医师查书给病人开处方一样。"② 中国古代与现代西方法律传统和文化上的许多差异，在很大程度上是由支撑各自司法制度的社会科技因素造成的，由于我国技术水平的不断进步，这种差异有逐渐缩小的趋势。

（二）法律对技术进步的作用

1. 有效的法律安排可以推动技术进步

二战后美国为保持其经济技术优势，改革和颁布了一系列法律制度以促进科技创新，比如规定若企业当年的研发费用超过前 3 年的平均值，超过部分的 25%可抵免税金，结果从 1982 年至 1986 年的 5 年内，美国企业的科研经费增长了 53%左右③。有如此雄厚的

---

① 苏力．法律与科技问题的法理学重构［J］．中国社会科学，1999（5）．

② 何如一．逻辑缺乏对中国古代法律文化的影响［J］．船山学刊，2008（3）．

③ 董娟，陈士俊．美国科技创新政策的法律制度研究［J］．科技管理研究，2007（5）．

科研经费作为支撑，美国技术进步的效果便可想而知，这一点在实践中也得到了验证。因此，法律在推动技术进步方面的巨大作用值得我们深思。

著名经济学家吴敬琏先生曾指出：推动技术发展的主要力量，不是技术自身的演进，而是有利于创新的制度安排①。法律的一个重要特征就是由国家强制力保证实施，因而能够形成一套完整的刚性管理制度，可以对科学研究和发明创造予以保护，解除非良性制度的干涉，从而为技术进步营造一个自由、宽松的社会氛围，维持公平、有序的科技竞争环境。另外，通过相关法律的出台，鼓励创新并在制度安排上给予奖励，将会激发广大科技工作者的积极性和工作热情，有利于形成百花齐放、百舸争上游的局面。

2. 法律对技术进步带来的新社会关系予以确认和保护

现实中人们所享有的任何权利都需由法律来确认和保护，如选举权需要宪法、隐私权需要民法的确认和保护。同时，社会活动中的各种关系如雇佣关系、合伙关系等也都由法律来确认和保护，通过具体的法律制度安排，确定各方的权利和义务，给人们提供明确的行为模式，保证社会机器平稳运行。技术是带来社会变革的动因，它影响着社会结构的形成和社会关系的变动。科学技术这类精神生产力正逐渐取代物质生产力成为第一生产力，生产力要素地位的变化必然引起生产关系尤其是生产资料所有制关系的巨大变化②，由此也必然形成新的经济基础结构和新的权利义务关系，比如基因技术会带来新的身份和财产方面的关系，这些新的社会关系都需要法律来确认和保护，这是法律内在功能价值的突出表现。在这个背景下，各国都颁布诸如专利法及技术转让、技术引进等方面的法律，力求对技术进步带来的各种新关系进行确认和保护，使科技管理和使用有法可依。以科技成果转让活动为例，法律以权利形

① 袁国顺，袁晓苗．我国科技立法的六大误区——兼议《科学技术进步法》的缺陷［J］．中国科技论坛，2002（1）．

② 蔡宝刚．知识经济社会的权力转移与法律发展走势探析［J］．理论与改革，2003（1）．

式赋予科技成果法律上的财产属性和人身属性，使转让中产生的利益关系转化为合理且有法律保障的权利义务关系，促进科技成果应用和推广顺畅进行。

3. 法律以其强制力对技术进行控制

"科学技术本身具有正面和负面作用，它既可能推动社会生产和人类文明的发展，带来巨大的物质财富和精神财富，也可能引起种种公害，构成社会发展的障碍。由于法律对人的行为具有指导作用，通过立法对科技活动加以规制，可以在一定程度上对潜在的社会问题起到预防和抑制作用。"① 鉴于此，各国都陆续出台了相关法律，使用国家强制力规范技术研发活动，我国《科学技术进步法》第29条就规定："国家禁止危害国家安全、损害社会公共利益、危害人体健康、违反伦理道德的科学技术研究开发活动。"诚然，技术是中立的，但人类研究和利用技术的行为若是缺乏法律约束而肆无忌惮的话，短期内可能会增加个人的收益，但长期来看无疑会使整个社会价值大大减损。例如P2P文件共享技术大大减少了社会公众获得和使用信息的成本，但是人们利用此技术交换的绝大部分电影、音乐、软件等都没有获得版权人的许可，由此产生的侵犯版权问题成为整个行业发展的最大掣肘。该问题的实质是技术进步与防止技术滥用之间的矛盾，此时法律的作用就凸显了，可以通过制度安排设置一个利益平衡点，从而实现促进作品的创作和传播这一根本目的。

但是我们应该明确，法律对技术进行控制也有边界，不能苛求由技术进步衍生的所有问题都能在法律中找到答案，一定要加强法律与其他控制手段的合作，强化技术政策、技术伦理对于法律局限的补充作用，实现法律、政策和伦理控制技术的协同发展。

二、技术进步和出版法律的关系

以上从法理学视角对技术进步和法律关系的探讨，得出了一般意义上的结论，即技术进步和法律之间有密切的互动关系。运用演

① 夏之宁．科技与法律的相互作用之浅见［J］．前进论坛，2006（9）．

绎的方法我们可以认为：出版法律作为法律的一个部门，技术进步和其之间也存在千丝万缕的联系。的确，“从竹简到电子书，从结绳记事到超高速计算机，出版一直在技术的推动下不断演进、升级与转型。可以说，出版的变迁史就是一部与技术进步互动发展的历史，技术在出版变迁史上扮演着重要的角色”①。经过长期的发展，围绕着出版活动编辑、复制和发行三个环节，形成了由编辑技术、复制技术、提供复制介质技术以及发行技术构成的出版技术体系，每一种技术的进步都会给出版活动带来深刻变化，它们对出版法律的影响也不容小觑，这一点在复制技术与著作权法律的关系上体现得尤为明显。复制技术的发展历经了印刷技术、电子技术和数字技术三次飞跃，著作权法的产生和发展一直如影随形。

（一）印刷技术与著作权法

印刷技术的出现对著作权法的产生有着非常重要的意义。在活字印刷术发明以前，手抄是复制作品的基本手段，由于抄本数量所限，这种复制对作者利益的损害几乎为零。那时的学者为宣扬自己的思想观点，对别人抄写自己的作品也持赞同态度。在这样的背景下，不可能产生著作权保护的需求。正如许多学者考证的那样，著作权法并没有因为人类创作第一部作品而产生，而是在印刷术广泛应用之后、作品得以广泛传播的条件下，出版商和作者为了保护自己的权益才逐渐发展建立起来的，可以说是技术催生了现代著作权制度，人类历史上第一部现代著作权法律制度《安娜女王法》就是在这样的背景下诞生的。

（二）电子技术与著作权法

19 世纪末由于无线电技术的发展，先后产生了电报、电话、留声机、无线电广播和电视，这些电子技术和电子媒介导致了著作权制度有史以来的第一次革命。录音录像制品的出现为著作权法提供了丰富的内容，复制技术的进步使作品复制的方式和手段进一步增多，作品传播者在著作权法中的独立性也进一步增加，这些反映在著作权法上，就是保护作品的类型增多、作者权利扩大、现代意

---

① 孙海芳．出版变迁与技术变革互动发展规律初探［J］．出版发行研究，2011（3）．

义上的邻接权产生并于 1961 年写进《保护表演者、录音制品制作者和广播组织国际公约》之中。

（三）数字技术与著作权法

伴随着数字时代的到来，新的技术革命给出版业带来了翻天覆地的变化，数字出版蓬勃发展，网络技术的发展也使得广大网络用户可以对数字作品进行低成本、高质量和不限次数的复制和传播。对此，各国都在积极完善和变革著作权制度，比如日本现行的《著作权法》在实施后 10 年内几乎没有什么风吹草动，但是在 1984 年至 1999 年之间进行了 11 次修改，被认为是适应数字技术的不断发展而作出的回应，并且随着技术进步和社会发展，修改的速度还会不断加快。对于数字技术带来的出版业革命，我国也积极予以回应，陆续出台了包括《信息网络传播权保护条例》在内的一系列法律制度。

可以看到，上述三次大的技术进步浪潮都对著作权制度产生了深刻的影响，“第一次浪潮是印刷技术发明，它催生了版权制度。第二次浪潮是电子化浪潮，它使版权制度内部发生了一系列的重要变化。第三次是数字技术和网络化浪潮，它给版权制度带来了前所未有的影响，并且正在持续当中”①。由此我们可以得出结论，著作权法与技术进步之间存在密切的关系：技术进步为著作权立法奠定了坚实的物质基础，其变革又促使著作权保护的范围不断扩张，也使作品由于利用和传播形式的增加变得越来越难以控制。著作权法在不同的技术发展阶段总是面临新的挑战，它的不断修订和完善是对技术进步在法律上的回应和重构。

三、技术进步背景下我国数字出版法律的制定

（一）从提高立法的科学性和预见性方面考量，数字出版法律的制定必须由法律界和技术界达成联盟

近代以来科学技术已经大大影响和改变了法律领域，我国著名法学家陈守一先生曾指出：“今天，自然科学、社会科学日益彼此

① 张今．版权法中私人复制问题研究——从印刷机到互联网［M］．北京：中国政法大学出版社，2009.

交融、相互渗透，科技、经济与法律之间比以往任何时候都更加紧密地结合起来。”① 数字出版法律更是如此，纵观人类历史，技术进步对出版产业的影响从来没有像现在这样巨大。为了保证立法的科学性，相关的数字出版立法一定要吸收相关技术人员，比如规范和调整数字出版平台的立法不可避免地需要平台技术商的参与。另外，由于技术进步所导致的新问题层出不穷，数字出版法律不但在立法之初要有前瞻性和预警性，还要根据现实需要适时适当地立新法或修旧法，但是法律较技术进步不可避免地存在一定的滞后性，如果相关技术人员能依据技术发展的状况和趋势提出合理的立法建议，对加强数字出版法律的预见性、避免“朝令夕改”是非常有效的。

（二）从完善国家立法模式上考量，数字出版法律的制定要打破法“国家一元化”、建立“二元结构”

西方国家催生法律发展的主要力量来自民间，国家干预力量与民间催生力量保持一种合理的张力。我国法律制定采用的是自上而下的模式，主要以国家干预为主，其实质是一种自上而下的强制性变迁，而非自下而上的诱发性立法行为。根据现实国情，我们既要发挥自上而下的法律进化模式的主导作用，也应该着力培植与完善各种行业协会、科研机构及企业等社会力量，与自上而下的国家干预力量共同形成推动法律发展的“二元结构”模式②。数字出版法律的制定尤其应该打破国家一元化的做法，技术对数字出版产业的推动作用已经凸显，许多法律制度的出台都是对新技术的回应，体现出更多的专业性和技术性，这就需要更多掌握和了解先进技术的机构和企业等参与法律的制定。美国通过《综合贸易与竞争法》等一系列法律制度加强联邦政府和产业界的合作伙伴关系，事实证明，这样的“二元结构”模式是卓有成效的。

---

① 陈守一.《科技战略导论》序［M］. 北京：时事出版社，1986.

② 刘同君. 当代中国法律发展的困境与超越——基于路径依赖视角的考察［J］. 法学杂志，2010（1）.

（三）从国家利益考量，数字出版法律的制定不能盲目借鉴西方发达国家的经验

目前法律全球化越来越得到人们的广泛认同，它在现阶段首先表现为政治、经济和技术上处于强势地位的国家单向向外传输法律理念和制度，后进国家对强势国家的法律制度进行借鉴、吸收和移植。我国数字出版法律制度的建设也是不断学习西方先进经验的过程，但是在学习的过程中必须时刻考虑将国家的利益放在首位。

表 6-1　　**技术措施保护标准比较表**①

国家	访问控制措施的规避	复制控制措施的规避	规避行为的合理使用例外	禁止辅助规避行为的例外	保护标准的等级
欧盟	禁止	禁止	一种优惠	没有	最高
美国	禁止	不禁止	一种优惠	有	很高
日本	不禁止	禁止	一种权利	有	较高
中国	禁止	禁止	一种权利	有	高
澳大利亚	不禁止	不禁止	一种权利	有	较低
加拿大	不禁止	禁止	一种权利	不禁止辅助规避行为	较低

从表 6-1 可以看出，我国技术措施保护标准甚至比日本等发达国家还要高，几乎与欧美发达国家比肩。事实上，作为知识产权主要输出国的西方发达国家采用较高的技术措施保护标准，是受扩大版权贸易利益驱动的。如果包括我国在内的广大发展中国家盲目追随、实施较高的技术措施保护标准，就会挤压版权合理使用的空间，提高获得国外先进技术的代价，对本国的发展是非常不利的。因而，当前中国数字出版法律制度的建设不能对美国或欧盟的模式生搬硬套，还要考虑中国的现实国情和利益，在对诸多国家立法加

① 郭鹏．网络版权立法：全球趋同化中的利益差异——以技术措施法律保护机制为视角［J］．学术研究，2011（5）．

以多维度研究的基础上创造性地学习、改造和移植。

第二节　数字出版法律制度建设应注意的问题

数字出版法律制度是出版行政部门依法调整与管理数字出版活动中各种关系的依据，确保有利于数字出版活动及其管理的社会关系和社会秩序，对于数字出版产业的健康、稳定和可持续发展起到了规范和保障的重要作用。现阶段，基于技术和市场需求推动的数字出版产业在我国既呈现出蓬勃发展的态势，也处于不断洗牌、市场格局初步形成的关键时期。为了保障和推动我国数字出版产业能够在良好的市场竞争环境中稳健发展，数字出版法律制度的构建受到了各级政府的高度重视，数字出版法律体系尚处于不断地健全和完善之中。新形势下，探讨数字出版法律体系的构建与数字出版法律制度建设中应注意的问题，对于数字出版产业的发展具有重要意义。

一、数字出版法律的制定原则

数字出版法律体系的核心是数字出版法律法规的制定，而数字出版法律法规的制定离不开一定的基本原则作指导。数字出版法律法规制定的基本原则是指在数字出版法律法规的制定工作中应当遵循的指导思想和方针，它是一个国家的立法原则在数字出版活动领域的具体体现，反映了数字出版法律法规制定工作的一般规律，它在数字出版法律法规制定过程中起着主导作用，其准确性和客观性可以决定各项具体数字出版法律法规的有效性和科学性。

在数字出版法律法规的制定实施中，为了实现权益上的平衡，兼顾技术、经济和社会三者的同步发展以及促进文化发展与保证文化安全的统一的价值目标，保证有效开发和合理利用数字出版资源，就必须坚持效益原则、协调原则、立足国情原则、前瞻性原则和吸收借鉴原则，从而形成高质量、高效率的数字出版法律体系，有效地调整和平衡不断变化的经济结构和各种利益关系，促进数字出版产业的发展。

（一）坚持效益原则

数字出版法律法规制定和实施的目的是要实现对数字出版活动中各种行为的规范，实现对社会政治、经济和贸易领域的调节，以促进新闻出版事业更好地应对数字技术带来的各种挑战，提高数字出版的国际竞争力和中华文化的国际影响力。作为法的原则，效益是评价法律法规的标准之一，任何法律法规都必须追求和促进效益。效益原则是数字出版法律法规制定的目的性原则。所谓目的性原则，是指立法者在制定法律法规时应当考虑所制定的法律法规的效益，应从有利于实现该法律法规的效益出发确定相应的法律法规内容。在制定数字出版法律法规时，要针对数字出版产业发展的实际，通过这些法律法规有利于对数字出版领域进行调节和规范，进而实现高质量和高效率生产并带来经济效益、社会效益和环境效益等。数字出版法律法规体系要实现整体效益的目的，除了要考虑数字出版产业发展的实际需要外，还应着眼于体系本身的系统性和复杂性问题，慎重考虑应当制定哪些法律法规，所制定的法律法规的内容是否会产生矛盾、冲突、重复、交叉等问题，争取体系结构的简化和统一，以达到数字出版法律法规体系总体上的功能最佳和效益最优。

（二）坚持协调原则

数字出版法律法规与数字出版政策是国家对数字出版活动进行宏观管理的重要手段，数字出版标准涉及数字出版产业的各个环节，是保证数字出版物产、供、销获得最佳秩序的规则。前文探讨过数字出版法律法规与数字出版政策、数字出版标准的关系，此处不再赘述。在数字出版管理活动中，不可能由数字出版法律法规来解决所有问题，因此我们应充分注意数字出版法律法规与数字出版政策、数字出版标准的分工与协调。

1. 数字出版法律法规与数字出版政策、数字出版标准的分工与协调

数字出版法律法规与数字出版政策在调节对象、内容、方式等方面具有不同特点。我们在制定具体的数字出版政策与数字出版法律法规时，应注意调整的范围和重点问题的分工，同时在制定程

序、批准方式上符合法律规定。数字出版法律法规与数字出版政策本身在调节功能上也有其局限性和针对性，不可能面面俱到。如数字出版产业各项标准的调节对象是数字出版管理活动中可重复的现象和事物，因而具有明确的规范性和确定性，但数字出版管理的方向、形式、手段缺乏直接调节功能。因此该以政策形式调整的就及时出台政策，该制定标准的就制定标准，如果需要长久、稳定的法律去调节，则应由立法机关以法律的形式固定下来。总之，要在数字出版管理总体目标约束下各司其职，形成目标一致、分工协调、科学完善的数字出版法律法规与数字出版政策、数字出版标准体系。

2. 数字出版法律法规与社会现行有关法律的协调一致

数字出版法律法规是国家整个法律法规体系的有机组成部分，与经济、科技、文化等领域的法律法规保持着密切的联系。从法律地位的高低、法律效力的不同和调整范围的大小来看，宪法具有最高的法律效力，在制定数字出版法律法规时，首先应注意的是立法应当与宪法的原则和精神保持协调统一；其次应与经济、科技等领域的国家法律法规相互协调、相互促进，共同为国家整体战略目标的实现服务。

（三）坚持立足国情原则

数字出版法律法规必须与社会发展总体目标保持一致，与国家政治、社会经济状况、法律体系完善程度、文化背景以及科技发展水平等相协调。我国是发展中国家，社会经济发展相对薄弱，科技发展相对落后，文化弱势也比较明显。数字出版在我国起步较晚，虽然在近几年的发展中取得了一定的成绩，但是相较于发达国家来说，仍然存在诸多的短板和瓶颈，困扰和阻碍着我国数字出版产业的健康发展，如未形成合作共赢的产业链、商业模式不成熟、行业标准滞后以及严峻的版权困境等。因此，本着实事求是的态度，应从我国现实的国情和数字出版产业发展的客观需要出发制定和完善相关的法律法规，把握现阶段数字出版发展的重点和薄弱环节。立足国情原则表明，数字出版法律法规的制定既不能落后于国家数字化发展的实际需要，成为国家经济发展与社会进步的羁绊，也不能盲目“超前”，完全照搬发达国家有关数字出版的法律法规，与国家总体发展战略相背离，与公众数字化意识和信息价值观念不相符。如在数字版权保护立法方面，相较于发达国家著作权人众多、作品丰富、著作权强大的状况，我国广大人民群众仍然处于文化消费者的地位，其作为作品创作者的地位还不够显著，因此我国的数字版权保护就应与我国这一现实国情相适应。

（四）坚持前瞻性原则

任何立法都不是刻板地对现存实际进行描绘，而是基于现实反映其规律和发展趋势，这就要求立法者不仅对现实的数字出版活动有充分的认识，而且要从发展的角度全面预见数字出版的发展趋势和由此可能产生的新问题，充分体现出数字出版立法工作的超前性。伴随着数字技术以及网络技术的高度发展，社会信息化进程的不断推进，新的社会矛盾和冲突将会不断涌现，需要不断制定和修订新的数字出版法律法规予以调控和规范。如每一次新技术的产生，都可能会打破原有的著作权法所实现的利益平衡状态，经过著作权法的修改才能使得矛盾趋于缓和而达到新的平衡状态。因此，数字出版法律法规的制定不能仅仅满足于对现行数字出版活动中所产生的各种社会关系的行为进行规范和调节，更应该充分考虑数字技术的日新月异和数字出版产业发展的变化趋向，使数字出版法律法规具有一定的超前性，对今后的国家数字出版法律法规的建设起到导向和预示作用，以适应数字出版产业长期发展的需要。

（五）坚持吸收借鉴原则

数字出版法律法规的制定离不开正确理论的指导，也离不开对古今中外有益经验的吸收借鉴。这一原则意味着在数字出版法律法规的制定过程中，既要吸收出版法律法规制定方面的直接经验，也要借鉴其他法律法规如网络信息法律法规在实践方面的经验；既要吸收本国的经验，也要借鉴国外在数字出版法律法规建设方面的有益经验。特别是在经济全球化的大背景下，数字出版在全球飞速发展，影响力越来越大，传播能力越来越强，我们更应关注国外的做法，立足实际，面向世界，使我国数字出版法律法规体系能够与国际接轨。如为了适应数字出版发展的需要，韩国在制定数字出版行业标准方面的做法就非常值得借鉴。韩国电子书的标准开发并不是行业内各环节参与者的单打独斗，而是由出版者组成的联合开发电子图书集团共同制定。2000 年，由韩国 25 家出版社和 34 家 IT 企业成立了 Electronic-Book Korea，共同制定韩国电子书标准格式①。这样不仅可以保证数字出版行业内数字互换的顺畅，也可以避免资源浪费，有效地实现行业准入和行业保护。

二、数字出版法律制度建设中应注意的问题

数字出版在我国正处于初期的高速发展阶段，虽然短短几年内产值突飞猛进，并成为我国新闻出版产业快速发展的重要推力和新的经济增长点，但面临的盗版与知识产权保护困境、市场竞争环境混乱等问题亟须相关的法律法规对其进行规范和调节，因此，构建与我国数字出版发展相适应的、完善的法律制度成为当务之急。上文已探讨数字出版法律法规制定时应坚持的原则，数字出版法律制度的建设同样不能一蹴而就，过程当中还应该注意一些问题，以确保数字出版法律制度能够适应我国数字出版长足发展的需要。

（一）数字出版法律体系的系统性问题

目前我国数字出版法律体系的建设还处于完善阶段，应当把体系的建设看做是一个系统化的软工程。随着技术的不断发展以及数字出版资源的开发利用、数字出版产业的发展、数字出版市场的建立和管理以及数字出版主、客体和涉及领域的多元化，数字出版活动中的经济关系和社会关系复杂而多样，这就要求在法律制度建设的过程中注意从系统的角度出发，尽可能全面且有重点地反映信息领域多样化的经济关系和社会关系，达到多层次结构和综合性的目标。

从纵向上看，数字出版法律体系是一种层次结构，根据立法机关和制定程序的不同、法的效力和适用范围的差别，数字出版法律

① 刘学林．浅谈数字时代我国的出版宏观管理［A］．黄先蓉，罗紫初．数字出版与出版教育（第二届数字时代出版产业发展与人才培养国际学术研讨会论文集）［C］．北京：高等教育出版社，2009.

体系纵向上可以分为宪法、法律、行政法规、行政规章、地方性法规规章、国际条约、法律解释等七个层级。各种层次的法律法规上下兼容、层层嵌套，并逐级具体化，具体表现为下一级立法应与上一级立法以及更高级的立法保持一致，下位法的相关条文是上位类法律法规具体化、交叉和深化的结果。我国数字出版法律层次还不够完善，当前《出版管理条例》是调整数字出版市场的最高行政法规，而较低层次的部门规章则占主导，行政法规比例过低①。从横向上看，各类数字出版法律法规具有不同的立法目标或调节对象，该体系又是一种联系结构，不同类型的法律法规应相互配套、相辅相成，并各具特色。经过科学组织的数字出版法律体系，在整体功能上远远大于各具体法律法规功能之和，体系的系统性有助于实现最优的系统效应的目标，也避免了法律法规之间不必要的矛盾和冲突。

（二）数字出版法律法规的可操作性问题

在数字出版立法中，不能仅仅局限于作原则性的解释，而应该更多地考虑具体司法实践的可行性，使法律条文进一步细化、明确，注意建立的数字出版法律法规要具有较强的可操作性。现阶段我国调整数字出版活动的有关法律法规中，部分就存在着条文模糊、界定不清等问题，给实践带来了很大的困难。如在 2011 年发生的百度文库侵权案中，百度就坚称百度文库适用《信息网络传播权保护条例》中第 22、23 条对于“避风港原则”的规定，其对作者上传的作品没有审核的义务，属于“不知道也没有合理的理由应当知道”服务对象提供的作品侵权，因此也不应承担侵权责任②。这实际上是对法律条文的一种故意误读。

其实自 2006 年《信息网络传播权保护条例》颁布至今，对于“避风港原则”及其例外“红旗”标准一直存在很大的争议，如

① 黄先蓉．我国出版宏观管理的现状、问题及对策研究［J］．出版科学，2008（3）．

② 张洪波．2010 年以来网络著作权 4 大纠纷案评析［N］．中国图书商报，2011-03．

"明知则侵权，反之，不明知则可以豁免"，对于网站到底是明知还是不明知，缺乏一定的判断方法。相较之下，2011 年由最高人民法院、最高人民检察院与公安部颁布的《关于办理侵犯知识产权刑事案件适用法律若干问题的意见》第 11 条就非常明确地提出了网络侵权人的归责标准："涉案作品种类众多且权利人分散的案件中，上述证据确实难以一一取得，但有证据证明涉案复制品系非法出版、复制发行的，且出版者、复制发行者不能提供获得著作权人许可的相关证明材料的，可以认定为'未经著作权人许可'。但是，有证据证明权利人放弃权利、涉案作品的著作权不受我国著作权法保护，或者著作权保护期限已经届满的除外。"这样明确化的条文就有助于司法实践，也避免了个别网站故意曲解立法本意，逃避主动审核责任行为的发生。

（三）数字出版立法部门的协调性问题

数字出版是技术和内容相融合的产物，承载着重要的文化交流功能和产业经济功能，也承担着较大的社会责任和文化意识形态任务，因此政府各有关部门都在制定数字出版法律法规以引导和调整数字出版的良性发展。纵观我国目前有关调节数字出版的法律法规，颁布主体包括国务院、文化部、新闻出版广电总局、工业和信息化部以及其他国家机关等在内的各部、委，涉及各政府立法部门的职能，立法主体众多，立法结构混乱，影响了我国数字出版法律体系的系统性和规范性。

因此，在数字出版法律制度建设中要注意数字出版立法部门之间的协调性：第一，应当设立专职的数字出版管理部门，对数字出版立法进行周密的统一规划，使得数字出版法律体系不仅能够在纵向上保持一定的层次比例，而且在横向上能较为全面地涵盖各类数字出版领域。第二，在对数字出版立法规划的实施过程中，应在数字出版管理部门的领导下，发挥部门合力，组织各部、委或其他立法机构，针对其所管辖业务范围分工起草有关数字出版法律法规。在起草过程中，各立法机构之间要保持一定的联系，及时沟通信息、交换意见，以免造成立法内容重复或相互抵触的问题。数字出版管理部门负责汇总、监督检查、组织协调等工作，保证数字出版立法工作能够顺利完成。第三，在立法过程中不能忽视地方国家机关，要与地方立法部门保持一定的联系与沟通，使得全国性数字出版法律法规一旦通过，地方立法能紧紧跟上，并与之配套。此外，由于数字技术发展的不均衡，我国数字出版产业存在着东部与中西部地区发展不平衡的状况。因此在有关立法方面，也可以尝试采取地方立法部门（如我国数字出版起步较早、发展较好的北京、上海等）的先行探索与中央政府的适时统一策略。

（四）数字出版立法模式选择的问题

我国数字出版正处于初期的发展阶段，数字出版法律法规的制定要注意立足实际，针对数字出版发展的不同具体情况选择不同的立法模式。从我国现行的数字出版法律法规的形成过程看，主要有三种渊源：一是在现有的国家法律中作相应的修改和补充，使其适应技术发展的需要，如全国人民代表大会常务委员会2001年修订的《中华人民共和国著作权法》中增设了信息网络传播权。二是在我国现有法律法规的基础上另行制定专门的法规，如为了加强对电子出版物出版活动的管理，促进电子出版事业的健康发展与繁荣，2008年原新闻出版总署颁布了《电子出版物出版管理规定》；为了规范我国数字印刷经营活动，促进数字印刷业健康发展，原新闻出版总署于2011年颁布了《数字印刷管理办法》等。三是我国颁布的一些与数字出版有关的法规性文件和政府规章，对已经发生的但由于种种原因目前暂时还没有通过立法来调整的现实问题予以引导和规范，如原新闻出版总署于2010年发布的《关于发展电子书产业的意见》，拟对从事电子书相关业务的企业实施分类审批和管理。

因此，需要明确的是，针对数字出版出现的新产品形态所形成的新业态，如手机出版、数据库出版等，要专门立法来引导和调整；针对在传统出版业就已经存在的如著作权保护问题，在规范数字出版著作权时，可以采取对现有法律法规进行修改和补充的方式调整，如通过修订《著作权法》，对数字版权的相关问题作出细化、明确的规定，同时修改和WCT、WPPT规定相统一又与我国《著作权法》相配合的其他行政法规和部门规章。这种立法方式成本较低，司法操作也相对容易，更符合我国实际。

（五）数字出版法律制度中的技术中立问题

数字出版法律法规是由国家立法部门制定与认可的有关数字出版活动的行为规范，它的制定、修改或废止都要经过严格复杂的法定程序，一般周期较长、时效较长，具有相当的稳定性。而作为推动数字出版发展原动力的技术的发展却是日新月异，更新速度很快。立法总是滞后于技术的发展，因此就要注意在数字出版法律制度中体现“技术中立”的思想，使数字出版法律法规能够适应不断发展的技术，在对数字出版活动进行规范和调节的过程中能够经受住技术发展的考验。因此可以考虑在具体的立法中排除技术因素的影响，即在法律法规中不包含技术规定。另外，可以在法律法规中加入具体的技术标准，使标准成为法律法规的技术支撑。因为标准的制定程序比较简单也相对较快，能及时反映技术的更新和市场新的需求。在法律法规中采用不注明日期引用标准的模式，随着技术发展的需要可以很快实现对标准的修订，法律法规将会相应适用于最新的技术标准，灵活地解决法律法规的技术适应性问题。

第三节　数字出版法律制度的构建与文化安全

冷战结束后，塞缪尔·亨廷顿的“文明冲突论”指出，未来国际冲突的根源将主要是文化的而不是意识形态的和经济的。“人生而自由，却又无往不在‘文化’之中”，道出了文化对于人类的重要性。对一个国家而言，文化安全是稳定发展的精神前提，也是必须坚守的精神阵地，“文化是国家和民族生存的前提条件，文化的生存状态不仅积淀着一个国家和民族的全部文化创造和文化成果，而且还蕴涵着过去向未来发展的基因。一旦文化遭遇威胁，必然要给民族和国家带来文化危机和民族危机，从而也构成了国家文化安全的全部内涵”。因此，各国都不约而同地把保护国家文化安全提高到战略地位。

新闻出版是文化产业的重要组成部分，在保护国家文化安全方面肩负着重大的、不可推卸的责任。前苏联的前车之鉴值得我们警醒：在前苏联后期，国家对出版内容的要求逐步淡化，对出版所承担的社会责任没有规定，展示低级、庸俗内容的出版物盛行，体现高雅的、先进文化的出版物匮乏，优秀的传统文化出版物更是寥若晨星。再加上西方文化的渗透、分化、腐化等，文化领域的内忧外患成为前苏联解体的主要因素之一。当前，信息技术和网络手段更为深入和广泛地用于文化产品的开发和传播，数字出版给文化产业的存在形态和发展方向带来前所未有的变化，我国数字出版环境下的文化安全也受到前所未有的挑战，因此，基于文化安全视角探讨数字出版法律制度建设非常必要。

一、典型国家有关文化安全的出版法律政策分析

（一）美国的扩张型文化安全战略

曾有学者指出，当前世界文化安全问题在很大程度上是由美国的文化殖民和文化霸权引起的，对此笔者表示赞同。美国依靠先进的科学技术和强势文化身份，通过建立起覆盖全球的传媒体系垄断人们的价值观，并且利用文化贸易的方式占据他国文化市场，输出美国的思维方式和价值观，推行文化霸权。可以说，美国采取的是扩张型文化安全战略。美国没有文化部，没有联邦层次上的文化管理机构，没有专门的文化安全立法，也没有一套系统的、公开的文化政策，但美国的文化政策却渗透于它的国家整体战略和政治、外交、军事、经济和贸易政策之中。在美国人看来，只有其他国家都确立了美国式的民主制度和价值观，美国才会更安全，否则美国的全球利益就会受到挑战和威胁，危害美国的国家安全①。这便是美国不断对其他国家进行文化渗透甚至是文化侵略的根源，当然也是造成世界文化安全问题的主要外部因素。

美国并没有专门设立一个中央机构来负责管理出版业，但是其通过立法保护文化安全由来已久，其中涉及出版活动的法律也为数

① 周建标．我国文化安全面临的挑战与对策［J］．华南理工大学学报（社会科学版），2010（4）：59.

不少。1842年实施的《反猥亵法》，在对付淫秽出版物方面，禁止淫秽图片进入美国。1940年颁布的《史密斯法》规定："印刷、出版、编辑、发行、贩卖、散发任何文件，提倡或宣教他人用武力推翻美国政府者；与人同谋从事上述任何行动者；经证明有罪后，处1万元以下罚金或10年以下徒刑，或两刑并处。"近代以来，美国标榜是最有人权的国家，时时处处以"出版自由"的面目示人，在有关数字出版的法律政策如《版权法》《知识产权和国家信息基础设施白皮书》《千禧年数字版权法》《规范对等网络法》《数字消费者知情权法》等，很难发现一些或明示或暗示对国家文化安全进行保护的条款，这与美国称雄全球的强势地位是有很大关系的，也恰恰说明了美国在文化安全问题上采取的是扩张型或进攻型战略，其重心不在采取文化安全保护措施进行防御方面。这一点在美国积极鼓励文化产品出口上也有所体现，除对出口图书免征增值税和营业税，实行先征后退的优惠措施以外，美国商务部下属的商务服务处也积极协助国内出版商参加各类国际书展，免费在出口业务方面提供帮助，大力把美国出版物和价值理念推向全世界。另外，美国财政部还有一项特殊职能，其下属的外国资产控制办公室可以阻止美国出版商与美国不感兴趣的国家进行商业贸易，唯一被美国这样认为的国家是古巴。虽然美国与利比亚、朝鲜和缅甸等国家存在重大分歧，但是美国相信允许出版商把文化产品出口到这些国家才最符合美国的利益，在其国内只有出版商和医药生产商才享有这种特权①。

（二）加拿大等国的防御型战略

与美国的扩张型文化安全战略不同，世界上大多数国家在文化安全问题上均采取防御型战略，加拿大就是一个典型的国家。加拿大目前已有10多项与文化相关的法律，保护国家文化安全的内容散见于这些法律之中。其中，《广播法》第3条明确要求所有电台、电视台"保护、丰富和加强节目中的加拿大文化、政治和经

① 威廉姆·劳夫奎斯特．美国出版中的政府行为［J］．易晓强，译．出版广角，1992（2）：71.

济主题，鼓励加拿大意识的表达”。此外《广播法》还对外资作了限制，规定外资拥有广电企业股份的上限为20%，从而在法律上保证了加拿大人对电台和电视台的控股权。《国产税法》规定所有外国杂志在加拿大境内印刷的第二版不能作为加拿大本国杂志而享受税收优惠。《所得税法》规定加拿大广告公司在加拿大人拥有75%以上股份的杂志和拥有80%以上股份的电视台发布广告可以享受税收减免优惠。《投资加拿大法》规定外国人在加拿大的重大投资项目须经加拿大政府审议，以确保加拿大人的经济和就业利益不受损害。《加拿大内容节目条例》要求所有电台、电视台播放60%以上的加拿大国内节目。联邦政府还成立了“加拿大声像认证办公室”，并制定了10分制评估标准，按电影、电视剧、戏剧、音乐、舞蹈、娱乐节目等不同类别对“加拿大内容”进行测评打分，高于6分才能被认定符合“加拿大内容”条件，即符合加拿大文化主体性要求①。另外，加拿大也积极在国际条约中争取“文化例外”，使其文化产品及服务在满足一定的条件下可以不受自由贸易协定的限制。例如，《关贸总协定》允许加拿大实行“荧屏配额”(即在影视播出中确定加拿大制作和加拿大内容的比例，外国影视节目不能无限制播放)；《贸易与服务总协定》允许加拿大不将文化服务业列入协定；《北美自由贸易协定》允许加拿大采取措施保护文化产业，等等。

法国、韩国等国也都有类似的规定，希望通过法律政策的强制执行力来抵制外来文化的渗透，弘扬具有本民族特色的传统文化。1989年，欧洲议会通过“无国界电视”指令，确保播放欧洲影视作品的时间额度。法国音像作品播放配额规定40%的时间必须播放法国作品，另外60%留给其他国家。韩国政府为保护本国电影，强制规定韩国电影院每年每个厅都必须上满146天的本土电影，电视台也必须播放一定时数比例的国产电影。

---

① 任一鸣．加拿大文化主权与文化政策［J］．国家观察，2011（3）：73.

二、我国数字出版立法在保护文化安全方面的现状

当前我国的文化安全面临挑战，如以美国为代表的西方文化的渗透、传统文化坚守的迷失、英语的强势攻击、韩剧的狂轰滥炸等不一而足。但值得肯定的是，我国历来重视文化安全，尤其是在加入世贸组织的谈判过程中，较好地把握了对外开放与维护国家文化主权、自由贸易与国家文化安全的关系，争取到较有利于我国文化产业发展和维护国家文化主权与文化安全的条件。在新闻出版方面，我国坚持编辑出版环节不放开，出版单位设立实行严格的审批制，进口出版物必须符合中国法律制度的规定，分三步逐步向外资开放分销服务，等等，这些主张体现了保护我国文化安全的内在要求。

但是我国目前的数字出版法律在保护国家文化安全方面还存在一些问题，个别法律条文存在对外国文化产品提供超国民待遇，而对本国文化产品保护不足的现象，比如 1992 年 9 月颁布实施的《实施国际著作权公约的规定》，把一些没有给与我国国民的著作权相关权利保护给与了外国国民。依照《著作权法》，对我国公民实用艺术作品的著作权不予保护，但该规定第六条指出："对外国实用艺术作品的保护期，为自该作品完成起 25 年。"也就是说，对外国作者、中外合资经营企业、中外合作经营企业和外资企业的作者提供了 25 年的著作权保护。这一规定给国外数字出版物提供了超国民待遇，成为进口数字出版物侵占我国产品市场的保护伞，从长远来看非常不利于我国的文化安全。另外，由于我国数字出版立法正处于起步阶段，法律制度的制定还是"摸着石头过河"，之前存在的数字出版法律位阶太低、保护力度弱、事后补救的立法方式缺乏法律前瞻性、一事一法没有整体法律框架规划、宏观规定太多、法律操作性不强等问题依旧存在，这些问题都会直接或间接对我国的出版安全乃至文化安全产生不利影响。

三、从国家文化安全角度构建我国数字出版法律制度

（一）将数字出版法律制度的构建纳入我国文化安全立法体系

出版产业通过出版市场将出版物最大限度地推向大众，是社会主义市场经济条件下出版传播最基本、最广泛的形式，它在当代经济发展中的支柱性产业地位直接关涉国家的经济安全。当前网络环

境下，数字出版产业对国家经济发展影响与日俱增的同时，其内容产业的特性决定了数字出版产业也是维护国家文化安全的排头兵，相应的，数字出版法律在保护国家文化安全问题上也应该大有作为。因此，在数字出版法律制度构建过程中应注意形成长效的文化安全保护机制，尽快出台有关出版安全的法律法规，建立和完善文化安全保障体系。在制定和完善每一部具体的数字出版法律（如手机出版、平台管理）时，应牢牢树立大局观，时刻把国家利益放在首位，充分考虑对我国文化安全的影响，将数字出版法律制度的构建纳入文化安全保障体系中。同时应借鉴加拿大的做法，不能单靠某一部法律保护文化安全，需要构建包括数字出版法律制度在内的诸多部门法，一起形成保护文化安全的万里长城。

（二）多部门合作，加大文化安全保护力度

前面提到美国虽然没有专门的出版管理部门，但是包括商务部、财政部等在内的诸多政府部门都对出版行为进行规制。与传统出版相比，数字出版的宏观管理涉及更多的部门，我国在政策的出台和法律的制定、颁布和执行等方面更需要多部门的协调合作。2002 年原新闻出版总署和信息产业部联合颁布的《互联网出版管理暂行规定》及 2011 年最高人民法院、最高人民检察院和公安部联合颁布的《关于办理侵犯知识产权刑事案件适用法律若干问题的意见》等都是多部门协调合作的范例，在实践中对数字出版产业健康、有序地发展起到了很好的作用。以后我国在制定相关数字出版政策法律时，一定要秉承保护国家文化安全理念，注意部门间的沟通和协作。如出于国际文化交流的需要，我们要有选择地、适度地输入文化产品和引进国际文化资本，在制定外商投资政策时，政策制定部门应当与经济部门、文化部门等通力合作，对外国在中国的文化投资进行审批核查时，也要有文化部门的参与，以保证将其对中国文化产业和国民文化理念的影响降到最低。

（三）培育出版物市场及主体，构建出版安全体系

保护我国文化安全，应从内部构建安全体系做起。我国数字出版业近几年发展势头迅猛，取得了长足进步。2013 年国内数字出版产业整体收入规模为2 540.35亿元，总产值比 2012 年整体收入增长 31.25%。但不可否认的是，我国在终端制造、内容提供、平台建设等领域，同质化现象严重，价格战、恶性竞争频发。我国应尽快出台和完善有关数字出版的政策法律，引导良性、有序出版市场的形成。世界上很多国家都通过政策法律对出版市场进行正确引导，比如韩国于 2005 年 3 月提出图书零售价维护系统的修正案，以此恢复出版市场的正常秩序；同年 11 月，韩国政府又向国会提出了建立韩国出版促进委员会议案，以使出版业享受政策倾斜 。

另外，保护我国文化安全，应注意培育出版物市场及主体，对其进行适当的制度和政策保护。比如，可以适当提高版权使用费，以防范国外数字出版物侵占市场、保证我国数字出版物在市场上的主体地位，等等。因为，“在出版物市场对编辑出版各环节的影响日益加大的情况下，我国新闻出版业在出版物市场上能否继续居于主体和主导地位，直接影响我国的意识形态和文化安全”①。

（四）提高数字出版产业的创新能力，培养核心竞争力

文化产业是国家文化安全的一个重要内容，没有强大的充满原创活力的文化产业为后盾，文化安全也就成了无源之水、无本之木。“一个国家和民族要保持其文化的安全，就必须通过不同文化的融合而得以创新来赋予其鲜明的时代内容。”② 从我国的现状来看，中国文化的创新能力不强，理论储备不足，是制约中国文化发展的最大障碍，从而在内部形成了我国文化安全的某些危机。“花木兰代父从军”是中国家喻户晓的故事，但经过美国迪士尼的加工，摇身一变成为“美国制造”打入中国市场。观众在该影片中可以轻而易举地看到平等、博爱等美国精神的宣扬，美国人正是通过这种“润物细无声”的方式把他们的观念传播到全世界，《功夫熊猫》也是个很好的例证。我国的传统文化被别人拿去改造并获得了成功，足以证明我国缺乏文化创新能力。在当前数字出版环境下，有必要通过立法导向，努力提高我国的文化生产力，发现、挖

---

① 王建辉．新闻出版与文化安全［J］．出版科学，2002（4）：1．

② 马振超．维护国家文化安全：国家安全面临的现实性课题［J］．中国人民公安大学学报，2004（6）：93．

掘并培植具有自主产权的创新知识和具有民族特性的优秀文化，增强文化创新能力，培养核心竞争力，从而使文化产业焕发新的生命力。只有国民消费本国文化产品的比率提高了，抵御外来文化渗透的基础才会更加牢固，国家文化安全的屏障才会更加坚实。

（五）在国际数字出版领域积极作为，发出中国的声音

西方国家对我国不断进行文化渗透，我国的文化安全受到严重威胁，但我们并不能因噎废食、闭关锁国。靠闭关自守、控制文化交流的方式维护文化安全可能在某些特定的时间能起到积极作用，但长远来看会压抑本国文化发展的活力，使其犹如一潭死水。事实上，经过改革开放30多年，我国从西方国家学到了很多先进的观念、经验和技术。在新闻出版方面，一个最大的表现就是科技类书籍的引进大幅增加，这对于提高我国的科学技术发展水平具有十分重要的意义。当前，国际交往中的文化影响力更多地来自于国家和政府在国际事务中的责任担当和价值引领。随着中国经济实力的增强和国际地位的提高，我们必须积极参与国际文化领域的交流与合作，在国际舞台上提出自己的主张，发出自己的声音。2011年4月国际标准化组织（ISO）正式批准我国申请的《国际标准文档关联编码（ISDL）》立项，这是在自主知识产权的多媒体印刷读物（MPR）技术基础上，首次由我国申请立项的国际出版领域的标准，说明我国在国际文化领域的影响力与日俱增。我们应更加广泛地争取在数字出版国际立法方面的发言权，谁有发言权谁就有主动权，只有掌握先机，才能在保护国家文化安全方面有进一步作为。中国文化在上下五千年的发展历程中，不断经历着异质文化的碰撞和交融。可以预见，文化安全问题还将长期存在，我们可以借鉴其他国家的做法，通过立法措施建立文化安全屏障，将危害降到最低。数字出版法律作为国家法律制度的一部分，有责任维护国家文化安全，捍卫国家文化主权。

附录　我国版权法律制度的历史演进和未来发展[①]

从权利性质来看，版权不像生命权、财产权那样属于自然权利，它只是特定条件下国家授予公民的法定权利。从权利内容来看，以法国、德国为代表的大陆法系国家版权法倾向于同时保护作者的经济权利和精神权利，以英国、美国为代表的英美法系国家版权法传统上只注重经济利益，但是从 20 世纪后半叶开始也逐渐将目光转向了精神权利，对精神权利的确认和保护在全球已成为共识。

一、我国版权法律的历史演进和制度选择

我国版权法律制度采取的是大陆法系国家的立法理念及制度模式，这种理念及模式的选择有一个渐进的过程。印刷术的出现推动了著作权思想的产生，有一种观点认为我国的版权意识在活字印刷术发明的宋代就已萌生。据学者考证，"书籍翻版，宋以来即有禁例"。[②] 官府通过皇帝诏令来维护官方对历书的复制权，如 1071 年宋神宗发布诏令："诏民间毋得私印造历日；令司天监选官，官自

① 原文载于《中国编辑》2014 年第 1 期，是教育部人文社会科学重点研究基地重大项目"中外数字出版法律制度研究"（项目编号：11JJD820005）的研究成果之一，作者李晶晶。

② 叶德辉．书林清话卷二［A］．周林，李明山．中国版权史研究文献［C］．北京：中国方正出版社，1999.

印卖；其所得之息，均给在监官属。”[1] 而私人刻印的书籍欲得到保护通常也需要官方的特许，如南宋光宗绍熙年间四川眉山王季平所著《东都事略》一书的“牌记”中写道：“眉山程舍人宅刊行，已申上司，不许覆板。”有学者认为，这是迄今发现的世界上最早的印在书籍上的版权保护文字[2]。可以看到同欧洲国家一样，在著作权法出现之前我国经历了一个官方特许时期，不同的是这个时期在我国特别漫长，几乎一直持续到整个封建制度的结束。

我国近代第一部《著作权法》是1910年由清末修订法律大臣沈家本主持起草的《大清著作权律》。有学者考证，我国的“‘著作权’一词是将法语的Droit d'auteur、德语的Urheberrencht、意大利语的Diritto d'autore、西班牙语的Derecho del autor翻译为日文的‘著作权’后，将该日文汉字直接引进的结果”。[3] 其实，日本最初使用的是将英文Copyright直译的“版权”，如1875年的《版权条例》和1893年的《版权法》，随后在1899年制定新法时“版权”被抛弃而改称《著作权法》。《大清著作权律》以此法为蓝本并采纳了这一称谓，同时也是选择了与之相应的大陆法系在著作权法律关系上的立法理念，其对作者财产权利和精神权利进行保护就不言而喻了。《大清著作权律》虽然没有在著作权的权利内容上作出区分，但是以禁止性规范的方式强调：作者去世30年后著作权保护期届满，其人格利益并不伴随财产权的继承而转让，依然“不得加以割裂、改窜及变匿姓名，或更换名目发行”，其实暗含了同时保护作者财产权利和精神权利的理念。继《大清著作权律》之后，北洋政府和民国政府分别于1915年和1928年颁布了《著作权法》，但是从权利内容角度而言，其并未与《大清著作权律》有着泾渭分明的区别。

新中国成立后的40多年里，我国一直没有颁行著作权法律，

---

① （清）徐松．宋会要辑稿之职官．转引自周宝荣．中国古代版权保护的源头［J］．著作权，1993（4）．

② 周宝荣．中国古代版权保护的源头［J］．著作权，1993（4）．

③ 费安玲．著作权权利体系之研究——以原始性利益人为主线的利益探讨［M］．武汉：华中科技大学出版社，2011．

现行《著作权法》是1990年颁布之后历经两次修订的结果。较之过去的立法，1990年的《著作权法》有了一个引人注目的变化：将作者的人身权和财产权并列置于权利保护范围之内，由此突出了作者人身权的地位（相对于欧美国家的精神权利和财产权利，我国《民法通则》将公民的民事权利划分为人身权和财产权，其他民事特别法均采此说法）。这种立法安排，充分反映了20世纪末各国私法强调精神权利的立法趋势，也反映了此背景下我国著作权立法的价值判断。此外，为了避免争议和引起公众的误解，新中国的《著作权法》还特别规定在我国"版权与著作权是同义语"。针对数字技术带来的著作权保护新问题，我国目前正在进行《著作权法》的第三次修订，但是目前从公布的草案来看，著作权权利内容的划分仍然沿用之前的做法，即同时对作者的人身权和财产权提供法律保护。

二、关于版权的权利内容

版权甚至整个知识产权体系的权利性质是个纯粹的法理学问题，国内学界对此还存在争议。以郑胜利为代表的许多学者支持知识产权法定主义的观点，认为"知识产权的种类、权利以及诸如获得权利的要件及保护期限等关键内容必须由成文法确定，除立法者在法律中特别授权外，任何机构不得在法律之外创设知识产权"。① 但是持知识产权自然权利本质观点的学者也为数不少，如易继明提出："知识产权也是传统财产权的延续，但我们今天不仅面临着知识产权类型化困难问题，而且在自然权利、他人利益和社会正义之间存在着利益平衡的法律难题，因此更加需要强调知识产权的私权性质和观念，在司法过程中通过传统民事法律制度实现知识产权立法的目的。"② 可以预见，关于此问题的争论还远没有结

① 郑胜利．论知识产权法定主义［A］．郑胜利．北大知识产权评论第2卷［C］．北京：法律出版社，2004.

② 易继明．知识产权的观念：类型化及法律适用［J］．法学研究，2005（3）.

束，道理越辩越明，关于版权的权利性质会越来越趋于明朗。当然，这仅限于学术界的探讨，法律不会对此作出明确规定，相反关于版权的权利内容却是法律关注的重点。

目前，大多数国家把版权分为经济权利（又称财产权）和精神权利（又称人身权）两部分。在全球著作权权利体系架构中，存在着两种泾渭分明的模式，分别是以法国、德国为代表的大陆法系“二元化”模式和以美国、英国为代表的英美法系“一元论”模式。前者将著作权分设为经济权利和精神权利，后者以著作权单设经济权利为特点。国内学界通常称英美法系的为“版权法”（如美国的《千禧年数字版权法》），称大陆法系的为“著作权法”（如法国《著作权法》），称谓上的不同，其实暗含了两者内涵上的差异。每种著作权权利体系模式的形成都不是偶然的，均有着独特的现实社会背景和制度价值判断。回顾《安娜女王法》的出台可以看到，该法立足点放在维护出版商及作者的经济权利方面，并没有强调对作者精神权利的保护，即世界上第一部版权法并不保护著作人身权。这部现代版权制度的开山之作奠定了保护作者财产权利的基调，此后无论是大陆法系还是英美法系国家的版权法无一例外都对作者财产权利进行关注，两者的分歧之处在于作者的精神权利。

大陆法系国家的法律中体现了资产阶级启蒙思想家的一些主张，主张作品首先是作者人格的反映，作者有控制和利用他的智力成果的道义上的权利，因此在著作权中人格权是首要的，财产权次之，这些思想成为欧洲大陆国家著作权法中人格权的起源。受到大革命洗礼的法国人基于“天赋人权”的自然法角度，将其著作权法定位于“Droit d’auteur”（作者权利），并提出了著作权是“一体两权”的“二元论”理论，即著作权由相互独立的财产权利和精神权利组成。欧洲和拉美的大陆法系各国受该主张的影响，均在本国的著作权法中作出了类似的规定。德国著作权法也深受启发，但是善于思辨的德国人在此基础上创造性地提出了“两权合一”的见解，认为著作权是作者精神权利和财产权利的有机复合体，二者密不可分①。现在世界上多数国家都采取了这一著作权权利体系安排模式，同时关注作者的财产权利和精神权利，使著作权法摆脱了几乎是纯为商业活动保驾护航的色彩。

但是必须认识到，在很长一段时间内，英美国家的版权法中完全确认作者的经济权利，而未以法定权利的形式保护作者的精神权利，这其中有着深刻的社会因素。以美国为例，他们认为对财产权利的保护是自由的基础和法律的目标，如果连财产都得不到保护，则“所有其他权利都会变得毫无价值，都将化为泡影”。② 英美国家用“copyright”表述版权，从字面上来看其版权就是制止他人复制的权利，法律之所以保护一项作品，是出于对复制的不良结果及保护出版商和作者经济利益的考虑。但这并不意味着精神权利在这些国家不受保护，美国法院以破坏名誉、保护隐私权、不正当竞争法、义务法等其他方式，实际上承认了作者的大部分精神权利③。英美法系的版权法中未对作者精神权利加以规定的状况直到20世纪后半叶才逐渐得以改观，英国在1988年的《版权法》中专门设立了“精神权利”一章，美国也在1990年的《版权法》中增加了有关作者精神权利的内容，澳大利亚、加拿大等国家也纷纷在其版权法中对作者精神权利进行了关注。

尽管英美法系国家的早期版权立法中没有规定作者精神权利，但现阶段大陆法系和英美法系版权法的界限逐渐模糊，对权利内容的规定有统一趋势。作者精神权利已经成为一些主要国家版权法和国际公约中普遍承认的一项权利，如《保护知识产权伯尔尼公约》明确将作者的精神权利归于权利保护体系之内。总体而言，全球范围内作者的精神权利受到了越来越严格的重视和保护，这一点值得关注。

---

① 费安玲．著作权权利体系之研究——以原始性利益人为主线的利益探讨［M］．武汉：华中科技大学出版社，2011.

② ［美］伯纳德·施瓦茨．美国法律史［M］．王军，等译．北京：中国政法大学出版社，1990.

③ 联合国教科文组织．著作权比较法研究：人格权［J］．版权公报，1978（4）.

三、数字环境下我国版权法律制度的发展

（一）回归版权法的最终目标——促进知识传播和社会进步

美国版权法的制定来自宪法的授权："为促进科学和实用技艺的进步，对作家和发明家的著作和发明，在一定期限内给予专有权利的保障。"其着眼点不只是为了保护作者的权益，更是把促进科学和进步放在首位。试问严格控制作品利用和传播能否达到这样的目的？这其中的道理不言而明。我国《著作权法》在第一条开宗明义指出："为保护文学、艺术和科学作品作者的著作权，以及与著作权有关的权益，鼓励有益于社会主义精神文明、物质文明建设的作品的创作和传播，促进社会主义文化和科学事业的发展与繁荣，根据宪法制定本法。"修改草案第一条将原来的"促进社会主义文化和科学事业的发展与繁荣"修正为"促进社会主义文化、科学和经济的发展与繁荣"，这种微调，体现了立法者对作品产业化利用的巨大经济价值的肯定与确认，当然这也以作品广泛传播和利用为前提。

随着数字时代的到来，网络技术为人类社会共享信息和知识资源提供了无限潜能，但是许多立法都表现出过度保护版权人的倾向，口令、加密、DRM 等技术保护措施大行其道，社会公众合理使用的空间严重缩水。世界知识产权组织 WCT 和 WPPT 两个互联网条约、美国《千禧年数字版权法》、欧盟《信息社会版权指令》等都对技术措施作了详细规定。例如，《千禧年数字版权法》规定："任何人都不得对有效控制接触在本章下受保护的作品的技术措施进行规避"，"任何人不得制造、进口、向公众推销、提供或者运输任何技术、产品、服务、设备、组件或者它们的部件"等。尽管该法规定出于合理使用可以规避相关技术保护措施，但现实是一般用户并不具备专业的规避技能，而制造、传播、进口或者提供规避技术是不允许的，无形中就会使公众合理使用的权利受到限制。尽管如此，美国国内还是有声音认为即使是合理使用也不得未经许可规避技术保护措施："例如欣赏某一首乐曲而不进行复制，如果说为了个人欣赏等法律许可的行为就可以未经许可而规避技术

保护措施来获得该作品，那么这就如同说为了欣赏一首歌曲而可以到音像店里未经许可便将收录有该歌曲的 CD 拿走一样没有道理。”① 如果任由这种观念滋长并在立法上有所体现的话，就会使技术保护措施犹如牢不可破的藩篱一般，完全阻断社会公众对作品的接触，长此以往会造成对合理公共利益的严重挤压，失去的也将是法律的尊严。从这个意义上来说，在对版权人提供适度保护的基础上，一定要恢复版权法失位的调控功能，使其回归原本的最终目标——促进知识传播和社会进步。

（二）数字版权法律的发展要由立法推动，司法保持克制

当前一些法官在遇到法无明文规定的案件时，有意无意地根据“有播种就必有收获”的原则作出有利于版权人的判决，该原则实质上是洛克劳动财产理论的翻版，与版权法定主义是背道而驰的。被法学界称为“中国网络传播权第一案”的王蒙等六位作家诉北京世界互联通讯技术有限公司案突出说明了这一点。该案中，被告在未经同意的情况下先后将原告的七部作品发布在其下属的“北京在线”网站上。我国当时的《著作权法》对作品的网络传播权并未明确规定，法院认为：“随着科学技术的发展，新的作品载体的出现，作品的使用范围得到了扩张。因此，应当认定作品在互联网上传播是使用作品的一种方式。”② 最终原告胜诉，在《著作权法》并未对信息网络传播权作出明确规定之前，该权利已被法院适用扩张性解释得到了保护。我国虽然允许法官对法律进行充分的解释，但这种解释必须严格受制于法定主义的价值目标，从有利于社会公共利益的角度进行严格的整体性解释和限缩解释③。同时也应该认识到，排除立法技术等因素，许多法无明文规定的权利往往是立法者有意为之的结果，他们正是通过这种方式把一部分利益留

---

① Mihaly Ficsor. The Law of Copyright and the Internet—The 1996 WIPO Treaties, Their Interpretation and Implementation [M]. Oxford University Press, 2002.

② 北京市海淀区人民法院《民事判决书》（1999），海知初字第 57 号。

③ 李扬．知识产权法定主义及其适用——兼与梁慧星、易继明教授商榷 [J]．法学研究，2006（2）．

给了社会。也正是在这个意义上，许多学者对知识产权法官造法现象进行了批判，主张“在具体适用法律过程中，法院应坚持知识产权法的独占适用”。①

当然，坚持严格的版权法定主义，反对法定主义之外的司法自由裁量权，会在一定程度上产生“规则之治的局限性”。对此我们应该认识到，法律不是万能的，不能指望它来解决现实生活中的所有问题，必须让它走下神坛，充分发挥其工具性作用。此外，坚持版权法定主义还要求立法者提高立法技术，尽一切可能做到缜密而周全，同时应与司法机关保持密切的互动关系，对司法机关的法律漏洞反馈及时反应并进行修订。美国制宪的国父们为最高法院划定的界限——只能通过判决和争议来干涉立法权值得我们借鉴，即出现了争议性的案件也只能依据现有法律判决，把法律改进的空间反馈并留给立法机关去填补，这也是司法克制前提下能动性的突出体现。

（三）数字版权立法应借鉴开放存取运动，逐渐弱化对经济权利的关注，强化对精神权利的保护

随着市场经济的发展，版权不断扩张，排他性的私权性质使其逐渐沦为谋取经济利益的工具。不少学者提出了担忧，认为“目前知识产权法最为紧迫的问题之一是它所创造的权利有可能是限制而不是鼓励科学研究，尽管知识产权是用来鼓励科学进步的，但是最优权利配置的过度扩张或扭曲却有可能产生阻碍研究循环的瓶颈”。② 尽管“合理使用”“法定许可”等措施在一定程度上缓和了版权扩张的负面影响，但是传统版权制度不断面临新的挑战，质疑版权制度正当性的呼声也不绝于耳——当然这种质疑主要集中在版权制度对经济权利的过分关注上。

在这个背景下，学术出版界首先开始反思：科研人员创作的目的是什么？他们认为刺激科研人员源源不断创作的动因并不是经济

① Robin Feldman，Kris Nelson. Open Source，Open Access，and Open Transfer［J］. Market Approaches to Research Bottlenecks，2008.

② 崔国斌．知识产权法官造法批判［J］．中国法学，2006（1）.

利益，而是希望在尽可能大的范围内通过成果的传播提高自己的学术影响力。建立在现有版权制度之上的开放存取运动，既体现了科研工作者提高作品传播范围的需求，又满足了社会公众广泛共享社会文明成果的愿望。它遵循这样一种法律理念：作者对其作品依然享有版权这种排他性质的私权，依据合同法契约自由的精神，版权人可以将某些权利以契约方式让渡给社会公众，使社会公众存取受版权保护作品的成本降低。CCL（知识共享许可协议）是一种最简单有效也最为常用的数字作品授权协议，它为作者保留了 4 种可供组合选择的权利——署名、非商业性使用、禁止演绎和相同方式共享，致力于让任何作品都有机会被更多人分享和再创造，共同促进知识作品在其生命周期内价值的最大化。通过开放存取，作者虽然让渡了全部经济利益且只保留了部分精神权利，但不可否认这种做法有助于平衡各方利益：公众受益不言而明，作者也因作品的广泛传播获得更大影响力，甚至一些被认为会对开放存取运动有所抵触的传统出版商也加入了这个大潮并取得了一定利益，“失之东隅，收之桑榆”是对他们最好的注解。在数字化时代，借鉴开放存取运动适当放弃对经济权利的追求转而加强对精神权利保护的做法，来构建版权制度未来模式或许是个不错的理性选择。

参考文献

著作类：

［1］郝振省．国际出版业发展报告（2010 版）［M］．北京：中国书籍出版社，2012.

［2］吴汉东．著作权合理使用制度研究［M］．北京：中国政法大学出版社，2005.

［3］王清．著作权限制制度比较研究［M］．北京：人民出版社，2007.

［4］方卿，曾元祥，敖然．数字出版产业管理［M］．北京：电子工业出版社，2013.

［5］谢新洲．数字出版技术［M］．北京：北京大学出版社，2002.

［6］周荣庭．网络出版［M］．北京：科学技术出版社，2004.

［7］司占军，顾翀．数字出版［M］．北京：中国轻工业出版社，2013.

［8］曼昆．经济学原理［M］．北京：机械工业出版社，2005.

［9］陈庆云．公共政策分析［M］．北京：北京大学出版社，2011.

［10］托马斯·戴伊．理解公共政策［M］．北京：华夏出版社，2004.

［11］小约瑟夫·斯图尔特，戴维·M. 赫奇，詹姆斯·P. 莱特斯．公共政策导论［M］．韩红，译．北京：中国人民大学

出版社，2011.
[12] 弗兰克·费希尔．公共政策评估［M］．北京：中国人民大学出版社，2003.
[13] 联合国教科文组织．版权法导论［M］．张雨泽，译．北京：知识产权出版社，2009.
[14] 肖燕．网络环境下的著作权与数字图书馆［M］．北京：北京图书馆出版社，2002.
[15] 熊澄宇，等．文化产业研究　战略与对策［M］．北京：清华大学出版社，2006.
[16] 理查德·R. 纳尔森．经济增长源泉［M］．北京：中国经济出版社，2001.
[17] 张立．2013—2014 中国数字出版产业年度报告［M］．北京：中国书籍出版社，2014.
[18] 郝振省．2012—2013 中国数字出版产业年度报告［M］．北京：中国书籍出版社，2013.
[19] 塞缪尔·亨廷顿，劳伦斯·哈里森．文化的重要作用——价值观如何影响人类进步［M］．北京：新华出版社，2010.
[20] 约翰·冈茨，杰克·罗切斯特．数字时代，盗版无罪？［M］．周晓琪，译．北京：法律出版社，2008.
[21] 李明德．美国知识产权法［M］．北京：法律出版社，2003.
[22] 余敏．国外出版业宏观管理体系研究［M］．北京：中国书籍出版社，2004.
[23] 郝振省．中外互联网及手机出版法律制度研究［M］．北京：中国书籍出版社，2008.
[24] 劳伦斯·莱斯格．代码［M］．南京：南京大学出版社，2001.
[25] 王迁．网络版权法［M］．北京：中国人民大学出版社，2009.
[26] 余敏．国外出版业宏观管理体系研究［M］．北京：中国书籍出版社，2004.
[27] 黄孝章，张志林，陈丹．数字出版产业发展研究［M］．北京：知识产权出版社，2010.

[28] 饶传平．网络法律制度——前沿与热点专题研究［M］．北京：人民法院出版社，2005.

[29] 夏瑞春．德国思想家论中国［M］．南京：江苏人民出版社，1989.

[30] 贡德·弗兰克．白银资本——重视经济全球化中的东方［M］．北京：中央编译出版社，2008.

[31] 张今．版权法中私人复制问题研究——从印刷机到互联网［M］．北京：中国政法大学出版社，2009.

[32] 费安玲．著作权权利体系之研究——以原始性利益人为主线的利益探讨［M］．武汉：华中科技大学出版社，2011.

[33] 亚当·斯密．国民财富的性质和原因的研究（下卷）［M］．北京：商务印书馆，1974.

[34] 徐丽芳，刘锦宏，丛挺．数字出版概论［M］．北京：电子工业出版社，2013.

[35] 陈庆云．公共政策分析（第二版）［M］．北京：电子工业出版社，2011.

[36] 李金珊，叶托．公共政策分析：概念、视角与途径［M］．北京：科学出版社，2010.

[37] 熊澄宇．世界文化产业研究［M］．北京：清华大学出版社，2012.

[38] 赵阳，徐宝祥．文化产业政策与法规［M］．广州：中山大学出版社，2012.

[39] 中宣部干部局，中宣部文化体制改革和发展办公室．德国文化产业概观［M］．北京：中华书局，2010.

[40] 黄虚峰．文化产业政策与法律法规［M］．北京：北京大学出版社，2013.

[41] 毕佳，龙志超．英国文化产业［M］．北京：外语教学与研究出版社，2007.

[42] 候聿瑶．法国文化产业［M］．北京：外语教学与研究出版社，2007.

[43] 孙有中，等．美国文化产业［M］．北京：外语教学与研究出

版社，2007.
[44] 姜锡一，赵五星．韩国文化产业［M］．北京：外语教学与研究出版社，2009.
[45] 陆祖鹤．文化：文化产业发展方略［M］．北京：社会科学文献出版社，2006.
[46] 黄孝章，张志林，陈丹．数字出版产业发展研究［M］北京：知识产权出版社，2011.
[47] 张新华．数字出版产业理论与实践［M］．北京：知识产权出版社，2014.
[48] 黄先蓉．出版学研究进展［M］．武汉：武汉大学出版社，2006.
[49] 陈昕．美国数字出版考察报告［M］．上海：上海人民出版社，2008.
[50] Mihaly Ficsor. The Law of Copyright and the Internet—The 1996 WIPO Treaties, Their Interpretation and Implementation［M］. Oxford：Oxford University Press，2002.
[51] Melville B. Nimmer，David Nimmer. Nimmer on Copyright［M］. New Jersey：Matthew Bender，1997.
[52] L. Ray Patterson，Stanley W. Lindberg. The Nature of Copyright：A Law of User's Rights［M］. Georgia：University of Georgia Press，1991.
[53] Haber S.，Horne B.，Pato J.，et al.. If Piracy is the Problem，is DRM the Answer?［M］. Digital Rights Management. Berlin and Heidelberg：Springer，2003.
[54] Karen S. Wiesner，T. A. Stone，Marilynn Byerly. Electronic Publishing：the Definitive Guide［M］. Wisconsin：Hard Shell Word Factory，2003.
[55] William E. Kasdorf. The Clumbia Guide to Digital Publishing［M］. New York：Columbia University Press，2003.

论文类：

[1] 周艳敏．我国数字出版产业政策法规回顾与展望［J］．中国出版，2013（11）．

[2] 胡知武．数字出版行政管理探析［J］．今日中国论坛，2008（6）．

[3] 黄先蓉，赵礼寿，甘慧君．数字技术环境下出版产业政策需求研究［J］．出版发行研究，2011（7）．

[4] 向长艳．数字出版版权保护面临的法律问题［J］．中国出版，2011（18）．

[5] 王宇红，刘盼盼，倪玉莎．我国数字出版产业版权保护体系的构建与完善［J］．科技管理研究，2012（8）．

[6] 包韫慧．数字版权博弈与产业发展［J］．北京印刷学院学报，2011（2）．

[7] 黄先蓉，赵礼寿，阮静．出版政策的绩效评估——基于1979—2002年出版业发展的分析［J］．科技与出版，2011（2）．

[8] 金娜．出版行业协会特点分析及我国发展对策［J］．信息科技，2007（19）．

[9] 范军．略论发挥出版行业协会的自律作用［J］．大学出版，2008（1）．

[10] 周霞，徐强平．中外出版行业协会发展比较研究［J］．大学出版，2005（2）．

[11] 袁兆生．数字出版管理态势及其延伸［J］．商情，2013（25）．

[12] 黄先蓉，赵礼寿，刘玲武．数字技术环境下出版产业政策调整——基于2000—2010年数字出版的政策分析［J］．编辑之友，2011（7）．

[13] 谭冰．数字出版，政策源动力——我国数字出版产业相关政策分析［J］．出版广角，2014（1）．

[14] 邓大松，欧阳志荣．刍议出版数字化转型中的制度创新［J］．

出版发行研究，2014（10）.
[15] 重庆社会科学院新闻出版研究中心．数字出版管理态势及其延伸［J］. 重庆社会科学，2011（1）.
[16] 马晓静．我国数字出版版权问题探析［J］. 中国出版，2014（8）.
[17] 杨京钟．税收视阈下的新闻出版产业机理研究［J］. 出版发行研究，2012（8）.
[18] 张立伟，衣保中．促进我国数字出版产业技术创新的对策研究［J］. 求是学刊，2015（1）.
[19] 沈群．我国数字出版：形势、发展走势及建议［J］. 2012（4）.
[20] 陆奕彤，杨海平．我国数字出版基地发展研究［J］. 科技与出版，2013（10）.
[21] 黄先蓉，赵礼寿，阮静．出版产业政策的价值取向与原则的制定［J］. 中国出版，2011（6）.
[22] 周艳敏．国外数字出版产业政策比较研究［J］. 出版发行研究，2014（11）.
[23] 崔景华，李浩研．韩日数字出版产业发展现状及扶持政策［J］. 出版发行研究，2012（10）.
[24] 刘华．美国《1998 数字千年版权法》有关版权保护的新规定［J］. 中国图书馆学报，2001，27（2）.
[25] 肖爱华．版权作品网络传播的版权保护问题［J］. 文教资料，2005（20）.
[26] 黄先蓉，刘菡．传统出版业数字化转型的政策需求与制度、模式创新［J］. 中国编辑，2011（1）.
[27] 黄先蓉，黄媛，赵礼寿．中美出版政策比较研究［J］. 出版科学，2011（3）.
[28] 王熙，何冬英．“数字出版”的界定及其法律规制——“百度文库侵权案”引发的思考［J］. 编辑之友，2011（10）.
[29] 彭金冶．数字版权人与社会公众和谐关系的法治意蕴［J］. 中国出版，2012（6）.

[30] 王宇红．数字版权管理与合理使用的冲突与协调 [J]．武汉理工大学学报，2009 (6)．
[31] 陈传夫．关注信息领域的数字信息著作权利益平衡问题 [J]．郑州大学学报，2003 (1)．
[32] 郭海明．数字版权利益管理机制研究 [J]．图书情报工作，2007，51 (7)．
[33] 王宇红，赵厉珍，韩文蕾．数字版权管理运行环境下的消费者权益保护 [J]．情报理论与实践，2009 (9)．
[34] 陈传夫．数字化与图书馆知识产权国际研究综述与展望 [J]．高校图书馆工作，2005，25 (3)．
[35] 李镜镜，张志强．中日数字内容产业比较分析 [J]．淮阴师范学院学报 (哲学社会科学版)，2013 (3)．
[36] 徐丽芳．数字出版：概念与形态 [J]．出版发行研究，2005 (7)．
[37] 张立．数字出版相关概念的比较分析 [J]．中国出版，2006 (12)．
[38] 徐丽芳，方卿，邹莉，丛挺．数字出版物研究综述 [J]．出版科学，2010 (5)．
[39] 聂震宁．数字出版：距离成熟还有长路要走 [J]．出版科学，2009 (1)．
[40] 任殿顺．还原真实的数字出版产业 [J]．中国传媒科技，2013 (3)．
[41] 卢宏．近五次我国全国国民阅读调查综述 [J]．图书情报知识，2014 (1)．
[42] 楚永生．政府与市场资源配置有效性边界分析 [J]．西安电子科技大学学报 (社会科学版)，2003 (4)．
[43] 方卿，徐丽芳，丛挺，湛青．2011 年度数字出版研究进展 [J]．信息资源管理学报，2013 (6)．
[44] 高兴武．公共政策评估、体系与过程 [J]．中国行政管理，2008 (2)．
[45] 张大伟．数字版权：互联网精神和版权管理制度 [J]．国际

新闻界，2009（9）.
［46］黄先蓉．数字环境下的出版业政府规制与制度创新［A］．数字出版与出版教育（第二届数字时代出版产业发展与人才培养国际学术研讨会论文集）［C］．北京：高等教育出版社，2009.
［47］张书卿．我国数字出版标准化现状及对策［J］．出版发行研究，2008（11）.
［48］张书卿．当前我国出版业标准化研究［J］．标准科学，2009（8）.
［49］白殿一，逄征虎．建立新型的标准与技术法规关系的基础条件［J］．中国标准化，2005（2）.
［50］杨晶晶．中国《标准化法》与《俄罗斯联邦技术监督法》比较研究［J］．科技管理研究，2009（3）.
［51］杨辉．技术法规与标准的定位及我国技术法规体系的建设［J］．航天标准化，2011（2）.
［52］刘颖丽．简谈我国新闻出版业的标准化建设［J］．出版发行研究，2010（12）.
［53］谢冠斌，史学清．网络搜索服务商过错责任的合理界定——再评“雅虎案”与“百度案”一审判决［J］．知识产权，2008（1）.
［54］黄先蓉，赵礼寿，甘慧君．提高我国出版政策水平的思考［J］．科技与出版，2011（3）.
［55］黄霄旭．网络文学版权保护的现状与未来——基于对盛大文学的分析考察［J］．出版科学，2012（1）.
［56］赵英著．碎片传播引发的出版革命正在酝酿——从出版界起诉互联网侵权谈起［J］．出版广角，2011（4）.
［57］蔡丽萍．从百度文库纠纷探讨数字信息分享平台版权解决方案［J］．图书馆学研究（理论版），2011（8）.
［58］张志强，李镜镜．日本电子书产业的发展及启示［J］．编辑之友，2013（12）.
［59］张宏．从百度文库案看我国版权保护新模式探索［J］．出版

广角，2012（7）.
[60] 汤雪梅．内容为王时代，数字侵权何觅“避风港”［J］．出版广角，2102（7）.
[61] 史学清，汪涌．避风港还是风暴角——解读《信息网络传播权保护条例》第23条［J］．知识产权，2009（3）.
[62] 李晶晶，黄先蓉．新闻出版标准与新闻出版法规体系的协调发展研究（二）——从中国标准书号的规制现状谈起［J］．出版科学，2012（1）：48-52.
[63] 孙乐．从谷歌著作权纠纷案看我国的信息网络传播权［J］．法制与社会，2010（7）：（上）.
[64] 李海珍．浅析网络著作权保护的困境与法律规制［J］．法制与社会，2010（1）：（中）.
[65] 黄晓燕．数字出版时代编辑职能探析［J］．出版科学，2015（1）.
[66] 姜鑫．Google数字图书馆计划中的“孤儿作品”问题及其解决方案分析［J］．情报探索，2013（6）.
[67] 魏玉山．英国出版业观察［J］．出版参考，2012（8）.
[68] 王清．2012年版权热点回眸［J］．编辑之友，2013（2）.
[69] 赵礼寿．出版产业政策研究综述［J］．出版科学，2013（1）.
[70] 韦文杰．国家数字出版基地发展现状分析［J］．科技信息，2014（10）.
[71] 宫丽颖．我国国家数字出版基地建设分析［J］．中国出版，2013（20）.
[72] 王炎龙，黎娟．我国数字出版基地的困局及发展路径［J］．出版科学，2013（2）.
[73] 臧珏．发展数字出版技术提高我国产业发展水平［J］．现代交际，2012（10）.
[74] 王清，唐伶俐．国际版权法律改革动态概览［J］．电子知识产权，2014（5）.
[75] 王清，唐伶俐．刍议网络信息聚合服务的版权问题［J］．出版发行研究，2015（1）.

[76] 王迁．走向“帮助侵权”规则——评“步升诉百度案”[J]．中国版权，2005（6）．

[77] 彭桂兵．法国著作权法修正案争论的背后[J]．中国出版，2010（8）．

[78] 王清．一枝一叶间，雀鸣争执何——中国版权制度十年发展综述[J]．编辑之友，2012（1）．

[79] 杨梅．发达国家内容产业发展概要[J]．中国信息界，2010（1-2）．

[80] 张美娟．数字时代出版与新媒体竞合探究[J]．出版科学，2009（2）．

[81] 陶丹．数字化时代韩国出版产业特色[J]．中国编辑，2005（6）．

[82] 甄西．韩国电子图书出版的回顾与展望[J]．出版参考，2012（2）．

[83] 卫朝峰，陈磊，范卫平，等．日本韩国出版业考察报告（下）[J]．出版发行研究，2004（4）．

[84] 甄西．韩国的出版团体：出版物伦理委员会[J]．出版参考，2008（12）．

[85] 汪玲．中外出版行业协会发展比较研究[J]．知识产权，2011（9）．

[86] 刘桂珍．日本电子出版研究的现状与特色[J]．出版发行研究，2004（10）．

[87] 方卿，曾元祥．产业融合：数字出版产业发展的惟一选择[J]．出版发行研究，2011（9）．

[88] 田雁．电子书时代日本出版业的自救[J]．现代出版，2012（1）．

[89] 姚德权．中国新闻出版业监管体制模式选择[J]．现代传播，2006（3）．

[90] 甄西．日本著作权法修改纵览——2009年修法力度最大[J]．出版参考，2009（11）．

[91] 杨和义．日本著作权法律的新变化及其特征[J]．海峡法学，

2010 (3).
[92] 孙铁军，张志林．新公共管理理论对我国出版许可制度的几点启示 [J]. 北京印刷学院学报，2007 (2).
[93] 刘瑞龙．数字出版产业版权保护问题探讨 [J]. 知识经济，2013 (10).
[94] 张一凡．浅谈版权保护的矛盾 [J]. 法制博览（中旬刊），2013 (6).
[95] 张燕，李岢．网络环境下的版权保护 [J]. 产业与科技论坛，2013 (8).
[96] 陈晓英，孙明明，谢成艳．浅议科技进步与法律发展的关系 [J]. 安徽农业科学，2007 (30).
[97] 苏力．法律与科技问题的法理学重构 [J]. 中国社会科学，1999 (5).
[98] 何如一．逻辑缺乏对中国古代法律文化的影响 [J]. 船山学刊，2008 (3).
[99] 董娟，陈士俊．美国科技创新政策的法律制度研究 [J]. 科技管理研究，2007 (5).
[100] 袁国顺，袁晓苗．我国科技立法的六大误区——兼议《科学技术进步法》的缺陷 [J]. 中国科技论坛，2002 (1).
[101] 蔡宝刚．知识经济社会的权力转移与法律发展走势探析 [J]. 理论与改革，2003 (1).
[102] 夏之宁．科技与法律的相互作用之浅见 [J]. 前进论坛，2006 (9).
[103] 孙海芳．出版变迁与技术变革互动发展规律初探 [J]. 出版发行研究，2011 (3).
[104] 刘同君．当代中国法律发展的困境与超越——基于路径依赖视角的考察 [J]. 法学杂志，2010 (1).
[105] 郭鹏．网络版权立法：全球趋同化中的利益差异——以技术措施法律保护机制为视角 [J]. 学术研究，2011 (5).
[106] 刘学林．浅谈数字时代我国的出版宏观管理 [A]. 黄先蓉，罗紫初．数字出版与出版教育（第二届数字时代出版产业

发展与人才培养国际学术研讨会论文集）[C]. 北京：高等教育出版社，2009.

[107] 黄先蓉. 我国出版宏观管理的现状、问题及对策研究 [J]. 出版科学，2008（3）.

[108] 周建标. 我国文化安全面临的挑战与对策 [J]. 华南理工大学学报（社会科学版），2010（4）.

[109] 谢军. 出版行政法制体系的现状与构建 [J]. 三峡大学学报（人文社会科学版），2012（1）.

[110] 任一鸣. 加拿大文化主权与文化政策 [J]. 国家观察，2011（3）.

[111] 王建辉. 新闻出版与文化安全 [J]. 出版科学，2002（4）.

[112] 马振超. 维护国家文化安全：国家安全面临的现实性课题 [J]. 中国人民公安大学学报，2004（6）.

[113] 阮晓勇. 从出版自由谈《出版法》的构建 [J]. 苏州大学学报（哲学社会科学版），2008（11）.

[114] 唐伶俐，裴良婕. 中美出版法律制度之比较 [J]. 旅游纵览（下半月），2012（10）.

[115] 李梦娟. 中德出版法律体系比较 [J]. 出版参考，2008（7）.

[116] 郑胜利. 论知识产权法定主义 [A]. 郑胜利. 北大知识产权评论第 2 卷 [C]. 北京：法律出版社，2004.

[117] 易继明. 知识产权的观念：类型化及法律适用 [J]. 法学研究，2005（3）.

[118] 王欢妮. 数字出版的版权保护和利益平衡问题研究 [J]. 科技与出版，2013（1）.

[119] 李扬. 知识产权法定主义及其适用——兼与梁慧星、易继明教授商榷 [J]. 法学研究，2006（2）.

[120] 崔国斌. 知识产权法官造法批判 [J]. 中国法学，2006（1）.

[121] [韩] 金才允. 韩国的出版政策及其沿革 [J]. 金菊贤，译. 出版发行研究，2000（12）.

[122] Robin Feldman, Kris Nelson. Open Source, Open Access, and Open Transfer [J]. Market Approaches to Research Bottlenecks, 2008.

[123] Adam W. Sikich. Fair or Foul—The Unanswered Fair Use Implications of the Google Library Project [J]. Landslide, 2009 (2).

[124] Alejandro Alterwain. Google Books and Digitisation of Libraries: Fair Use or Extension of Copyright? [J]. Convergence, 2007 (12).

[125] Barton Beebe. An Empirical Study of U. S. Copyright Fair Use Opinions, 1978—2005 [J]. U. PA. L. REV, 2008 (2).

[126] David Nimmer. A Riff on Fair Use in the Digital Millennium Copyright Act [J]. University of Pennsylvania Law Review, 2000: 148 .

[127] Steve P. Calandrillo, Ewa M. Davison. The Dangers of the Digital Millennium Copyright Act: Much Ado about Nothing? [J]. William and Mary Law Review, 2008, 5 (2).

[128] Robert Burnett, P. David Marshall, Mauricio Espa ña. The Fallacy that Fair Use and Information Should Be Provided for Free: An Analysis of the Responses to the DMCA's Section 1201 [J]. Fordham Urban Law Journal, 2003, 31 (1).

[129] Glynn S. Lunney Jr. . The Death of Copyright: Digital Technology, Private Copying, and the Digital Millennium Copyright Act [J]. Virginia Law Review, 2001, 8 (75).

[130] Pamela Samuelson. Toward a New Politics Intellectual Property [J]. Communications of the ACM, 2001, 44 (3).

[131] James D. White. Misuse or Fair Use: That is the Software Copyright Question [J]. Berkeley Technology Law Journal, 1997 (12).

[132] Elkin-Koren, Niva. Making Technology Visible: Liability of Internet Service Providers for Peer-to-Peer Traffic [J]. New York

University Journal of Legislation and Public Policy, 2006 (9).

[133] Xuan-Thao Nguyen. Apologies as Intellectual Property Remedies: Lessons from China [J]. Connecticut Law Review, 2012 (1).

[134] Agata Kaczanowska. Open book: Demand for Traditional Books Will Grow Modestly, Despite Strong Competition [R]. America: IBISWorld Inc, 2012 : 29.

[135] The Digital Millennium Copyright Act of 1998, Pub. L. No. 105-304, § 512, 112 Stat. 2860 (Oct. 28, 1998) . 25.

[136] Liu Q., Safavi-Naini R., Sheppard N P.. Digital Rights Management for Content Distribution [C] //Proceedings of the Australasian Information Security Workshop Conference on ACSW Frontiers 2003-Volume 21. Australian Computer Society, Inc., 2003.

[137] Tian Y., Chen J.. A Research on Architecture of Digital Publishing Management System [J]. Computer and Information Science, 2010 (3).

后　记

作为出版业的重要发展方向和战略性新兴产业，近年来数字出版发展方兴未艾，已成为我国出版业转型发展的助推器和新的经济增长点。随着技术的进步与发展，数字出版领域通过不断应用新技术，已具备了与传统出版截然不同的产品、组织与传播形式，集中表现在数字出版产品形式的多元化，突破了传统出版的书报刊形式，涌现出包括在线音乐、网络游戏、互联网广告、移动出版、在线教育等在内的新业态，且发展势头强劲，增长速度惊人。据中国新闻出版研究院发布的最新报告显示，2015 年我国数字出版全年收入规模为4 403. 85亿元，比 2014 年增长近 30%，是 2006 年的 20 倍。

从经济角度来讲，在最初阶段，技术对经济发展具有一定的推动动用，但在政治上、体制构建上向什么方向发展，能带来什么样的作用，则取决于制度和文化。正如经济学家纳尔森所认为："从一个角度看，技术进步在过去的 2000 年里一直是推动经济增长的关键力量，组织变迁处于附属地位。但从另一个角度来看，如果没有能引导和支持制度的变革，并使企业能从这些投资中获利的新组织的发展，我们就不可能获得技术进步。"在我国数字出版产业发展中，如果不能根据技术的特点，适时地调整管理体制，促进相关组织的健康发展，很可能造成我国数字出版产业的制度性落后。

技术的创新，需要制度创新的保障；技术的融合，更需要制度融合为先导。针对数字出版产业这种由新技术产生的新的产业形态，积极地调整相关的文化产业政策来适应新技术带来的新问题已成为必须。在我国，以数字技术、网络技术为基点，专门研究数字出版的法律制度尚属空白。随着新媒体技术、运营和服务方式所带来的一系列变革、融合，不仅仅发生在新媒体的产业端，政府和行政机关的立法理念，政策法规体系的建立、执行也必须走向融合。这是数字出版产业主管部门亟须解决的问题，也是学术界、理论界亟待深入研究和探讨的问题。事实上，不止在中国，世界上其他国家都在寻求制度的创新以保证产业的发展。如美国数字出版的高速发展就离不开其数字出版法律制度的合理规制和保障，为适应数字出版产业的发展，美国的数字出版法律制度经历了《知识产权与国家信息基础设施》白皮书、《在线版权责任限制法》《千禧年数字版权法》《数字媒体消费者权利法》《家庭娱乐与版权法》《数字消费者知情权法》等法律的发展，最终形成了较为系统完善的数字出版法律体系。我国要想在数字出版领域处于世界的前列，就必须进行制度的创新。

笔者多年来一直从事有关出版政策、制度的研究，对数字出版法律制度的研究有所涉及。2011 年笔者中标教育部人文社会科学重点研究基地重大项目“中外数字出版法律制度研究”（项目批准号：11JJD820005），为系统、完整地研究数字出版法律制度提供了契机。研究过程中，课题组成员就数字出版法律制度的基本理论问题进行了探讨，对数字出版法律制度的研究范畴进行了分析，对我国数字出版法律制度现状、存在的问题，对数字出版产业的影响等问题进行了深入研究，对美、英、德、法、日、韩等国的数字出版法律制度进行了深入剖析，并着重选取典型普通法系国家英国和大陆法系国家日本进行比较研究，在此基础上对完善我国数字出版法律制度建设的对策进行了全面的思考。本书就是上述研究成果的汇总与集结。

在项目研究过程中，笔者指导的博士研究生李晶晶、郝婷、刘玲武，硕士研究生冯博、李魏娟、陈玉凤、王晓悦等积极参与研究，发表 20 余篇研究论文，书稿的内容亦有他们辛勤劳动的成果。